LA GRANDE DÉVALORISATION DE L'ÉCOSYSTÈME DU FOOTBALL FRANÇAIS

LES « ILLUSIONNISTES » DE LA LÉGITIMITÉ SPORTIVE

© 2025, Guy Bulit
Édition : BoD · Books on Demand,
31 avenue Saint-Rémy, 57600 Forbach, bod@bod.fr

Impression : Libri Plureos GmbH,
Friedensallee 273, 22763 Hamburg (Allemagne)

ISBN : 978-2-3225-6037-0
Dépôt légal : mai 2025

SOMMAIRE

1. **LE MODÈLE THÉORIQUE DE LA GRANDE DÉVALORISATION** 1
    - 1.1. Biographie de l'auteur 2
    - 1.2. Introduction 9
    - 1.3. Définitions 12
    - 1.4. L'origine de la valeur 24
    - 1.5. De la valeur d'usage à la richesse sensible matérielle 38
    - 1.6. La notion de richesse 49
    - 1.7. La notion de marchandise 54
    - 1.8. Transformation de la marchandise en richesse 60
    - 1.9. Notion de capital fictif 65
    - 1.10. Notion d'innovation 69
    - 1.11. Concept de marchandise et d'innovation 77
    - 1.12. Notion d'industrie financière 82
    - 1.13. Notion d'accumulation du capital 89
    - 1.14. Les limites de l'accumulation du capital 96
    - 1.15. Conclusion 100
2. **APPLICATION DU MODÈLE THÉORIQUE DE LA GRANDE DÉVALORISATION À L'ÉCOSYSTÈME DU FOOTBALL FRANÇAIS** 104
    - 2.1. Introduction 105
    - 2.2. L'origine de la valeur dans l'économie du football français 107

2.3.	La plateformisation du modèle économique du football	123
2.4.	De la valeur d'usage à la richesse sensible matérielle dans l'économie du football français	139
2.5.	Diminution de la productivité ou loi des rendements décroissants	147
2.6.	Production de richesse dans l'économie du football	156
2.7.	Production de marchandise dans l'économie du football	160
2.8.	Transformation de la marchandise en richesse dans l'économie du football	166
2.9.	Capital fictif dans l'économie du football	186
2.10.	Innovation et création de valeur dans l'économie du football	192
2.11.	Conséquences de l'innovation sur la création de valeur dans l'économie du football	206
2.12.	L'origine de la croissance dans l'économie du football	214
2.13.	Forme de la croissance dans l'économie du football	218
2.14.	Mesure de la croissance dans l'économie du football	223
2.15.	Modèle des rendements d'échelle dans l'économie du football	252
2.16.	Modèle de l'effet d'expérience dans l'économie du football	259

- 2.17. Vers un modèle de production du football à coûts fixes 270
- 2.18. Les limites du modèle économique du football 289
- 2.19. L'accumulation du capital dans l'économie du football 303
- 2.20. Les gagnants : Dérive inflationniste des salaires des sportifs et agents dans l'économie du football 311
- 2.21. Les gagnants : Les propriétaires, les investisseurs et les dérives dans l'économie du football 322
- 2.22. Les perdants : La grande dévalorisation des salariés des administrations dans l'économie du football 333
- 2.23. La notion de « travail démarchandisé » dans l'économie 342
- 2.24. Les caractéristiques du « travail démarchandisé » dans l'économie du football 353

3. ALTERNATIVES PROPOSÉES FACE AU FOOTBALL BUSINESS 364

- 3.1. Fondement théorique 365
- 3.2. La financiarisation 372
- 3.3. Les employeurs 376
- 3.4. Les investisseurs 378
- 3.5. Des employeurs aux investisseurs 381
- 3.6. Application de l'accréditation 395
- 3.7. L'accréditation 400

3.8. Conditions d'exploitations du football-business français 403
3.9. Alternatives au modèle organisationnel du football-business français 415
4. CONCLUSION 442
5. BIBLIOGRAPHIE 453

1
LE MODÈLE THÉORIQUE DE LA GRANDE DÉVALORISATION

1.1. Biographie de l'auteur

Mon parcours biographique m'a progressivement amené sur la voie de la connaissance, de l'éducation et de la formation. Ma soif d'apprendre et de curiosité n'a jamais été monolithique et m'a conduit aujourd'hui comme hier, vers une propension à comprendre les choses, les évènements, et les modèles organisationnels, avec une loupe d'explication double : une pratique des mathématiques financières et les modèles théoriques sociologique pour la compréhension des organisations.

Mon savoir théorique s'est quant à lui consolidé avec mes différents sésames diplômants. Chronologiquement diplômés :
- D'un Master 2 en Achats et Logistique de l'Université de Grenoble,
- D'un Master 2 en Audit Financier et Contrôle de Gestion de Paris 1 Sorbonne,
- D'un Exécutive MBA en Stratégie et Management des Organisations du Sport de l'ESG (École Supérieure de Gestion) de Paris,
- Titulaire d'un Exécutive Master en Sociologie des Organisations et Stratégie du Changement de Sciences Po Paris.

Livres :
- Mythes sur l'économie du football français - Du mercantilisme au « hold-up » dans le football professionnel (Publié en 2021).
- Que soulève le vent ! - Les « illusionnistes de la légitimité » - Début 2024
- L'illusion de la liberté - Parcours réflexif comme conditions de la désobéissance sociale

Articles :
- Déconstruction de la chaine de la valeur du football français
- Déconstruction de la chaine de la valeur – Filière Sport du rugby français
- Fragmentation des identités sociales dans les organisations du sport - Le sport et l'individu hypermoderne

Concepteur de jeu pédagogique sous le concept :

« CompEcoSport® »

11 jeux, fondés sur une approche ludique, liés au sport, conçus selon une progressivité pédagogique et destinés au public en formation initiale, lycéens et

étudiants et formation continue, salariés et non-salariés.

- **Jeu 0** : CompEcoSport-Economie®
- **Jeu 1** : CompEcoSport-Finance®
- **Jeu 2** : CompEcoSport-Entrepreneuriat®
- **Jeu 3** : CompEcoSport-Contrôle de gestion®
- **Jeu 4** : CompEcoSport- Performance stratégique®
- **Jeu 5** : CompEcoSport-Stratégie évènementielle®
- **Jeu 6** : CompEcoSport-Management fondamental®
- **Jeu 7** : CompEcoSport-Management organisationnel®
- **Jeu 8** : CompEcoSport-Analyse de la valeur®
- **Jeu 9** : CompEcoSport-Analyse des coûts®
- **Jeu 10** : CompEcoSport-Fiscalité®

Ces 11 jeux pédagogiques font l'objet d'une protection juridique sous les marques

- **IASG®:** Immersive and Active Sport Game
- **CompEcoSport®**

Ainsi que sur le dépôt d'une « *enveloppe Soleau* » pour chaque jeu, afin d'en prouver leur antériorité et la date de possession initiale. « *L'enveloppe Soleau*

» permet de revendiquer la propriété d'un concept ou de son application.

Dans mes activités de formation, j'ai passé beaucoup de temps à tenter de vulgariser les connaissances, notamment celles qui concernent concrètement l'ensemble des différents publics, qui relèvent des dimensions économiques, financières, managériales et techniques. J'ai donc fait de la pédagogie applicative, de la vulgarisation qui assure à tous les individus la capacité d'accéder à la compréhension des connaissances, nécessaires à mieux définir sa vie professionnelle et sociale.

A partir d'un doute radical afin d'accéder à la connaissance, à la manière de **René Descartes, dans ses « Méditations métaphysiques »**, la démarche d'une investigation sociale et politique pour produire une connaissance sûre et certaine constitue l'objectif d'un travail de recherche et pour y parvenir, un doute méthodique caractérise une méthodologie radicale. L'existence d'une connaissance qui résiste à tout doute, pourra être considérée comme véritable.

Pour Descartes, l'existence du monde est incertaine[1]

> *« Il y a déjà quelque temps que je me suis aperçu, dès mes premières années, que j'avais reçu quantité de fausses opinions pour véritables, qui ont fondé depuis des principes si mal assurés, qui ne pouvait être que fort douteux et incertain ; de*

---

[1] - René Descartes - Première Méditation, Méditations métaphysiques, 1641.

façon qu'il me fallait entreprendre sérieusement une fois en ma vie, de me défaire de toutes les opinions que j'avais reçues jusqu'alors en ma créance, et commencer tout de nouveau dès les fondements, si je voulais établir quelque chose de ferme et de constant dans les sciences. Mais cette entreprise me semblant être fort grande, que j'ai différer si longtemps, que désormais, je croirais commettre une faute, si j'employais le temps qu'il me reste pour agir pour délibérer. Maintenant donc que mon esprit est libre, je m'appliquerai sérieusement et avec liberté à détruire généralement toutes mes anciennes opinions. »

Douter radicalement, à la manière de certains penseurs, implique un caractère affermi. C'est un comportement exigeant, qui nous éprouve, pour produire la condition d'une lucidité accrue sur l'entendement des circonstances qui nous entourent. Cette disposition ne va pas de soi et appelle un cheminement de questionnement sur la réalité de notre vie. La radicalisation de nos doutes conduit à une exigence de vérité, sans pour cela s'opposer à elle.

À la vue des conditions économiques et sociales imposées à la grande majorité des salariés des organisations sportives, à l'occasion des grands événements sportifs depuis quelques années, qui concernent de nombreux acteurs du sport et qui s'adressent aux citoyens, porté par une exaspération, je m'engage un peu plus dans le débat sportif et social, dans la façon dont les propositions, les thèmes économiques et sociaux sont présentés par les dirigeants, les médias et les communicants, pour s'agiter, pour les déguiser et les travestir au service de la communication politique et au détriment des populations.

Et cela m'engage à écrire un nouveau livre, sous le titre : **LA GRANDE DEVALORISATON DE L'ECO-SYSTEME DU FOOTBALL FRANÇAIS, ou «** *Les illusionnistes de la légitimité sportive.* **»**

La genèse de ce texte part d'une question décisive et actuelle, la question de la légitimité managériale, économique et sociale des dirigeants des Clubs de football français, qui m'amène à contribuer à la réflexion à partir des *«* ***illusions de la politique***[2] *»*, *écrit par Jacques Ellul en 1965.*

> *« Car ce qui est essentiel pour lui, c'est d'obtenir une « impression », un « sentiment ». Pourvu que le peuple ait l'impression de vivre en démocratie, que le gouvernement « paraisse » démocratique aux yeux de l'opinion, c'est évidemment l'essentiel. On connaît parfaitement des gouvernements très démocratiques qui donnent l'impression d'être autoritaires, et inversement des gouvernements dictatoriaux qui savent créer l'opinion dont ils ont besoin pour qu'ils soient ressentis comme démocratiques : ainsi les démocraties populaires » (p.178)*

<u>Définition du mot « *illusion* » :</u>

---

[2] - *Jacques Ellul - L'illusion Politique, 1965.*

Du latin « illudere » (« se jouer de », « se moquer de »). Perception erronée du monde extérieur ou de ses propres états internes, l'illusion est une croyance fausse. D'une manière abstraite, le mot « illusion » désigne une opinion fausse que forme l'esprit et qui abuse par son caractère séduisant, au sens de faire « illusion, de tromper ».

<u>Définition du mot « *illusionniste* » :</u>

« Dans le cas de l'illusionniste, il s'agit d'une jonglerie sensorielle et mentale qui, modifiant les perspectives intellectuelles, suspend l'intervention de la logique et impose un état de vertige, involontaire chez le spectateur, délibéré chez l'illusionniste. » **Jeux et sports, Caillois Roger, 1967**[3]**.**

---

[3] - *Roger Caillois - Jeux et sports, 1967.*

1.2. Introduction

Depuis l'automne 2008, l'économie mondiale subit régulièrement de nouvelles poussées de crise. Les politiciens, les économistes et l'opinion publique se querellent vivement au sujet des causes du malaise. Pour les uns, cela provient de la cupidité des banquiers et des spéculateurs, à l'origine du désastre. Pour les autres, les dettes souveraines déterminent les crises successives.

Il faudrait plutôt clouer au pilori les pouvoirs publics qui sombreraient dans l'ivresse de la dépense sans bornes. Nombre de gouvernements, apparemment incapables de gérer correctement leur budget, financeraient en pure perte toute une bureaucratie et des dépenses sociales. Même si cette dispute se joue entre les deux parties en conflit, ils tombent d'accord sur deux points.

Premièrement, la crise résulterait de divers développements erronés de la superstructure financière.

Deuxièmement, la solution à la crise résiderait dans une nouvelle redistribution des ressources monétaires.

Dans le livre « *La grande dévalorisation*[4] », Ernst Lohoff et Norbert Trenkle affirment que de telles explications et de tels concepts ne vont pas assez loin. Ils ne correspondent pas à l'ampleur de la crise qui apparaît aujourd'hui. Les véritables causes de la crise concernent d'autres facteurs plus fondamentaux.

La crise à l'œuvre aujourd'hui illustre une évolution de la forme de richesse capitaliste. En dernier ressort, le monde en crise se caractérise par des cycles économiques en dysfonctionnement, comme la surproduction et une société devenue trop productive pour le mode de production capitaliste.

Cette analyse contribue à apporter une autre vision au discours ambiant et à rendre cette thèse intelligible. Il s'agit de questions aussi simples que fondamentales qui se trouvent à l'origine de cette réflexion. Des questions qui ne s'expriment pas dans les débats actuels, même si elles devraient y figurer du fait de leurs contenus.

Comment concevoir qu'une société qui produit toujours plus de biens et de services, avec toujours moins de travail, parvienne à la

---

[4] - Ernst Lohoff, Norbert Trenkle - *La grande dévalorisation : Pourquoi la spéculation et la dette de l'État ne sont pas les causes de la crise*, Mai 2024.

conclusion qu'elle vit au-dessus de ses moyens ?

Pourquoi une société mondiale qui établit chaque année de nouveaux records de productivité et produit toujours plus de biens et de services souffre-t-elle cruellement d'un manque de richesse et impose-t-elle à des populations entières, dans les pays développés et dans les régions du monde les plus défavorisées, de se serrer la ceinture et de toujours plus se tuer à la tâche ?

1.3. Définitions

- <u>M-A-M :</u> Dans la formule M-A-M[5], le début et la fin du procès économique représentent des marchandises (M) de même proportion en valeur et simultanément, des valeurs d'usage qualitativement différentes. Dans ce mode de circulation économique, l'argent (A) devient le médiateur de l'échange des marchandises.

- <u>A-M-A :</u> Dans la formule A-M-A, le début et la fin du procès économique représentent l'argent (A), de même proportion en termes de valeur. L'argent constitue le départ et l'aboutissement du mode de circulation économique. Selon ce modèle économique, la marchandise permet à la monnaie de devenir argent. L'argent, qui apparaissait comme le simple médiateur dans la formule M-A-M, devient ici l'objectif de la circulation, alors que la marchandise, qui s'avérait l'objectif final dans la formule M-A-M, devient ici un simple moyen.

- <u>A-M-A' :</u> Le capital est d'abord investi sous forme d'argent (A), qui permet de produire un bien, vendu ensuite contre de l'argent. Pour qu'il y ait un profit, il faut que l'argent final soit

---

[5] - *Karl Marx - Le Capital Chapitre 1 : La marchandise.*

supérieur à l'argent de départ. Pour souligner cela, on note souvent le cycle A-M-A' (argent-marchandise-argent prime), dans lequel A'> A. Dans ce mode de circulation économique, le contenu objectif de A-M-A', la différence entre A et A' représente la plus-value ou la « *survaleur* », comme une finalité subjective attendue. Acheter pour vendre, ou mieux, acheter pour vendre plus cher, A-M-A', voilà une forme qui semble propre à toutes les formes de capital.

> Capital constant : Le capital constant représente la partie du capital investie dans les moyens de production, les matières premières, les installations, les investissements incorporels et l'énergie nécessaire à la production. Sa source de financement provient des apports en capitaux et des profits obtenus à la suite du processus de production.

> Capital fictif : Il s'agit d'une forme de capital – titres de la dette publique, actions, créances, fonds d'investissement, « *hedge funds* » et « *fonds souverains* » – qui circule alors que les revenus de la production auxquels il donne droit ne constituent que des promesses. En ce sens, il s'agit d'une forme d'anticipation des revenus économiques,

fondée sur des prophéties de survaleur, non encore produite.

- ➢ Capital prédateur : Partie du capital constant qui s'autonomise avec l'objectif de capturer le maximum de valeur. Le seul but devient la réalisation de profit rapide au détriment des organisations viables. Dans cette optique, la prédation constitue une phase de développement de la culture d'une société, atteinte dès lors que les membres d'un groupe adoptent une attitude prédatrice, résultant d'une double démarche fondée sur l'existence d'actifs spécifiques, associés à leur transférabilité, pour déployer des effets de levier, comme la condition d'une capture maximisée de valeur.

- ➢ Capital social : Le capital social se définit comme l'ensemble des réseaux, des normes et des valeurs permettant aux individus et aux institutions d'atteindre des objectifs communs. Le capital social constitue une source de richesse et de bien-être. Ainsi, comme toute autre forme de capital, le capital social contribue à la production et permet donc d'atteindre des buts qui, en son absence, ne pourraient se réaliser.

- ➢ Capital variable : Le capital variable représente la valeur de la force de travail mise en œuvre dans la production. Il se désigne « *capital variable* » parce qu'il permet une hausse du capital, par l'appropriation de la plus-value créée par les travailleurs. Selon Marx, seul le travail crée la valeur et le capital devient le transmetteur de la valeur. Il permet le process Argent-Marchandise-Argent prime (A-M-A') par le biais de l'exploitation de la force de travail.

➢ Capital-argent : La conversion du capital argent (A) en capital productif (A-M) permet de retrouver un capital argent augmenté (A') par rapport à celui initialement avancé (M-A'), issu de la création de « *survaleur* » ou de plus-value possible par l'intermédiaire d'une marchandise spécifique (M), la force de travail.

➢ Marchandise : Devient une marchandise tout ce qui fait l'objet d'une transaction sur un marché et qui, de ce fait, a un prix. Une marchandise constitue à la fois une valeur d'usage et une valeur d'échange, produite par un travail concret, qui s'échange contre d'autres marchandises, selon une valeur. Ce cycle représente la commercialisation des biens et des services, sous quelque forme que ce soit.

➢ Marchandises d'ordre 1 : Les marchandises produites et négociées sur les marchés des biens et des services, échangées en raison de leur valeur d'usage, seront définies comme des « *Marchandises d'ordre 1* ». Elles représentent de la valeur réellement créée, du travail abstrait effectué « *d'ordre 1* ». Une multiplication de capital basée sur une production de « *Marchandises d'ordre 1* » possède le grand avantage d'avoir un caractère durable.

➢ Marchandises d'ordre 2 : Les marchandises négociées sur les marchés monétaires et les marchés de capitaux, soit les actions, les titres de créance, le capital humain et les dérivés, seront qualifiées de « *Marchandises d'ordre 2* ». Ces autres marchandises circulent aussi sur le marché mais ne sont achetées qu'en tant qu'elles confèrent un droit sur la survaleur, ainsi sur les actions, sur les produits dérivés[6], sur les obligations et sur les différentes formes de créances.

---

[6] - *Produits dérivés : Définition « produit dérivé » : Un produit dérivé est un instrument financier qui prend la forme d'un contrat conclu entre deux parties. Ce contrat définit un échange financier futur qui dépend du prix d'un actif, appelé sous-jacent. Ainsi, on parle de produit dérivé lorsque les flux financiers qui auront effectivement lieu, dépendent – OU DERIVENT – d'un*

➢ <u>Porteur d'espoir</u> : Chaque être humain imagine ou espère pour lui-même, pour ses proches ou même pour l'ensemble de la société, un monde plus juste. Chacun de nous, à un moment ou à un autre, a adhéré à des projets porteurs d'espoir. Qu'il soit individuel ou collectif, l'espoir nous apparaît comme l'un des moteurs de la vie humaine. Il n'y a d'espoir que dans cette mémoire-là et dans la longue durée, comme l'une des conditions des aspirations sociales.

➢ <u>Productivité</u> : La productivité du travail dépend du rapport entre la valeur nouvelle créée par un cycle de production, et le nombre de travailleurs salariés. La productivité provient de l'utilisation de moyens de production plus performants, comme

---

autre actif, généralement une action, un indice boursier, un taux d'intérêt ou encore une matière première.
Un produit dérivé fait intervenir deux personnes : l'acheteur et le vendeur. Le profit de l'acheteur et celui du vendeur dépend du prix d'un ou plusieurs titres financiers, appelés sous-jacents. Une échéance peut également être précisée, mais cela n'est pas obligatoire.
Le profit de l'acheteur peut alors être défini par une formule mathématique ou une condition logique. Imaginons, par exemple, un produit dérivé sur le cours du BORUSSIA DORTMUND : Si le cours du BORUSSIA DORTMUND dépasse 3,50 € avant le 1er juillet prochain, alors je vous donne 10 €. Sinon, vous n'obtenez rien.

l'innovation technologique, une organisation plus performante, ou l'amélioration des compétences et des qualifications. Les gains de productivité proviennent aussi des cadences plus élevées ou plus intenses dans le travail.

- <u>Reflet autonomisé :</u> Il s'agit du dédoublement du capital-argent dans le partage de la valeur d'usage. Lors d'une transaction financière, comme une vente d'action, la même somme apparaît du côté du vendeur qui peut l'utiliser pour la transformer en capital constant, comme les matériels, les matières premières ou en capital variable, comme la force de travail. Du côté de l'acheteur, celui-ci détient un droit sur la survaleur, produite lors du processus de production. Le capital-argent se double de son reflet autonomisé, qui illustre le capital fictif.

- <u>Richesse abstraite :</u> Elle exprime la richesse par l'accumulation d'argent. La finalité du capital devient la « *richesse abstraite* » telle qu'elle s'exprime dans l'argent. L'argent représente la forme manifeste de la richesse abstraite et de la richesse en valeur.

- <u>Richesse matérielle :</u> La production de richesse matérielle s'exprime à travers la production de marchandises utiles. Karl Marx distingue le concept de la « *richesse matérielle* », ou « *richesse réelle* », par la mesure de la quantité produite, fonction de nombreux facteurs en plus du travail, tels que les connaissances, les compétences, l'organisation sociale et les conditions naturelles.

- ➢ <u>Richesse monétaire :</u> La monnaie mesure les valeurs. C'est parce qu'elle circule qu'elle peut remplacer toutes les marchandises. Mais elle est aussi réserve de valeur par accumulation et comme instrument de thésaurisation. Ambivalente, la monnaie fonctionne comme lien social et permet l'échange généralisé. Les biens ne s'accumulent pas à l'infini, la monnaie, si, car elle se thésaurise en temps de crise. Lors des périodes de croissance économique, elle s'utilise pour augmenter le capital ou via le crédit, elle permet de transformer les marchandises en plus de monnaie.

- ➢ <u>Richesse sensible :</u> La valeur de cette richesse provient d'une composition, comme une conséquence émergente d'une interrelation entre un individu et la marchandise. Celle-ci exprime le caractère d'une existence sensible qui se traduit lors des adaptations dans l'utilisation que procurent les marchandises, pour en découvrir les sensations. Les relations multiples avec les qualités sensibles des marchandises conduisent les sujets à établir un « *art de faire* » qui les transforme, tout en étant nominalement identiques à leur personnalité, avant leurs expériences.

➢ Richesse sociale : Nous vivons par le fait d'user de l'image, de la parole, de l'intelligence, du savoir, des gestes et des relations. Nous sommes pauvres ou riches selon la quantité, la qualité et la variété des services dont nous disposons dans notre vie professionnelle, sociale et familiale. La richesse sociale s'exprime par deux caractères – symbolique et culturel, comme une richesse consommée dans la recherche des relations sociales. Nous sommes pauvres ou riches selon la quantité, la qualité et la variété des services dont nous disposons dans notre vie sociale.

➢ Surtravail : Le surtravail représente le travail accompli au-delà du temps de travail nécessaire, donc effectué gratuitement pour le compte du détenteur du capital qui achète la force de travail. Le surtravail devient donc du travail non payé, accaparé par le détenteur des moyens de production, sous forme de temps de travail. La fonction du travail productif permet de transférer la valeur du capital constant au produit final, et lui ajouter de la valeur.

- Survaleur : La survaleur, ou plus-value correspond à l'excédent que récupère une entreprise ou un acteur économique après la vente de ses marchandises et le paiement des salaires. Il s'agit de la réalisation en argent du surtravail. Elle provient du process de la production et en constitue la base du profit.

- Travail abstrait : Par travail abstrait, il faut entendre le travail duquel on soustrait toutes les qualités, celui dans lequel toute trace de l'activité pratique sensible et de la subjectivité a été anéantie. Le travail abstrait renvoie à une réalité palpable, celle de la division du travail, un travail dont on a retiré toute vie pour le réduire à la mécanique. Le travail abstrait exprime le travail produisant de la valeur d'échange.

- Travail concret : Le travail concret représente le travail produisant de la valeur d'usage, un travail en vue d'une production d'utilité, comme une finalité essentielle. Le travail concret constitue un travail déterminé et spécifique, qui dans la division sociale du travail, va permettre de produire des valeurs d'usage, source d'une vie effective, de richesse réelle et concrète.

- Travail mort : Part du capital constant comme les machines, les installations et les immobilisations incorporelles, qui ne s'accroît pas dans le process de production. On doit le retrouver sans modification dans la marchandise qui sortira de la production. Ainsi les moyens de production représentent du capital considéré comme « *mort* », sans l'intervention de la force de travail.

- Travail vivant : Conforme à l'essence humaine, comme une activité productive conforme à une fin. Le travail vivant n'intervient pleinement que lorsque les moyens techniques lui donnent toute son expression.

- Valeur d'échange : La valeur d'échange constitue une propriété de la marchandise qui permet de la confronter avec d'autres marchandises sur le marché, en vue de l'échange. La valeur d'échange ou sa valeur marchande exprime un concept mesurable : il s'agit d'exprimer en monnaie ce que vaut normalement une marchandise, compte tenu de son coût de production. En cela, la valeur d'échange diffère du prix : ce dernier peut être supérieur ou inférieur à la valeur, en fonction des circonstances particulières, selon l'intensité de la concurrence, de l'offre et de la demande.

- ➤ <u>Valeur d'usage :</u> Toute marchandise possède une valeur d'usage, puisque celle-ci représente la condition première pour qu'elle intéresse des acheteurs. La valeur d'usage n'a de valeur que pour l'usage et ne se réalise que dans le process de la consommation. La valeur d'usage, dans un contexte économique, représente la valeur des avantages économiques futurs, attendus de l'utilisation d'un bien ou d'un service. Plus généralement, il s'agit de la valeur attribuée à l'utilisation réelle ou potentielle d'un bien, d'un service ou d'une ressource.

- ➤ <u>Valeur d'utilité :</u> La valeur d'utilité mesure l'impact potentiel de la marchandise sur la vie du consommateur, quelle que soit la manière, plus ou moins efficace, dont celui-ci l'utilise, alors que la valeur d'usage mesure l'impact réel de la marchandise sur la vie du consommateur, en fonction de la manière dont celui-ci l'utilise.

1.4. L'origine de la valeur

La critique de la valeur représente un courant allemand depuis une quarantaine d'années, constitué autour de Robert Kurz, Rosita Scholz, Norbert Trenckle et Ernest Lohoff, qui fondèrent la revue « *Crisis* » sur une refondation du rapport à Karl Marx, en particulier autour de la distinction fondamentale du Marx « *ésotérique* » et du Marx « *exotérique* ».

La différenciation entre Marx « *ésotérique* » et Marx « *exotérique* » fit l'objet du travail de Roman Rosdolsky, dans « *La Genèse du Capital chez Karl Marx* »[7].

Cette distinction structurelle permet de comprendre la critique de la valeur. Marx « *exotérique* » illustre ce que nous connaissons tous, depuis le Manifeste Communiste qui parle de la lutte des classes transhistorique, comme étant le moteur de l'histoire et le Marx qui parle de la transition socialiste vers le communisme. Il s'agit aussi du Marx, historiquement déterminé, qui décrit la phase d'ascension du capitalisme industriel de son époque, le Marx qui considère le travail comme l'essentiel de l'homme.

---

[7] - *Roman Rosdolsky - La Genèse du Capital chez Karl Marx, 1957.*

L'on rencontre le Marx « *ésotérique* » dans les Manuscrits de 1857-1858, dits « *Grundrisse*[8] », l'ouvrage préparatoire au Capital. Dans la première section du Capital, Karl Marx va considérer le travail abstrait comme une spécificité historiquement déterminée propre au capitalisme. **Il faut partir des catégories de base du capitalisme pour avoir accès à sa critique, ces catégories de base étant la valeur, le travail abstrait, la marchandise et l'argent.** Ces catégories de base constituent l'essence du capitalisme et s'auto-développent au fil de son élargissement historique ; de façon empirique, mais leurs contradictions montrent toujours plus l'aberration de ce système.

Il convient de revenir sur le « *Chapitre 1 du Capital* »[9], dans lequel Karl Marx explique que la marchandise constitue à la fois une valeur et une valeur d'usage, et, en tant que valeur d'usage, une marchandise qui satisfait des besoins concrets. Elle a un corps physique concret, par exemple une voiture, qui sert à se déplacer et l'utilité de cette marchandise dépend directement de sa composante réelle et concrète de véhicule.

---

[8] - *Karl Marx, Jean-Pierre Lefebvre - Manuscrits de 1857-1858 dits « Grundrisse », Mai 2011.*
[9] - *Karl Marx - Le Capital Chapitre 1 : La marchandise.*

En revanche, la valeur représente un rapport quantitatif qui permet l'échange, sa substance en tant que valeur va en être le travail abstrait, c'est-à-dire ce qui permet l'échange entre deux marchandises et leur commensurabilité quantitative. Celle-ci provient du fait que cette valeur a été produite par du travail, par un travail concret. **Un travail indifférencié définit le travail abstrait qui va être la substance de la valeur.** À l'opposition valeur d'usage et valeur correspond l'opposition entre le travail concret et le travail abstrait. **Le travail concret constitue un travail déterminé et spécifique, qui dans la division sociale du travail va permettre de produire des valeurs d'usage.**
Le travail abstrait exprime la substance de la valeur qui permet la commensurabilité des marchandises, soit leur échangeabilité. Ainsi, on dispose d'une détermination plus précise des quatre catégories évoquées précédemment, le travail abstrait, la marchandise, la valeur et l'argent.
Pourquoi pratique-t-on des inversions systématiques dans notre société ?
Dans le sous-chapitre final du « *Chapitre 1 du Capital* » sur le caractère fétiche des marchandises et son secret le fétichisme, il s'agit de montrer que des rapports sociaux entre les êtres humains

prennent l'apparence d'une relation entre les choses. Selon cette conception, les marchandises se valorisent par elles-mêmes, comme si elles possédaient leurs propres valeurs, sans que les rapports sociaux internes interviennent dans cette valorisation, comme si elles bénéficiaient d'une volonté par elles-mêmes, pour se valoriser, indépendamment des rapports sociaux humains. Georg Lukács, dans « *Histoire et conscience de classe* »[10] la définit comme une seconde nature, une seconde nature autonomisée par rapport aux êtres humains, qu'il définit comme la valorisation de la valeur.

Il s'agit bien d'une inversion, parce que d'une certaine manière, les choses se personnalisent dans le même temps où les individus au travail deviennent chosifiés, comme une nouvelle inversion entre les choses et les individus. Ce qui devait être un moyen pour les êtres humains, c'est-à-dire les objets produits, change pour une fin en soi, à travers l'auto-mouvement des marchandises et l'auto-mouvement de l'argent. Les personnes sont réifiées parce qu'elles prennent elles-mêmes l'apparence d'un mouvement entre les choses qui exprime une triple

---

[10] - *Georg Lukács : Histoire et conscience de classe, 1960.*

inversion entre les individus et les choses, entre le concret et l'abstrait et entre les fins et les moyens.

Ce qui devrait être un moyen devient une fin, ce qui devrait être le concret devient l'abstrait, ce qui devrait être un individu devient une chose. Cette triple inversion constitue l'aberration du système capitaliste. Anselm Jappe, dans « *Les Aventures de la marchandise, pour une nouvelle critique de la valeur* »[11], cite « *ce n'est pas la société qui est immorale, qui est psychologiquement déviante, c'est une société qui est folle* », en fait folle de sa structure même, parce qu'elle inverse systématiquement les fins et les moyens.

Ainsi, la course à la croissance devient un fétiche, la croissance correspond à l'augmentation du Produit Intérieur Brut, comme quelque chose qui vaut tous les sacrifices possibles, qui autorise d'aller droit dans le mur écologique, dans le mur économique, financier et social. Jusqu'à détruire le système de valorisation au nom de la croissance, qui implique un processus d'endettement, dans un système de financiarisation, à l'origine de l'effondrement de l'économie réelle.

---

[11] - *Anselm Jappe - Les Aventures de la marchandise, pour une nouvelle critique de la valeur, 2022.*

La notion de travail abstrait considère que, « *quelles que soient les activités réalisées, bien que différentes elles produisent le même travail et justifient la même rémunération* ». Ainsi, on met en interaction deux éléments qui donnent origine à un troisième, le travail abstrait, que l'on considère identique, indépendamment de la qualité du travail produit. L'on met sur le même plan une production de marchandises, potentiellement émancipatrices comme des livres ou la culture au sens large, avec la fabrication de produits empoisonnants ou destructeurs comme des produits chimiques ou des armes, qui aboutissent à des effets désastreux. Ainsi, tout vaut la même chose, tant sur l'aspect quantitatif, que qualitatif, pour des produits potentiellement émancipateurs et des produits totalement désastreux. Les deux entrent dans la même logique de croissance, sans qu'il y ait des différenciations. On assiste à une société totalement inconsciente des effets sociaux et environnementaux, issus de la production des marchandises, mais qui recherche seulement la maximisation d'une plus-value, d'un profit, indifférente, non simplement aux individus concrets qui travaillent, mais aussi aux conséquences sociales et écologiques de la consommation de ces produits.

Il s'agit de retenir cette forme de raisonnement, un des aspects les plus centraux de la critique de la valeur, comme l'absence totale de contrôle sur ce que l'on produit et consomme. Cela conduit à imaginer une société post-capitaliste, qui reposerait sur la délibération autour de ce qui devrait être produit, une délibération collective, autour de l'appropriation des richesses sensibles, pour un accès immédiat pour tous, au partage de ces richesses sensibles.

Aujourd'hui, les acteurs économiques, en tant qu'individus privés, décident de mettre sur le marché des marchandises sans qu'il y ait la moindre délibération possible à ce niveau-là. Leur unique finalité, c'est A-M-A' c'est-à-dire faire plus d'argent avec de l'argent.

L'augmentation de la quantité, donc l'ordre quantitatif, ignore l'ordre qualitatif !

Il s'agit de la quatrième inversion !

Ce schéma d'inversion, où le moyen devient une médiation, correspond au fameux schéma économique marxiste, qui considère la relation Marchandise-Argent-Marchandise. Dans les sociétés féodales, l'argent apparaissait comme une médiation entre deux marchandises, théorisée par M-A-M. Dans la société capitaliste, il y a bien une inversion qui se traduit par le schéma A-M-A', A prime devient l'argent A plus une marchandise et un bénéfice, soit plus d'argent que celui au début du process économique. Dans ce système, l'argent représente le début et la finalité du processus là où dans le système féodal, l'argent exprimait une médiation entre deux marchandises. Ainsi, avec cette inversion, l'argent n'est plus une médiation pour bénéficier d'un autre produit ou d'un objet utile, mais l'argent devient le début et la finalité du processus de production.

A prime décrit le circuit de l'argent pour les capitalistes, dans lequel le capitaliste détient une certaine somme d'argent, d'un héritage ou d'un emprunt, qui représente A. Avec A, il achète des facteurs de production objectifs, comme les matériels, les installations et les immobilisations incorporelles, des facteurs de production subjectifs que constitue la force de travail. Ainsi dans ce processus, il en découle A prime, qui provient de A plus une plus-value. Il y a plus d'argent à la fin parce qu'il y a une marchandise achetée par le capitaliste qui produit plus de valeur qu'elle n'en coûte, représentée par la force de travail. Selon son niveau d'exploitation, elle doit effectuer un sur-travail, soit un travail gratuit dans sa journée. Le taux de plus-value traduit tout simplement le rapport entre le travail nécessaire réalisé par la force de travail et le sur-travail, soit la part de travail gratuit.

Dans le mode de production capitaliste, la production de richesses matérielles utiles ne constitue qu'un effet secondaire du système orienté vers la réalisation de la valeur et l'accumulation illimitée du capital. La finalité du capital devient la « *richesse abstraite* » ou la richesse monétaire, telle qu'elle s'exprime dans l'argent. Mais cette richesse abstraite présuppose la mise en œuvre sur une base toujours plus élargie, du travail vivant qui se coagule dans la valeur des marchandises.

D'un côté, le capitalisme ne peut se développer que par l'exploitation du travail vivant, d'un autre côté, il doit réduire en permanence le travail nécessaire. Cette contradiction fondamentale se traduit par un développement de la productivité du travail qui devient la limite que le système a lui-même élevée. **L'accumulation du capital exige que soient brûlées, sur une échelle toujours croissante, toujours plus de ressources naturelles.**

La production de valeur moderne, sublimée par les économistes néolibéraux, ne représente pas une production de valeur mais une simulation. Elle constitue la réalisation anticipée d'une valeur, qu'aucun acteur économique ne sera en capacité de justifier. Cette valeur anticipée ne deviendra effective que par l'apparition de « *porteurs d'espoir* », qui imaginent des potentialités de « *survaleur* », issue de la production réelle de marchandises.

Norbert Trenkle, dans « *La grande dévalorisation : Pourquoi la spéculation et la dette de l'État ne sont pas les causes de la crise* »[12], confond méthodiquement l'illusion du « *capitalisme des services* » qui ne conduit pas à la production de valeur, mais l'utilise pour produire du « *capital fictif* », comme des titres de propriété, pour une valeur à venir. Mais il s'agit aussi de remettre en cause la nature de la « *troisième révolution industrielle* ». Norbert Trenkle note : « *Contrairement à l'époque du boom fordiste, quand le pouvoir d'achat des masses, engendré par le travail de masse, représentait un moteur pour l'élargissement de la base productive, la troisième révolution industrielle produit un nombre grandissant de gens précarisés, qui sont au fond, superflus pour la valorisation du capital et ne jouent plus par-là, comme acheteurs, un rôle central pour la dynamique capitaliste*[13] ». En réalité, la hausse de la

---

[12] - Ernst Lohoff, Norbert Trenkle - La grande dévalorisation : Pourquoi la spéculation et la dette de l'État ne sont pas les causes de la crise, Mai 2024.
[13] - Ernst Lohoff, Norbert Trenkle - La grande dévalorisation : Pourquoi la spéculation et la dette de l'État ne sont pas les causes de la crise, p.89.

productivité abaisse la valeur des marchandises produites.

Même la Chine, confrontée à la hausse des salaires et à la pression des luttes sociales, conduit les entreprises locales à remplacer le travail vivant par le travail mort, qui tend vers un modèle économique similaire à celui des pays occidentaux. Or, remplacer le travail vivant par le travail mort, certes rentable à court terme, mène à long terme vers la diminution de la production absolue de survaleur, à un niveau tel que le capital ne rencontre plus de secteurs d'activités, lui autorisant une valorisation suffisante.
Cela exprime bien le sens de la loi sur « *la baisse tendancielle du taux moyen de profit* [14] ». Il s'agit bien d'imaginer les profits futurs, pour affronter la réduction des profits actuels.

Ernst Lohoff reconsidère l'analyse de la marchandise proposée par Karl Marx et estime qu'il convient d'aller plus loin que celui-ci dans l'analyse de la marchandise.

Il considère qu'il faut distinguer deux formes de marchandises. **Les marchandises comme les biens physiques ou les services rendus, qui contribuent à des échanges marchands, pour les**

---

[14] - *Karl Marx, Jean-Pierre Lefebvre - Manuscrits de 1857-1858 dits « Grundrisse », Mai 2011.*

avantages représentés par leur valeur d'usage, et seront définis comme « *des marchandises d'ordre 1* ». Il faut les différencier des autres marchandises qui s'écoulent à l'intérieur des marchés mais ne deviennent des potentialités d'achat que lorsqu'elles octroient un droit sur la « *survaleur* », ainsi les actions, les obligations, les produits dérivés, les fonds d'investissement et toutes les différentes formes de créances, que Ernst Lohoff désigne comme « *les marchandises d'ordre 2* ».

Ainsi apparaît la différence fondamentale entre ces deux formes de marchandises. Lorsqu'un acheteur acquiert un bien matériel, le vendeur bénéficie de l'argent comme produit de la vente, mais abandonne tout droit de propriété sur la marchandise vendue, cependant que l'acheteur, de son côté, renonce à tout autre usage de l'argent qu'il vient de donner au vendeur du bien. Il devient propriétaire dudit bien, mais ne bénéficie plus de la valeur d'échange de l'argent qu'il vient de donner.

Lors de l'acquisition d'un titre de propriété, comme les actions, les obligations, les produits dérivés, les fonds d'investissement, tout se passe différemment. L'acheteur d'une action ne perd pas la valeur d'échange de l'argent qu'il a donné, mais bénéficie maintenant de sa valeur pratique, puisque cet argent fonctionne comme du capital. Ernst Lohoff écrit : « *En face du monde des marchandises d'ordre 1, les rapports au sein de l'univers des marchandises d'ordre 2 semblent se tenir sur la tête. C'est ce qui les rend si impénétrables*[15] ». Apparaît ainsi une sorte de doublement du capital-argent dans le partage de sa valeur d'usage. De fait, la même somme d'argent surgit du côté du vendeur qui peut la mobiliser pour la transformer en installation et matériel de production, en matières premières et en force de travail. Du côté de l'acheteur, celui-ci détient maintenant un droit sur la « *survaleur* » obtenue lors du processus de production. Le capital-argent se déplace vers son reflet autonomisé, ce qui définit le modèle de circulation du capital fictif.

Ainsi, pour que la production de capital fictif se développe et continue sa course, il faut des « *porteurs d'espoir* », pour imaginer raisonnablement que ces titres de propriété, échangés sur les marchés financiers conduiront vers une possibilité de percevoir une part de la sur-valeur produite dans le secteur « *des marchandises d'ordre 1* ». Seulement, Il s'agit précisément de la difficulté grandissante qu'affronte

---

[15] - *Ernst Lohoff, Norbert Trenkle - La grande dévalorisation : Pourquoi la spéculation et la dette de l'État ne sont pas les causes de la crise, p.147.*

la production de valeur, en particulier, le remplacement du travail vivant par le travail mort, qui conduit au développement déraisonnable du capital fictif.

1.5. De la valeur d'usage à la richesse sensible matérielle

L'ensemble des économistes et des experts en marketing définissent en permanence les notions de valeur d'échange et de valeur d'usage. Selon les différents objets, leur participation à l'action conditionne la création de cette valeur d'usage. Les responsables du marketing considèrent les diverses offres proposées comme un ensemble de bénéfices prédéterminés.

Plusieurs définitions précisent le concept de valeur d'usage. D'abord, celle relative à la conception énoncée par Karl Marx, qui considère les objets, comme le fondement qui détermine les relations et les rapports sociaux. J'ajoute que Pierre Bourdieu[16] soutient, que le choix des objets issus de la marchandisation renvoie aux distinctions sociales.

La valeur d'échange et la valeur d'usage représentent les finalités des projets marketing. Cependant, il existe une approche qui constitue une perspective qui diverge des principes énoncés par les économistes et par les tenants du marketing, qui retiennent la plupart du temps la valeur d'échange et

---

[16] - *Bourdieu Pierre - La distinction, Les Éditions de Minuit, Paris, 1979.*

la dimension du prix, qui en exprime son critère déterminant. Malgré tout, les nouvelles approches renouvelées du marketing, qui intègre le concept de durabilité, le caractère relationnel, l'exploitation des données personnelles, le marketing humain et communicationnel n'apportent pas d'alternative significative au concept de la valeur d'usage.

Certes, ces différentes conceptions éprouvent la nécessité d'aborder l'influence des compétences dans la création de la valeur d'une situation, mais n'avancent aucune réflexion quant à la présence d'une relation sensible avec la matérialité des objets sous forme de biens et de services.

Avant d'aller plus loin, il s'agit de préciser les différents termes mobilisés. Les uns utilisent l'appellation de « *marchandise* », lorsqu'ils souhaitent représenter ce qui dépend d'un cycle de production en multitude, réservé à l'échange commercial, avec une connotation dépréciative. D'autres, recourent à des significatifs plus neutres, lorsque les managers du marketing de marché et les économistes évoquent les produits et les services.

Lors de toute mon analyse sur le concept de dévalorisation économique et sociale, puis lors de son application dans l'environnement financier du football français, je mobiliserai le terme de « *marchandise* », pour exprimer la commercialisation et l'échange sur le marché des biens et de services, sous quelque forme que ce soit. La valeur ne s'inscrit pas dans le contenu qui constitue la marchandise. Elle ne se détermine pas non plus par une méthode de calcul analytique d'origine culturelle, car une appréciation de cette valeur ne répond pas à des considérations purement emblématiques.

Ainsi, la valeur devient une composition, comme une conséquence émergente d'une interrelation entre un individu et la marchandise. Elle ne se trouve ni dans la conscience de l'acheteur ou de l'utilisateur, ni dans la marchandise, tout au plus de façon abstraite, mais dans les interrelations entre le consommateur et son objet. Au même titre que la lecture selon Umberto Eco dans « *Lector in fabula* », conduit à l'émergence de la valeur d'un texte[17], la valeur d'une marchandise, aussi diverse soit-elle, comme un appareil, un ustensile, une machine, un univers commercial, un divertissement artistique ou un événement sportif s'actualise pour passer d'un état virtuel à un état réel, au moment de son échange avec l'individu ouvert au discernement.

---

[17] - *Eco Umberto - Lector in fabula. Le rôle du lecteur ou la coopération interprétative dans les textes narratifs, Grasset, Le Livre de Poche, biblio essais, Paris, 1985.*

La valeur devient ainsi actualisée par l'être humain, lorsque celui-ci sollicite ses connaissances et ses compétences, afin d'interagir objectivement avec la marchandise pour engager un processus d'action. Ce cheminement d'actuation se produit durant le ressenti produit par une expérience, selon la situation et les aptitudes des individus, qui vient enrichir la multitude d'expérimentations. Une marchandise gagne en valeur et en contenu par l'utilisation quelle implique et par sa contingence à une activité ou à l'accomplissement d'une initiative.

L'expérience d'une marchandise relève d'une connexion réelle et réceptive avec son existence sensible, avec la manière réaliste et sensuelle de représenter les objets ou le caractère d'une existence sensible ou de sa matérialité. De fait, d'un emploi sous forme de notice, on transpose une relation fondée sur une approche référentielle, vers un engagement sensible qui sollicite les compétences « *esthésiques* »[18], comme la sensibilité ou la capacité de percevoir une sensation. Pour simplifier, il s'avère qu'une relation fondamentale entre esthésie (les sensations),

---

[18] - BOUTAUD Jean-Jacques - « *L'esthésique et l'esthétique. La figuration de la saveur comme artification du culinaire* », Sociétés et Représentations, n° 34, L'artification du culinaire (Evelyne Cohen et Julia Csergo, dirs.), 2013, p. 85-98.

esthétique (les formes) et éthique (les valeurs) s'instaure, et va influencer l'approche du monde sensible et orienter une question aussi complexe que sa représentation communicationnelle.

Il ne s'agit pas d'une relation avec une représentation magnifiée, offerte par un conditionnement ou un programme, mais d'une interaction poétique qui exprime, au-delà des spécificités physiques et visuelles de la marchandise, de ses déterminants concrets, le sens du goût, des arômes, des formes, de la finesse, de l'esthétique ou de l'harmonie.

Les justifications relatives au sensible relèvent de nombreux facteurs mobilisés dans l'expression d'une sensibilité hypermoderne, issue des valeurs hédonistes, qui s'accompagne d'un déplacement du sens vers les sens. En recherche d'expériences, les individus questionnent le besoin de sensations, la nécessité à se soumettre à des expériences susceptibles d'établir leur valeur. L'univers des consommations et les relations d'échanges perpétuels évoluent sans cesse vers des champs d'expérimentation, selon les contingences du sensible, comme une expérience vécue, et significative, tels les signes perçus, les ressentis qui se dessinent dans les compétences recherchées par le marketing et la communication.

Dans ce contexte, la question du sensible répond, selon les différentes perspectives, à l'aspiration qui concerne les sens qui affleure de toutes parts et à la vie dans un monde concret, sensible, fondamentalement conditionné par les sensibilités d'un espace public.

Le caractère d'une existence sensible se traduit lors des adaptations dans l'utilisation que procurent les marchandises, pour en découvrir les sensations. Les relations multiples avec les qualités sensibles des marchandises conduisent les sujets à établir un « *art de faire* » qui les transforme, tout en étant nominalement identiques à leur personnalité, avant leurs expériences.

Lors des phases de recherches relatives à l'innovation, il s'entend que toutes les conceptions de marchandises consistent à élaborer des potentialités d'actions pour chaque bien et service imaginé. Il s'agit de prendre en compte les procédés fondés sur les expériences et sur l'observation des réalités extérieures, en relations sensibles avec les marchandises, afin d'en proposer une source de valeur, au-delà de l'allusionnel. Il devient nécessaire d'agencer les conditions cognitives conduisant au décryptage des connexions entre les projets des créateurs, leur expression dans les marchandises et leurs impacts à la suite de leur mise en œuvre, vis-à-vis des applications individuelles et collectives.

Une pratique ne doit pas constituer un dessein normalisé, mais passer par un système d'adaptation le plus adéquat possible, afin de conduire vers un parcours d'apprentissage concret pour le sujet sensible. Ces agencements transforment l'attribution des connaissances et des aptitudes entre les individus et les marchandises. Les vertus de l'accoutumance ne se réduisent ni à l'habitude, ni à l'aliénation qui maintient les individus dans l'incapacité, ni à une condition fétichiste, mais s'accompagne d'arbitrages qui expriment des valeurs singulières aux yeux des consommateurs dans les situations d'acter leur décision.

L'enlaidissement du cadre de vie des Français devient aussi criant que peu débattu. Or, cet enlaidissement a des effets catastrophiques sur la société et est source de malheur public.

Jean Jacques Rousseau écrit dans « Les Rêveries du Promeneur solitaire[19] », « la terre offre à l'homme, dans l'harmonie de ses trois règnes, un spectacle plein de vie, d'intérêt et de charme. Le seul spectacle au monde dont ses yeux et son cœur ne se lassent

---

[19] - *Jean Jacques Rousseau - Les Rêveries du Promeneur solitaire.*

jamais. Plus un contemplateur a l'âme sensible, plus il se livre aux extases qu'excite en lui cet accord ».

Jean Jacques Rousseau intègre une forme remarquable dans la littérature, la notion de paysage. Il le fait en évoquant l'expérience sensible, une sensibilité comme une catégorie qui constitue une valeur même. Elle permet à Rousseau d'entrer dans le paysage. Mais il le fait à partir d'une expérience qui est une expérience sensible, au double sens du terme, c'est-à-dire axé par les sens et en même temps, « *les yeux et le cœur* ».

Si cette sensibilité de Rousseau nous touche, c'est qu'elle met le doigt sur quelque chose évoqué bien avant lui, le fait que l'homme a un rapport avec la nature. Le fait que l'homme vient de la nature, s'en éloigne dans le cours de son développement, et pourtant se retourne vers elle, se tourne vers elle et s'étonne de la nature et contemple son inscription dans la nature.

David Harvey, géographe britannique, représentant du courant dit de « la géographie radicale », s'installe aux États-Unis en 1969 et devient professeur associé en géographie à l'Université Johns-Hopkins de Baltimore. Dans son dernier ouvrage, « Les limites du capital[20] », David Harvey évoque le

---

[20] - *David Harvey - Les limites du capital, 2020.*

processus capitalistique comme le fondement de la suraccumulation. David Harvey met en évidence une solution géographique, qui consiste, au moins de façon temporaire, à pourvoir aux incertitudes liées à la suraccumulation par des adaptations temporelles (comme les projets à long terme, les grands travaux publics, ...) ou par des transformations des espaces urbains, avec pour finalité de répartir ou d'exporter les surplus de capitaux et d'activité dans de nouvelles infrastructures qui assureront des profits supérieurs. De fait, l'intégration, accompagnée de la transformation des espaces urbains, participe aux nouveaux agencements du capitalisme.

Selon David Harvey, la main mise sur les espaces urbains incarne la conquête de nouveaux marchés afin d'obtenir et d'exploiter de nouvelles situations de rentes, afin d'absorber les surprofits consécutifs à la rationalité du système capitaliste.

Le mouvement continu des investissements urbains et périurbains emporte une grande partie de la terre depuis le début du vingtième siècle et participe à la consolidation du système économique capitaliste par les mêmes pratiques. L'extension de l'édification des infrastructures, de l'ensemble des installations et des produits requis pour leur exploitation, comme les appartements et leurs dérivés, les moyens de communication, les solutions de mobilité individuelle, les équipements domestiques, l'augmentation de l'utilisation des énergies d'origines fossiles induites par l'accroissement des besoins de déplacement terrestre, aérien et maritime, contribuent à l'extraction massive de matières premières, à la production de composants électroniques ; et donc à la création de milliers d'emplois de travailleurs, qui, par convenance face aux propriétaires, assure la paix sociale et le renoncement aux revendications.

En 2024, Ben Wilson, historien anglais diplômé de Cambridge, publie « Metropolis[21] », dans lequel il appuie sa démonstration, en énonçant que « l'agglomération suburbaine constitue le monument approprié pour célébrer le triomphe du capitalisme et de la mondialisation. Ses étendues riches et vastes étant le reflet d'une culture de la consommation vorace, qui promet d'accomplir tous nos désirs et dont le principe moteur est l'idée d'une croissance sans limite ».

Lewis Mumford, dans « La Cité à travers l'histoire[22] », explique que « l'impératif du profit exige une rotation continue, la construction d'immeubles de rapport plus rentables que les précédents ». Puis il ajoute : « Abattre et reconstruire, tel est le rythme

---

[21] - *Ben Wilson – Métropolis, 2024.*
[22] - *Lewis Mumford, La Cité à travers l'histoire, 2011.*

nouveau de l'urbanisme du XXe siècle, et le rôle du capitalisme paraît être de liquider le réceptacle ancien ».

Et si les Grands Évènements Sportifs (GES) contribuaient à la prospérité de l'économie française !

Les analyses évoquées justifient la focalisation des pouvoirs publics sur ce que l'on définit comme les Grands Projets Inutiles et Imposés (GPII), tels les Méga projets au Moyen Orient, les stades, les centres commerciaux, les aéroports, les hôtels et les résidences de luxe, les stations de skis, enfin, tous les investissements requis pour l'organisation des Grands Évènements Sportifs.

Ceux-ci contribuent aux réinvestissements des surprofits, soutenus en particulier par les partenariats public-privé. De nombreux secteurs d'activité bénéficient de ces énormes sources de débouchés, parmi lesquels on trouve le bâtiment, à travers la destruction, la rénovation et la construction de nouvelles zones urbaines, les chantiers de travaux publics, les infrastructures et les voies de mobilité terrestre, aérienne et maritime.

1.6. La notion de richesse

Il y a deux manières de se confronter aux paradoxes économiques et sociaux de la crise actuelle.

On peut se ranger au point de vue selon lequel le manque de richesse n'exprimerait qu'un mensonge éhonté et dépourvu de réalité. Le ressassement de la nécessité de promouvoir des politiques d'austérité, n'illustrerait alors, qu'une simple idéologie imaginée par les insatiables profiteurs du système, avec l'objectif d'accaparer la richesse issue d'une croissance permanente.

Mais on peut également affirmer qu'il faut entrevoir d'autres justifications, qu'il ne s'agit pas d'une idéologie à l'œuvre, et que cette société réalise l'exploit de se trouver à la fois super riche, et trop pauvre, super riche en ce qui concerne ses capacités productives de biens, de services et de spectacles, mais pauvre selon le critère d'une richesse sociale, importante pour cette société. La véritable cause de la crise exprimerait alors une contradiction objective entre les différentes formes de richesse.

Si l'on poursuit cette deuxième idée, on débouche sur une question très simple, mais assez fondamentale d'un point de vue heuristique, qu'est-ce que la richesse ? Cette question de base se scinde en deux questions secondaires.

Qu'est-ce que la richesse selon des critères humains généraux ?

Quel est le contenu de la richesse au sein du capitalisme ?

La réponse à la première sous-question ne présente aucune difficulté. Une société se conçoit d'autant plus riche qu'elle permet à ses membres de se développer, de satisfaire des besoins divers et de favoriser l'épanouissement de leur individualité.

La richesse, dans ce sens fort, possède différentes composantes.

L'une d'elles englobe les divers objets et services dont les individus ressentent la nécessité pour satisfaire leurs pulsions consommatrices. Cela va de la nourriture au logement, en passant par les moyens de transport.

La richesse signifie aussi, que l'on puisse s'adonner à des activités permettant quelque chose de l'ordre du développement personnel, ainsi que des relations sociales satisfaisantes.

Une troisième composante serait celle du temps disponible pour chaque individu. Selon ce critère, une société qui condamne les individus à accomplir les mêmes gestes 8 h par jour, cinq jours par semaine, ne devient pas riche, même si elle fait crouler la planète entière sous une montagne de biens et de services.

Dans le capitalisme, la richesse sociale ne se mesure pas au degré d'accomplissement des divers besoins humains. Elle possède un autre contenu, bien différent.

Mais quel est ce contenu ?

Si l'on suit un certain Karl Marx[23], alors au moins, la forme manifeste de la richesse spécifique au capitalisme devient évidente. Dans le capitalisme, la richesse sociale et la richesse en marchandises se mesurent de manière identique.

Mais que deviennent les conséquences de cette transformation de la richesse en richesse marchande ?

Comparée à la richesse sociale, la richesse capitaliste se constitue différemment. Des éléments importants de la richesse sensible ne figurent pas dans l'univers de la marchandise. La richesse sensible répond d'abord à la faculté pour un individu de disposer de ce qui lui semble essentiel ou indispensable pour vivre et jouir de sa vie. L'air pur, la richesse des relations sociales et celle du temps libre s'opposent à la transformation en marchandise. Ainsi, selon les critères de la société capitaliste, ils ne comptent pas comme de la richesse sociale, à

---

[23] - *Karl Marx, Jean-Pierre Lefebvre - Manuscrits de 1857-1858 dits « Grundrisse », Mai 2011.*

côté des biens et des services produits, qui peuvent satisfaire aussi des besoins sensibles.

L'univers de la marchandise contient aussi des marchandises qui échappent complètement au monde de la richesse sensible. Il s'agit des marchandises négociées sur les marchés financiers et les marchés de capitaux, comme les actions, les obligations, les dettes souveraines, les titres de créance, les dérivés financiers et le capital humain composé de la cherté individuelle des sujets opprimés ou nantis, exprimée par leur valeur marchande, faite d'aptitudes, de talent ou de vertu. La transformation de la richesse en richesse marchande ne modifie pas seulement sa composition, mais aussi son essence. Dans la société capitaliste, les marchandises ne représentent pas de la richesse pour la raison qu'elles peuvent satisfaire des besoins. Ce qui devient bien plus déterminant, représente la capacité à commercialiser les biens matériels et les services comme vendre des automobiles, des produits alimentaires ou des prestations, avec lesquels on retirera de nouveaux bénéfices. Mais cela ne manifeste pas des biens et des services à la manière des porteurs de richesses capitalistes. Elles n'endossent ce rôle que si l'on parvient à les transformer en quelque chose de tout à fait différent, autrement dit de l'argent par nature.

La richesse sensible s'exprime de manière tout aussi diverse que les besoins humains. Mais du côté de la richesse capitaliste, toutes ces qualités particulières disparaissent dans le modèle économique. Il convient de faire acte que la richesse sensible concrète ne compte pas comme de la richesse sociale, mais plutôt de la richesse abstraite, de la richesse en valeur et en argent, qui s'en distingue et prend sa place. La manière dont celle-ci se développe, s'accroît ou se contracte, décide du bien ou du mal de la société capitaliste. Une critique du capital prendrait pour cible les catégories abstraites dans lesquelles la richesse se pense dans les sociétés capitalistes, comme la valeur, l'argent, le travail et la marchandise. L'argent représente la forme manifeste de la richesse abstraite et de la richesse en valeur.

1.7. La notion de marchandise

Face à un contenu indéfini, qu'est-ce qui fait de la marchandise un porteur de valeur ?
Un porteur de richesse abstraite ?
Karl Marx, armé de sa critique de l'économie politique répondit à cette question pour les marchandises qui atterrissaient sur les marchés des biens et des services. Il s'agit du temps socialement nécessaire en moyenne pour produire un bien ou un service, vendu avec succès, qui détermine combien de valeur il ajoute à la masse globale de l'économie. Cela signifie, que la contribution globale des capitaux employés à la production de marchandises, destinées au marché des biens et des services, devient un apport à la richesse, identique au temps de travail moyen socialement nécessaire à la production de tous les biens et services vendus avec succès. Ainsi, il apparaît clairement, que non seulement la richesse sensible et la richesse capitaliste diffèrent fondamentalement, mais qu'en outre on peut observer un développement en sens inverse.
Posons l'hypothèse qu'un bouleversement technologique permettrait à la société capitaliste de produire la même richesse de biens et de services avec moitié moins de temps de travail. Du point de

vue de la richesse sociale, cela représenterait une énorme poussée de richesse, car, avant tout, le temps disponible aurait énormément augmenté. Mais du point de vue de la richesse abstraite, le bilan apparaîtrait tout autre. D'après ses propres critères tout à fait délirants, la société capitaliste ne deviendrait pas plus riche à travers cette transformation technologique, mais plus pauvre, car la valeur représentée par les biens et les services négociés sur les marchés aurait tout simplement été divisée par deux.

Dans un premier temps, on n'a fait qu'évoquer comme possibilité abstraite, une telle poussée d'appauvrissement. Karl Marx partait du fait qu'un tel phénomène allait également acquérir une signification pratique historique, lorsqu'il précisa sa thèse, thèse selon laquelle le développement des forces productives deviendrait tôt ou tard incompatible avec la forme capitaliste. Dans la mesure où le capitalisme, au cours de son développement, atteindra un point où l'application de la science deviendra la force productive principale, un point où le travail immédiat dans la production deviendra obsolète, il détruira les fondements d'un mode de production, basé sur la **création de valeur. L'univers de la marchandise se constitue en deux secteurs. Le premier secteur comprend les** marchandises négociées sur les marchés des biens et des services que l'on qualifiera de « *marchandise d'ordre 1* ». Le deuxième comprend les marchandises négociées sur les marchés monétaires et les marchés de capitaux, soit les actions, les titres de créance, le capital humain et les dérivés, ces dernières qualifiées de « *marchandises d'ordre 2* ».

MARCHANDISES D'ORDRE 1

➤ Le premier comprend les marchandises négociées sur les marchés des biens et des services.

Valeur d'échange + Valeur d'usage ou utilité

MARCHANDISES D'ORDRE 2

➤ Le second secteur comprend les marchandises négociées sur les marchés de capitaux.

Valeur d'échange sans Valeur d'usage ou utilité

L'introduction de ces concepts pour d'une part, « *des marchandises d'ordre 1* » et, d'autre part, des « *marchandises d'ordre 2* » représente un élément important, introduit dans le livre « *La grande dévalorisation*[24] », d'Ernst Lohoff et Norbert Trenkle. Le jargon boursier nous livre une indication. Quand on demande aux courtiers ce qu'ils font lorsqu'ils achètent et vendent à longueur de journée des titres de propriété, donc des « *marchandises d'ordre 2* », ils rétorquent qu'ils font commerce avec l'avenir. En disant cela, ils n'affichent jamais l'ensemble du système et ne font que décrire ce qui détermine, par exemple, le prix d'une action particulière. Mais le propos qu'ils tiennent sur le commerce avec l'avenir nous en dit plus. Ils pointent la différence fondamentale entre les deux secteurs de l'univers de la marchandise, soit les « *marchandises d'ordre 1* » et les « *marchandises d'ordre 2* ».

Des marchandises comme des produits alimentaires, des automobiles, des biens ou des services constituent de la richesse capitaliste, en ce qu'elles représentent de la valeur réellement créée, du travail abstrait effectué « *d'ordre 1* ».

---

[24] - *Ernst Lohoff, Norbert Trenkle - La grande dévalorisation : Pourquoi la spéculation et la dette de l'État ne sont pas les causes de la crise, Mai 2024.*

Par opposition, les marchandises provenant des marchés de capitaux, ou « *d'ordre 2* », constituent de la richesse capitaliste, parce qu'elles représentent de la production de valeur future, de la dépense de travail abstrait à venir.

Il s'agit d'une distinction fondamentale qui doit être expliquée.

Ce qui fait la différence entre des « *marchandises d'ordre 1* », qui représentent le résultat d'un travail déjà effectué, et donc de la valeur déjà produite, et des « *marchandises d'ordre 2* », qui n'expriment pas une valeur déjà réalisée, reflète la production d'une valeur dont on attend qu'elle soit produite, comme l'aboutissement d'un commerce avec l'avenir.

1.8. Transformation de la marchandise en richesse

Tant que l'on ne considère qu'une action particulière ou un titre de propriété singulier et son propriétaire, cette référence à l'avenir paraît relativement banale. Qu'un actionnaire puisse toucher ses dividendes, sur la seule base des bénéfices futurs de l'entreprise semble assez évident. Il semble aussi clair que le remboursement d'un crédit dépend de l'argent que l'emprunteur doit préalablement gagner. Mais là ne réside pas le point essentiel pour le bilan social de la richesse.

Lors de l'émission d'une action ou de l'octroi d'un crédit, il se produit au niveau de l'ensemble de la société, quelque chose de fascinant. De la valeur, pas encore produite au niveau social, se transforme dès aujourd'hui en capital supplémentaire, en richesse capitaliste supplémentaire. Ce processus ne connaît pas d'équivalent dans le monde de la richesse sensible, d'où sa difficulté de compréhension.

Notre monde familier occupe un espace dans lequel apparaît toujours le même ordre chronologique. Il faut que la chose existe avant que l'on puisse en jouir. Jamais un individu n'a conduit une voiture avant que celle-ci n'ait été encore fabriquée. Jamais une personne n'a dégusté un menu gastronomique qui n'a pas encore été réalisé. Cet ordre chronologique remplit les conditions pour la production de valeur sur les marchés des biens et des services. **Des objets, des biens et des services, des produits alimentaires ou des voitures doivent d'abord être imaginés et fabriqués pour de potentielles ventes. Mais seulement à la suite de cette phase de vente, le capital peut disposer de cette valeur réalisée.**

Ordre chronologique de création de valeur

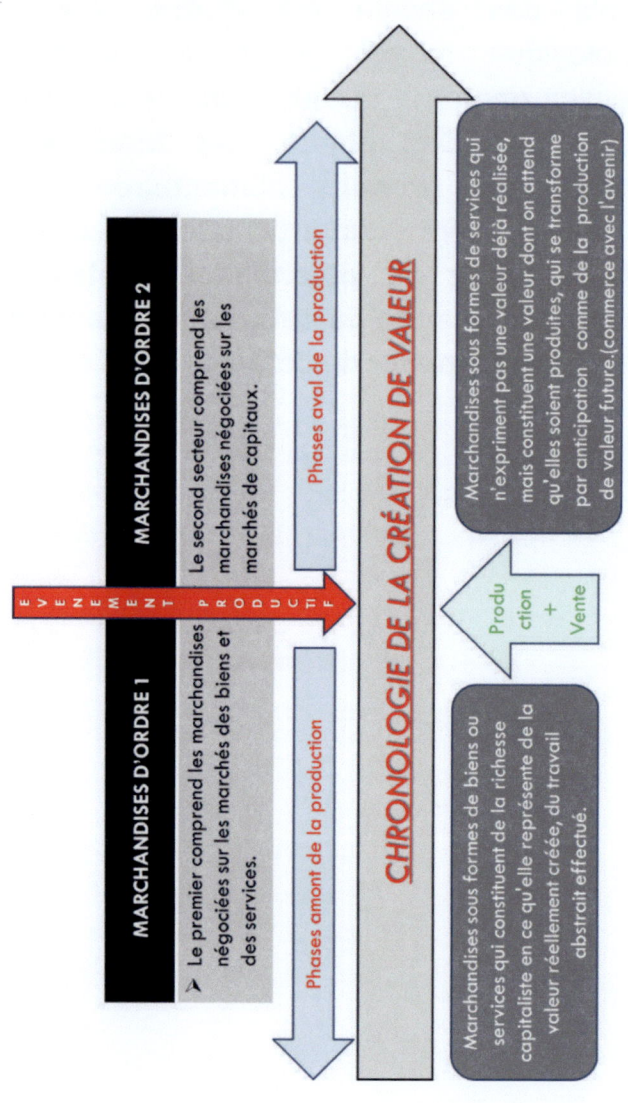

Mais sur les marchés monétaires et des capitaux, cet ordre chronologique se trouve inversé, de la valeur qui n'a pas encore été produite se transforme par anticipation, dans l'idée d'un titre de propriété ou d'une action, comme du capital social supplémentaire.

Pour comprendre comment ce mystère s'accomplit, il faut étudier de plus près le rapport qu'entretiennent un acquéreur et un vendeur d'une marchandise, issue des marchés de capitaux, « *marchandises d'ordre 2* ».

Lors de l'émission d'une action ou d'un titre de propriété négociable, deux processus s'entremêlent. Le transfert d'une richesse capitaliste existante et, à travers l'émission de cette marchandise, la création d'une nouvelle richesse capitaliste, à durée déterminée. Il faut encore préciser de quelle manière de la richesse se voit transférée lors de l'émission d'une action ou d'un titre de propriété, lorsque l'investisseur décide d'un placement dans l'achat de titres de sociétés.

L'investisseur public, privé ou une personne morale, qui achète des actions émises sur les marchés financiers, peut en disposer tout de suite. Lors de la transaction, l'investisseur ne se retrouve pas du tout les mains vides, après s'être défait de son argent, il n'a pas seulement donné son capital argent, il l'a échangé contre un titre monétaire, qui n'existe qu'à la suite de cette transaction. À côté du capital de départ transféré, on trouve maintenant son reflet autonomisé, un titre financier, comme une nouvelle ressource productrice de valeur future.

Ainsi, vous opérez une distinction entre le pur capital argent, composé de marchandises issues des marchés de capitaux et le capital qui dépend de ce qui se trouve investi dans l'économie réelle.

1.9. Notion de capital fictif

Karl Marx utilise le concept de « *capital fictif*[25] » pour décrire les opérations financières sans valeur d'usage. **Dans la terminologie de Karl Marx, des actions et des titres de créance représentent du « *capital fictif* ».**
Parce que ces marchés de capitaux produisent une valeur d'échange sans valeur d'usage, une richesse sans fondement productif, un intérêt acquis, que l'on peut définir comme une prédation économique sur les ressources intangibles, par l'information ou par le spectacle, selon Guy Debord[26] ou comme « *capital fictif* », selon Cédric Durand[27], elle constitue toujours de la production de valeur d'échange sans valeur d'usage. Il importe de contrebalancer la grande dévalorisation de valeur d'usage décrite par Norbert Trenkle et Ernst Lohoff dans « *La grande dévalorisation* », dévalorisation qui se comprend par la rationalisation, la numérisation, l'automatisation et l'apprentissage machinique.

---

[25] - *Karl Marx, Jean-Pierre Lefebvre - Manuscrits de 1857-1858 dits « Grundrisse », Mai 2011.*
[26] - *Guy Debord - La société du spectacle, 1996.*
[27] - *Cédric Durand - Le capital fictif, Comment la finance s'approprie notre avenir, 2014.*

La production des biens et des services n'offre plus des possibilités de rémunérations minimales aux salariés, ce qui illustre les causes de leurs dévalorisations, face à la diminution du nombre de consommateurs en capacité de les acheter. Ce qui conduit à la contrainte de l'endettement pour les salariés, afin de remplacer la baisse de leur pouvoir d'achat.

Cependant, il ne faut pas comprendre par « *fictif* » que ce capital n'existerait que dans la tête des deux partenaires de l'échange. Car dès qu'il peut être revendu comme marchandise, le reflet autonomisé du capital d'origine peut mener une vie propre. Il devient une force sociale réelle de la richesse capitaliste qui peut alimenter le cycle économique tout aussi bien qu'un capital qui doit son existence à une réelle exploitation de travail. Pour fournir un exemple, une entreprise de bâtiment présente une indifférence totale, au fait de savoir si son client évoque une entreprise se déployant dans l'économie réelle qui se fait construire une nouvelle usine, ou une banque qui se fait construire une nouvelle tour de bureau en employant pour cela du capital fictif gagné à la Bourse.

Si l'on pousse ces réflexions jusqu'au bout, alors la richesse capitaliste générale actuelle se compose toujours de deux éléments différents.

D'un côté de la valeur que le capital a accumulée en exploitant du travail vivant lors de la production de « *marchandises d'ordre 1* **».**
De l'autre, il s'agit de bien comprendre les transactions financières, comme une capture anticipée de production de valeur future, sous la forme de « *marchandises d'ordre 2* **».**

Il ne s'agit pas seulement des capitaux particuliers, qui se voient condamner à s'accroître ou à disparaître, mais aussi de l'ensemble du système de la richesse capitaliste. En principe, le capital social global peut se développer de deux manières.

Soit en augmentant la production de valeur réelle, à travers le renforcement de l'exploitation de travail immédiat dans la production de « *marchandises d'ordre 1* ».

Soit en accentuant l'anticipation de valeur, par une confiscation avancée de valeur future à partir des « *marchandises d'ordre 2* ».

Fondamentalement la richesse capitaliste s'appuie sur les deux secteurs de l'univers de la marchandise, qui s'insèrent dans le système économique.

À partir du développement réel du capitalisme, il convient de situer historiquement la thèse marxienne qui décrit l'application de la science à la production, comme fossoyeuse de la production de valeur.

Lorsque Karl Marx évoque l'application de la science à la production, il développe une image particulièrement dramatique du capitalisme. Il décrit le capitalisme comme un système programmé pour l'autodestruction.

Néanmoins, une question s'impose. **Depuis toujours, le système de la valorisation de la valeur s'accompagne de processus continus de rationalisation. Le désir de minimiser le temps de travail employé à la production de biens et de services caractérise le mode de production capitaliste.**

Alors pourquoi n'a-t-il pas depuis longtemps scié la branche sur laquelle il est assis ?

Et s'il a réussi à vivre depuis 200 ans avec l'autocontradiction décrite par Karl Marx, pourquoi cela ne pourrait-il pas continuer encore pendant 200 ans de plus ?

1.10. Notion d'innovation

Pour répondre à cette question, il faut analyser d'un peu plus près ce que l'on entend par développement des forces productives et ses conséquences sur le système de l'exploitation du travail. **Fondamentalement, il existe deux processus, l'un qui intègre le développement des forces productives, l'autre les effets de l'innovation sur le système de la production de valeur.**

Effets de l'innovation sur la création de valeur

INNOVATION DES ou EN PRODUITS	INNOVATION DES PROCESSUS DE PRODUCTION
▲ Création de nouveaux secteurs d'exploitation de travail ▲ Extension de la production de valeur	▲ Eviction du travail vivant hors des secteurs de transformation existants ▲ Rétrécissement de la production de valeur

Par les avantages sur les entreprises concurrentes qu'elle engendre, l'innovation de produit ou de procédé représente un réel enjeu pour l'entreprise. L'innovation de produit devient la source d'une « *rente de monopole temporaire*[28] », composée de superprofits, car l'entreprise innovante, la seule à fournir le produit, dispose donc d'un monopole et peut fixer le prix au niveau qu'elle désire, soit un prix supérieur au coût marginal, en tenant compte des conséquences sur la demande notamment. Cela offre un moyen pour conquérir de nouveaux marchés et de nouveaux clients, mais elle peut être aussi un moyen de renouveler ou d'élargir une gamme de produits, de services, d'augmenter leur qualité et de favoriser, finalement, la compétitivité hors prix de l'entreprise.

L'innovation de procédé et organisationnelle, grâce aux gains de productivité générés, permet de fabriquer les produits et les services à un coût inférieur à celui des concurrents et favorise ainsi la compétitivité-prix de l'entreprise. Ce type d'innovation permet donc à l'entreprise de gagner des parts de marché.

---

[28] - *Joseph Alois Schumpeter - Théorie de l'évolution économique, 1912.*

Les travaux de recherche et de développement révèlent deux formes distinctes d'applications :
- **Des innovations sur les produits et les services.**
- **Des innovations sur les processus de production.**

Sous l'innovation des produits, émerge la création de nouveaux marchés, de nouveaux secteurs de l'exploitation de travail et l'extension de la production de valeur.

Alors que les innovations sur le processus de production génèrent une division du travail vivant, hors des secteurs de transformation existants et un rétrécissement de la production de valeur.

D'un côté, l'invention de nouveaux produits, de l'autre, la transformation des méthodes et des processus de production, conduisent à des influences très différentes sur le système de l'exploitation du travail.

Tant que de nouvelles technologies s'expriment dans la création de nouveaux produits qui se vendent en tant que biens et services, leur introduction permet la création de nouveaux champs d'exploitation du travail. Les produits innovants élargissent alors la base de la production de richesse capitaliste.

Les processus innovants sur la transformation des processus de production visent à produire plus de biens et de services, avec moins de travail vivant et donc à tarir la source de la production de valeur. En conséquence, le rapport de proportion entre ces deux facteurs d'innovations, va déterminer si la base de la valorisation va s'accroître ou se contracter au cours d'une phase particulière du développement capitaliste.

Conséquences des différentes formes d'innovations sur la création de valeur

INNOVATION DES ou EN PRODUITS	INNOVATION DES PROCESSUS DE PRODUCTION
➤ Création d'un produit ou d'un service nouveau. ➤ Amélioration importante d'un produit ou d'un service déjà existant. ➤ Création de nouveaux espaces de commerces et de nouveaux marchés	➤ L'innovation de procédé correspond à la création de nouvelles techniques/méthodes de production et/ou de vente. ➤ L'innovation organisationnelle correspond à la création d'une nouvelle organisation du travail.

Dans les périodes où dominent les produits innovants, le système de production de valeur s'accroît.

Quand les processus de production innovants deviennent dominants, le système de production de valeur se contracte. Durant la révolution industrielle, lors des grandes innovations technologiques à l'origine desquelles on trouvait des artisans inventeurs, les produits innovants constituaient le facteur déterminant. En outre, malgré tous les efforts de rationalisation, le travail abstrait dans la production représentait encore la force productive principale.

Un cas d'école à cet égard nous permet d'expliquer le triomphe du fordisme. Après la Seconde Guerre mondiale, la marchandise « voiture », auparavant un produit de luxe fabriqué en petite série, devint un bien de grande consommation de masse. Les chaînes de montage de cette branche industrielle intégrèrent du travail vivant en masse, formant ainsi la base du plus grand boom de l'histoire du capitalisme.

La conséquence principale des progrès technologiques durant la révolution industrielle antérieure, portant sur les innovations et le développement de nouveaux produits, renforça l'extension de l'emploi, du travail et de la création de valeur. Alors que la troisième révolution industrielle, avec l'automatisation comme facteur d'innovation sur les processus de production, réduisit la production de valeur.

La troisième révolution industrielle, et première période des grandes innovations technologiques ayant vu le jour, représente la véritable héritière de l'application des recherches scientifiques. **Le rapport de proportion entre les produits innovants et les processus de production innovants s'inverse**. La microélectronique représente la technologie de rationalisation par excellence, le travail vivant supplémentaire, dépensé pour la production de biens et de service, comme les ordinateurs, les téléphones portables ou les produits industriels, devient sans rapport avec le travail productif de valeur, qui a été abandonné à la suite de l'application de l'automatisation et la numérisation.

Quelles conséquences peut-on retirer de cette évolution ?

1.11. Concept de marchandise et d'innovation

Si l'on retient que l'invention de nouveaux produits par la mise en œuvre des nouvelles technologies contribue à la création de nouveaux biens et services, leur apparition ouvre d'inattendus espaces du travail. Les marchandises issues des démarches créatrices élargissent alors la base de la production de richesse capitaliste.

Si l'on aborde les processus innovants à l'origine de nouveaux systèmes de production qui aboutissent à une quantité supérieure de biens et de services avec moins de travail vivant, alors la quantité de valeur ainsi produite tend vers sa dévalorisation. Ainsi, le rapport de proportion entre les « *marchandises d'ordre 1* », et les « *marchandises d'ordre 2* » va caractériser si le fondement de la création de valeur va s'accroître ou se contracter au cours d'une phase particulière du développement économique et social.

Durant les phases économiques pendant lesquelles triomphent les produits et les services innovants, le système économique s'accroît, en produisant plus de valeur.

Lorsque les processus de production innovants se développent pour devenir prépondérants, le système économique se resserre, en réduisant sa production de valeur.

INNOVATION DES ou EN PRODUITS	INNOVATION DES PROCESSUS DE PRODUCTION
➤ Création de nouveaux secteurs d'exploitation de travail ➤ Extension de la production de valeur	➤ Eviction du travail vivant hors des secteurs de transformation existants ➤ Rétrécissement de la production de valeur

➤ *Marchandises négociées sur les marchés des biens et des services.*

➤ *Marchandises négociées sur les marchés de capitaux.*

MARCHANDISES D'ORDRE 1

MARCHANDISES D'ORDRE 2

Ainsi, la troisième révolution industrielle marque un tournant dans l'histoire du capitalisme de l'époque de la machine à vapeur jusqu'à la fin du XXe siècle. L'introduction de l'électronique mit fin à ce processus d'expansion vieux de 250 ans et commença à rendre obsolète la plus importante force productive du passé.

Au plus tard depuis les années 1980, on peut faire nôtre le constat que Karl Marx considérait incompatible, le mode de production capitaliste, dans une société instable, marquée par l'innovation et l'ajustement au marché, par des changements continuels, conduit l'homme à côté du process de production. L'application de la science remplace le travail productif en tant que force productive principale.

Évolution de la part des salaires dans la valeur ajoutée

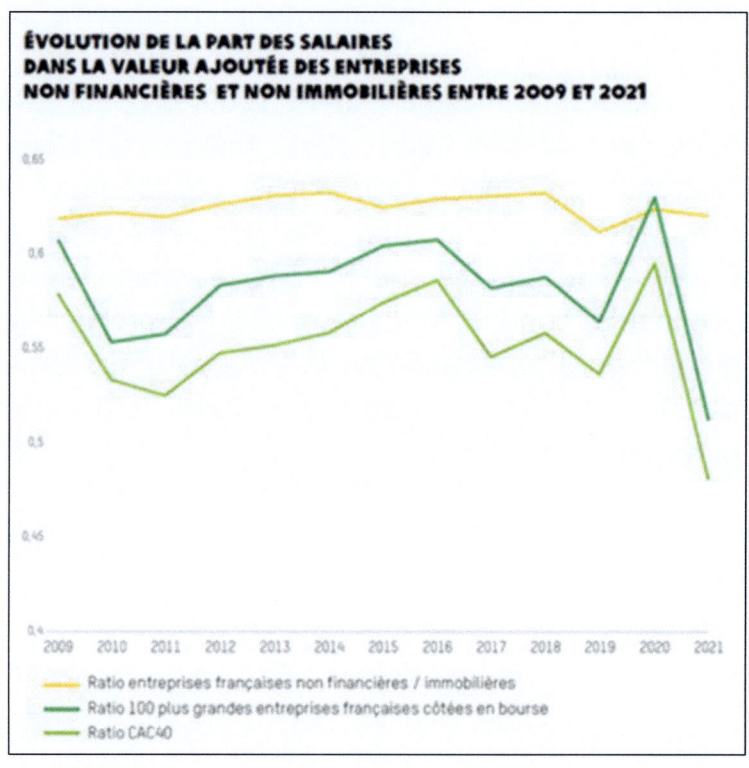

Pourquoi, contrairement aux pronostics de Karl Marx, le capitalisme a-t-il survécu à cette évolution, en allant même jusqu'à ouvrir des périodes de boom économique intermittent ?
Est-ce que la thèse de Karl Marx est fausse ? Thèse selon laquelle la montée en puissance de la science comme force productive principale détruirait les bases de la valorisation de la valeur ?

1.12. Notion d'industrie financière

Cette thèse identifie le fond du problème. En tant que système de valorisation de la valeur, le capitalisme bute effectivement contre sa limite. Mais il l'a contournée dans la mesure où il a muté en un système reposant sur la capture anticipée de valeur.

Depuis 30 ans, l'industrie financière constitue le moteur de l'accumulation capitaliste. La prétendue économie réelle s'accroît depuis les 30 dernières années, mais pas de manière autoentretenue. Elle fonctionne sous la perfusion de la création de capital fictif.

Depuis les années 1980, l'industrie financière joue le véritable rôle de l'industrie de base du capitalisme. La chronologie nous démontre déjà cet état de fait. Au cours des années 1970, le capitalisme se retrouvait empêtré dans une crise qui ne pouvait plus être dépassée avec les moyens keynésiens, qui avaient fait leurs preuves à l'époque du fordisme. Tous les pays capitalistes souffraient du phénomène de la stagflation, c'est-à-dire la persistance de taux de croissance faible, en même temps qu'une forte inflation. La crise n'a été dépassée que dans la mesure où la superstructure financière a augmenté de manière vertigineuse. La dimension que prit la multiplication des produits issus des marchés financiers devient particulièrement évidente, quand on jette un coup d'œil à ce qu'on appelle les produits dérivés.

Dans les années 1970, les produits dérivés étaient pratiquement inconnus. En 1970, le montant total de tous les produits dérivés en circulation ne constituait que 0,001 % du PIB global. En 2011, la somme de tous les produits dérivés en circulation atteignait 1 600 % du PIB global. Les montants de produits dérivés échangés sont ainsi largement déconnectés de l'économie réelle : en juin 2021, la valeur notionnelle des « sous-jacents » liés aux produits dérivés de gré à gré s'établit à 600 000 milliards de dollars au deuxième trimestre 2021, soit 7 fois le PIB mondial de l'année 2020.

Encours notionnel des produits dérivés au niveau mondial (en trillions de $)

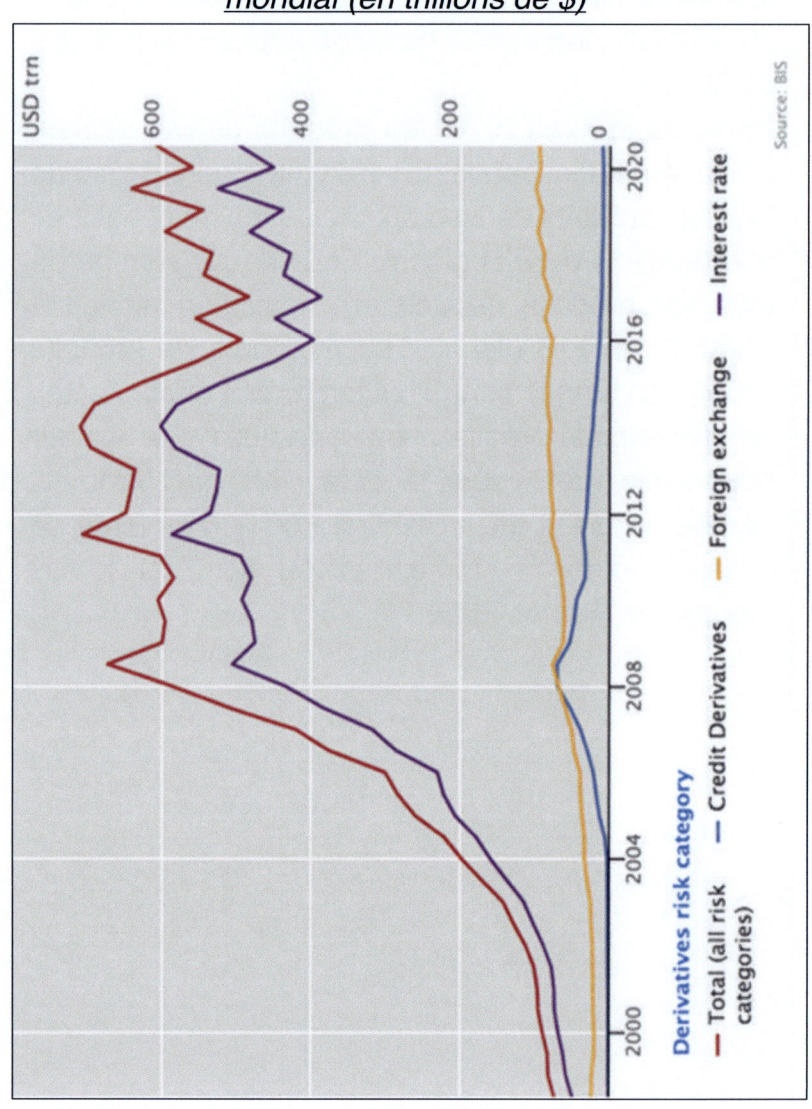

Au-delà des produits dérivés, les marchandises issues des marchés financiers ont également connu au cours des 30 dernières années une croissance exponentielle, au cours du boom de la nouvelle économie, qui concernait essentiellement le domaine des actions, on peut constater cela en observant le développement des capitalisations boursières. En 1989, la capitalisation boursière de toutes les entreprises cotées au niveau mondial correspondait à 42 % du PIB mondial. En 1997, c'était déjà 64 % et en 1999, c'est 100 % du PIB mondial après le krach de la nouvelle économie, jusqu'à 108 % en 2020

La capitalisation boursière mondiale représente 108 % du PIB mondial en 2020

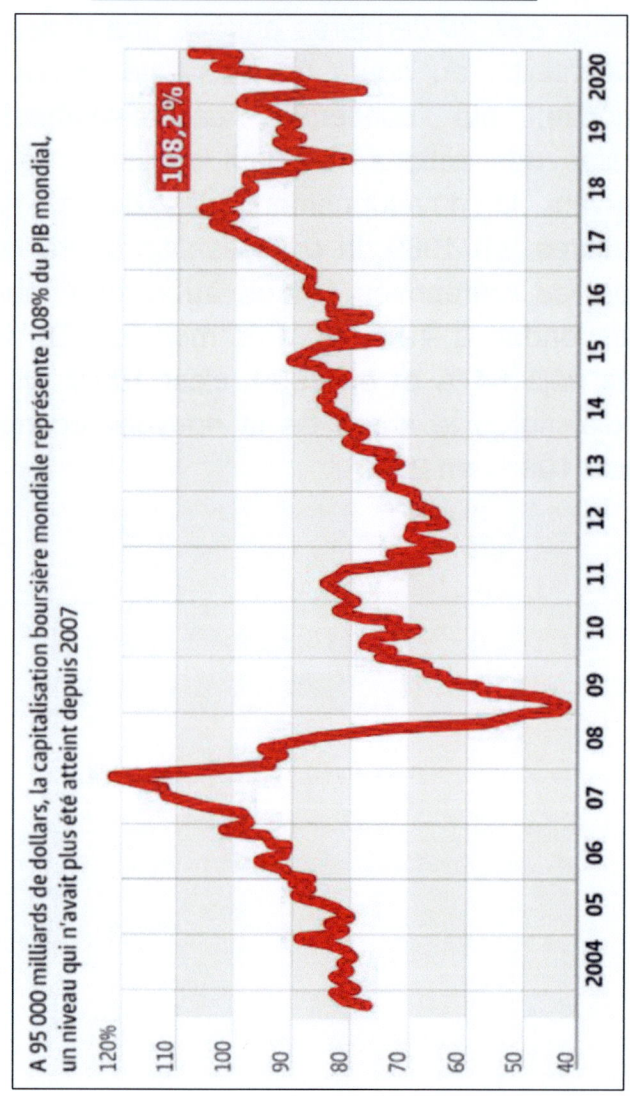

On a assisté à un déplacement du centre de gravité au cours des années 2000. Ce sont essentiellement les emprunts d'entreprises et l'endettement privé qui ont joué un rôle central pour maintenir à flot la dynamique de création du capital fictif, associés à l'endettement croissant des États. On a pu assister au cours des 30 dernières années à une augmentation rapide de la masse des titres de propriété, surtout dans les phases où la nouvelle production de « *marchandises d'ordre 2* » s'enraye du côté des acteurs privés. Les institutions publiques ont inondé, sur une grande échelle les marchés monétaires et de capitaux avec des titres de propriété, et se sont ainsi rapidement endettées. Après la Seconde Guerre mondiale, essentiellement la hausse de la production de valeur au sein des industries fordiste comme l'industrie automobile a dopé la croissance de l'économie mondiale. Mais au cours des 30 dernières années, l'industrie financière devient le véritable moteur de l'économie mondiale.

Si l'on compare globalement ces deux périodes, à l'ère du capital fictif, il y a une chose qui saute aux yeux, les taux de croissance économique globale n'atteignent plus, et de loin, les sommets des années 1950 et 1960. **Le volume de valeurs capturées par anticipation à travers la multiplication des « *marchandises d'ordre 2* »**

s'accroît beaucoup plus vite que la production de valeur.

Quelle en est la raison ? Pourquoi un système dans lequel la croissance économique mondiale dépend de la multiplication des « *marchandises d'ordre 2* » adopte-t-il des décisions totalement absurdes ?

1.13. Notion d'accumulation du capital

Pour répondre à cette question, il faut que nous nous rapprochions de la logique économique, pour comprendre la différence fondamentale entre l'accumulation de capital par l'intermédiaire du capital qui contribue à la production des « *marchandises d'ordre 1* » pour les marchés des biens et des services, et l'accumulation de capital à travers la multiplication de « *marchandises d'ordre 2* ».

Une multiplication de capital basée sur une valorisation réelle possède le grand avantage d'avoir un caractère durable, tant que le process de valorisation se poursuivra sans perturbation. Le capital qui surgit à travers le capital productif ne disparaîtra pas. Certes, les machines employées s'usent, les matières premières sont consommées, les marchandises produites disparaissent également dans la consommation. Mais cette élimination ne concerne jamais que l'enveloppe matérielle de ces marchandises. Leur valeur s'est transférée sur les marchandises produites et se transforme au moment de leur vente de nouveau en capital. La marchandise particulière disparaît, reste sa valeur.

La démonstration se présente tout à fait autrement du côté de l'accumulation de capital par capture anticipée de valeur. Chaque année, des titres de propriété arrivent à échéance et des crédits doivent être remboursés. Ainsi, du capital fictif se volatilise en permanence à la surface du globe, avant que l'industrie financière ne soit en mesure de contribuer à la multiplication du capital au niveau de l'ensemble de la société. Elle doit d'abord trouver le moyen de remplacer l'ensemble des anciens titres de propriété, arrivés à échéance. Le capitalisme dépend de la transformation anticipée de valeur future en capital. Le fardeau de la composante capitaliste déjà consommée, que le système doit traîner derrière lui, s'alourdit. Pour donner une idée de la dimension et de l'évolution de ce fardeau, voici un seul chiffre.

En 2020, le montant total de la dette mondiale publique et privée est de trois cent mille milliards de dollars, ce qui représente 310 % du PIB mondial. Ces deux dettes, privées et publiques, de l'avenir capitaliste, déjà consommées à elles seules, atteignent un montant 3,1 fois supérieur au PIB annuel.

PIB Mondial en 2020

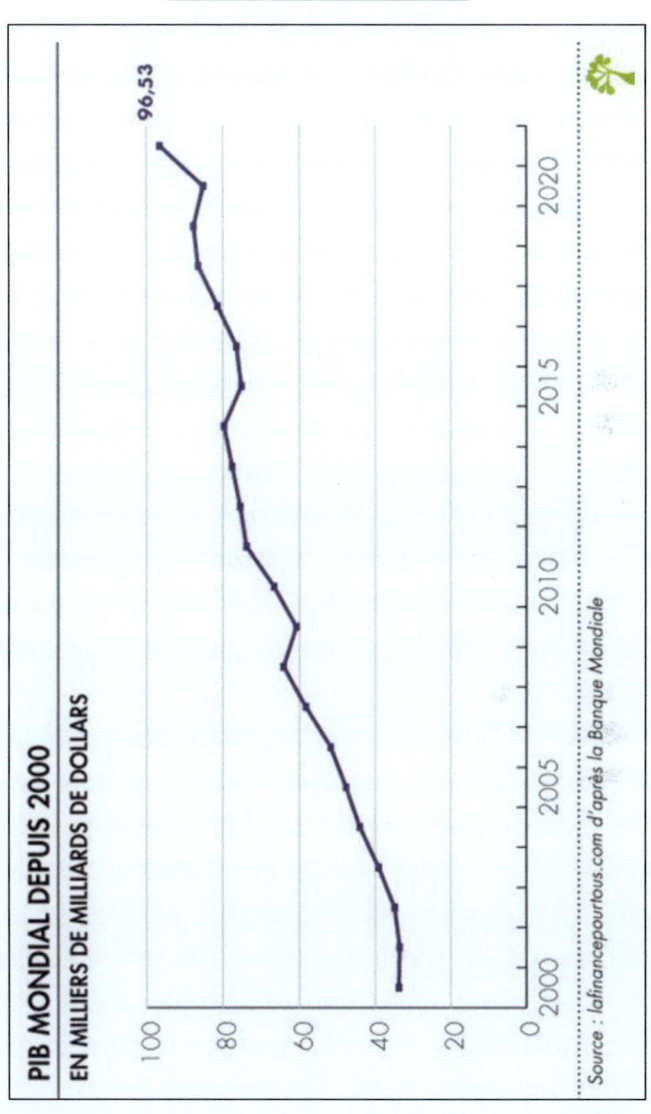

Mais le capitalisme porté par l'industrie financière possède encore une autre faiblesse fondamentale. Certes, le capital peut s'accumuler à travers la multiplication de « *marchandises d'ordre 2* », sans passer par une valorisation antérieure. Mais il devient ainsi dépendant des promesses réelles ou supposées quant à l'avenir de certains secteurs de l'économie réelle. Il n'y aura pas de boom sur le marché des actions, sans l'espoir que les entreprises émettrices ne réalisent un jour, des profits conséquents. Le volume des crédits hypothécaires ne peut augmenter massivement qu'aussi longtemps que la hausse des prix de l'immobilier semble garantir le remboursement des crédits, comme on l'a vu entre 2002 et 2007 dans des pays comme l'Espagne ou les USA.

Pour que des titres d'État trouvent acquéreurs sur les marchés financiers, la capacité de remboursement de la dette de la part des États doit apparaître comme une garantie. Quand les porteurs d'espoir de l'économie réelle n'accomplissent pas les attentes placées en eux, alors le revers devient inéluctable pour le système dans son ensemble. Cela signifie que la multiplication accélérée des « *marchandises d'ordre 2* » ne peut continuer qu'aussi longtemps que l'économie réelle, fournit suffisamment de porteurs d'espoir potentiels. En dernière instance, ils échouent et s'effondrent l'un après l'autre dans les domaines qui offraient des espoirs de gains futurs.

Le système de création de capital fictif a connu son apogée au cours des années 1990. À l'époque, les nouvelles formes de télécommunication et l'introduction de l'Internet ont fait émerger de prétendues industries de l'avenir, accompagnées de l'espoir de gigantesques gains futurs. Cela suffit à déclencher le plus grand boom que le marché des actions n'ait jamais connu, propulsant ainsi l'économie mondiale. Le point de référence dans l'économie réelle était dès le départ bien plus fragile. D'un côté, au début de l'essor des années 2000, avec la construction des maisons individuelles, c'est surtout le domaine de la consommation qui joue un rôle clé. De l'autre côté, ce boom n'a pu surgir que parce que les banques centrales l'ont soutenu au moyen d'une politique de taux d'intérêt extrêmement bas. Quand en 2008-2009, la bulle immobilière américaine a éclaté et quand par la suite le système bancaire transnational a commencé à vaciller, on assista de nouveau à un changement au niveau du porteur d'espoir principal pour empêcher l'effondrement du système fondé sur l'anticipation de valeurs.

Les pouvoirs publics de tous les pays capitalistes importants sont intervenus et ont nationalisé d'urgence les parties les plus gangrénées de l'industrie financière, devenant ainsi les vendeurs principaux de « *marchandises d'ordre 2* ». Avec la crise de 2009, les titres souverains deviennent le pivot et la charnière du système. D'un côté, les positions ont bougé sur les marchés monétaires et les marchés des capitaux, au cours du krach de 2009. Les titres souverains illustrent la forme de capital fictif qui a connu la plus forte croissance. De l'autre côté, l'État a sauvé la création de capital fictif interne au secteur privé en transférant sa propre crédibilité à des banques en difficulté.

Par rapport aux crises antérieures comme celle de la nouvelle économie, la crise qui démarra en 2008 possédait une nouvelle qualité. Cette fois-ci, ce n'était pas un quelconque secteur de la production de « *marchandises d'ordre 2* » qui menaçait de s'effondrer, mais bien plus, c'est-à-dire l'ensemble du système qui devenait extrêmement fragile. Cela débuta par le fait que le déplacement vers le crédit souverain menaçait pour la première fois de saper le statut traditionnel des États centraux du capitalisme en tant qu'incarnation de débiteur crédible. Cela ne vaut pas seulement pour les États-Unis, mais aussi pour l'Europe également, dans laquelle les États, les uns après les autres, perdent l'auréole qui leur attribue une capacité de remboursement au-dessus de tout soupçon.

Mais il y a un autre développement qui pèse tout aussi lourd afin de sauver le système de création de capital fictif qui s'écroule de tous les côtés. Les banques centrales réagissent en tant qu'acheteurs des « *marchandises d'ordre 2* » déficientes. Confrontées à la perte de confiance des principaux piliers de ce système, les banques centrales remplacent les investisseurs privés hésitants et se mettent à acheter à grande échelle des titres de propriété boudés par les marchés et accordent des crédits là où les acteurs privés ne le font plus. À l'origine, ces achats d'urgence étaient conçus comme des mesures temporaires, mais ils acquièrent désormais un caractère permanent. Ainsi, les banques centrales se transforment petit à petit en des « *bad banks* », véritables dépotoirs pour un avenir capitaliste déjà consommé. Parvenu à ce point, on pourrait faire des spéculations sur le cours futur de la crise du capitalisme financier.

1.14. Les limites de l'accumulation du capital

Si la thèse de base s'avère juste, alors le capitalisme se confrontera à un problème indépassable. Avec la troisième révolution industrielle, le développement des forces productives atteint un point où le capital peut bien submerger la planète de montagnes de biens et de services comme des voitures, des produits alimentaires, des spectacles et événements, mais il ne dispose plus de la capacité à produire suffisamment de valeur, suffisamment de richesse capitaliste. Alors que la seule chose qui importe pour la production de marchandises soumise à la logique capitaliste, s'exprime par la transformation de valeur en plus de valeur.

Le système capitaliste mondial masque cette contradiction depuis trois décennies par le fait de produire toujours plus de « *marchandises d'ordre 2* », destinées aux marchés financiers, mettant ainsi la main sur la richesse capitaliste future. Il a muté ainsi en une espèce de système reposant sur une réaction en chaîne. Évidemment, à long terme, un tel genre de capitalisme ne peut pas fonctionner. Et le remède provisoire à la crise entre lui-même en crise. La chose devient palpable à partir du krach de 2008. La critique se focalisa dans un premier temps sur les marchés financiers et leur irrationalité. Cela peut se comprendre dans la situation, mais elle nous conduit dans une impasse, si l'on tire de cela la conclusion que l'erreur fondamentale serait à chercher dans la superstructure financière et qu'il suffirait de rétablir la domination de l'économie réelle pour sauver l'économie de marché.

L'énorme croissance de la superstructure financière ne devient pas la cause du malaise. Elle exprime en soi déjà le symptôme d'une crise plus profonde qui plonge ses racines dans l'économie réelle capitaliste. Notre société, devenue trop productive, s'oppose au but misérable de la production capitaliste qui ne connaît comme finalité que la reproduction de capital.

Face aux indignations issues des comportements financiers, à l'immoralisme de leurs agents, possiblement des actes de corruption, il convient de les considérer comme des manifestations réelles. Il nous appartient d'aller rechercher ce qu'il y a d'essentiel dans le fonctionnement et le dérèglement de l'économie financière qui produit la cupidité. Cela devient possible si l'on considère le but final du modèle économique – maximiser la création de valeur pour s'approprier le capital. La valeur ainsi capturée sur les espaces de la production s'avère insuffisante aux yeux des actionnaires et des dirigeants. Peu leur importe, ils vont s'accorder afin d'organiser des mécanismes offrant toutes les possibilités pour augmenter l'univers économique et produire de la valeur proprement financière en anticipant de la production future, au bénéfice des actionnaires. Cependant ces dérives inflationnistes précipitent ce modèle économique vers des bulles financières qui représentent du capital fictif. Il devient de fait l'origine d'une instabilité financière chronique. Plus néfaste encore, cette structure économique conduit invariablement vers une rentabilité décroissante, dans laquelle les revenus obtenus ne couvrent pas les remboursements et les intérêts des dettes contractées, où seuls les intérêts peuvent être couverts. Apparaît ainsi une structure sous la forme d'une « *Pyramide de Ponzi*[29] », où la carence

---

[29] - *Un système de Ponzi, chaîne de Ponzi, fraude de Ponzi ou pyramide de Ponzi est un montage financier frauduleux qui consiste à rémunérer les investissements des clients essentiellement par les fonds procurés par les nouveaux entrants. Si l'escroquerie n'est pas découverte auparavant, la fraude apparaît au grand jour au moment où le système s'écroule, c'est-à-dire quand les sommes procurées par les nouveaux entrants ne suffisent plus à couvrir les rémunérations des clients. Son nom rappelle Charles Ponzi qui est devenu célèbre après avoir mis en place une opération fondée sur ce principe à Boston dans les années 1920. https://fr.wikipedia.org/wiki/Syst%C3%A8me_de_Ponzi*

financière de quelques acteurs financiers induit l'écroulement du prix des actifs. Le retour en arrière avec un capitalisme fondé sur la production réelle de valeur ne porte aucun espoir. Si l'on part du fait que le mode de production capitaliste plonge vers une crise fondamentale, il y a une question qui s'impose. Que faire ? À quoi peut bien ressembler une sortie émancipatrice de la crise ?

1.15. Conclusion

Au niveau fondamental, la réponse se trouve dans le diagnostic, au fond assez simple, mais néanmoins radicale. On ne peut dépasser cette crise que si la forme de richesse capitaliste, soit la domination de la marchandise et de l'argent, s'écrit au passé de l'histoire. Nous devons transformer la société de telle sorte que la logique capitaliste s'élimine progressivement. Nous devons parvenir à une société qui définisse sa production de richesse, uniquement d'après la question de savoir, comprendre et proposer le nécessaire aux hommes pour satisfaire leurs besoins. Une société qui ne connaîtra plus que la richesse sensible et ignorera la richesse marchande.

Il y a des années, l'Association Attac, fondée en 1998, qui milite pour la justice sociale et environnementale, conteste le pouvoir pris par la finance sur les peuples et la nature, émet le slogan « *Le monde n'est pas une marchandise* **».**
Il s'agit bien du point central.

Du point de vue de la raison sensible, le capitalisme a toujours été un système déraisonnable et détourné. L'approvisionnement des humains en biens et services n'a jamais été le but de la production de richesse, mais principalement le reliquat d'une valorisation réussie. Aujourd'hui, sous le signe de la gestion de la crise, cet ordre biaisé a muté en un système détourné à plusieurs étages afin que les individus ne meurent pas de faim.

L'économie réelle capitaliste doit être maintenue à flot pour que la financiarisation capitaliste puisse d'une façon ou d'une autre, se perpétuer. L'industrie financière pervertie doit continuer à tourner et par conséquent, la politique doit tenter d'orienter les flux de ressources dans ce sens, mais il convient d'adopter une orientation contraire. Une sorte de programme conscient, épuré et social, qui simplifie la société. Les membres défaillants devraient être renforcés et les ressources sociales mobilisées immédiatement en direction des besoins des populations. Mais une telle réorientation pose néanmoins un problème tout à fait fondamental.

Aujourd'hui, une contradiction criante caractérise la situation historique, en ce qui concerne les marges de manœuvre objectives pour son développement. Le système de la production de marchandises se trouve en situation tout à fait précaire. Et en même temps, la domination de l'argent, de la marchandise et la concurrence généralisée n'ont jamais, au cours de l'histoire, été aussi profondément ancrées dans la conscience humaine. La dictature de l'économie, tant répandu dans notre quotidien, s'oppose à l'apparition d'une société dans laquelle les hommes organiseraient tout simplement la production de richesses directement, sans le détour par l'argent et sans le détour par la marchandise. Cela semble totalement irréaliste.

Après avoir présenté le modèle théorique de la dévalorisation économique, mes travaux de recherches et d'analyses me conduisent vers une application dans le domaine de l'économie du sport, en particulier celle du football en France, à partir des comptes publiés par la DNCG (Direction Nationale du Contrôle de Gestion).

Depuis de nombreuses années, j'exploite les données de la DNCG sous un modèle de calcul, et ce depuis la saison 2010 jusqu'aux derniers comptes, ceux de 2022/2023. Ainsi, j'ai pu écrire un premier livre sur l'environnement du football français, publié sous le titre « *Mythes sur l'économie du football français : du mercantilisme au « hold-up » dans le football professionnel* »[30], publié en 2021.

Je consacre ce second livre à l'analyse des dimensions qui caractérisent l'économie du football français, selon les concepts de croissance, de marchandise, de valeur, de travail abstrait, de

---

[30] - Bulit Guy - *Mythes sur l'économie du football français : du mercantilisme au « hold-up » dans le football professionnel*, Amazon, 2021.

richesse, de capital, de productivité, d'innovation et d'expérience. Pour comprendre la difficulté du partage des richesses accumulées, le recours à ces notions me semble indispensable.

Depuis que Karl Marx a démontré que l'origine de la valeur des marchandises reposait sur le coût de la force de travail, la dévalorisation s'entend comme une réduction croissante de la quantité de travail nécessaire à la production des mêmes marchandises.

Dans un environnement sportif, dans lequel un volume croissant de marchandises se voit produit, avec toujours plus de travail dévalorisé, d'emplois précaires et d'une dévalorisation des compétences, un autre modèle économique devrait advenir et s'imposer.

Le levier de l'endettement massif dans l'économie du football, pour doper son développement, ne trouve plus en lui-même les ressorts d'une croissance autoentretenue, détériorée depuis les années 2015. Il s'agit de défendre un autre partage des richesses produites dans cette économie du sport, fondée sur des richesses non financières, à la suite d'une transformation sociale, selon une distinction entre la valeur d'usage et la richesse sensible matérielle.

2

APPLICATION DU MODÈLE THÉORIQUE DE LA GRANDE DÉVALORISATION À L'ÉCOSYSTÈME DU FOOTBALL FRANÇAIS

2.1. Introduction

Depuis quelques années, l'économie du football se révèle secouée par de nouvelles poussées de crise. Les économistes, les médias et l'opinion publique se querellent vivement au sujet des causes du malaise. Pour les uns, il s'agit de la cupidité des clubs et des spéculateurs, à l'origine du désastre. Les autres ont vu la crise des dettes colossales. Il faudrait ainsi clouer au pilori les dirigeants des clubs qui sombreraient dans l'ivresse de la dépense sans bornes. Nombre de présidents s'avéreraient apparemment incapables de gérer correctement leur budget et financeraient en pure perte toute une structure sportive avec des dépenses somptuaires. Même si ces oppositions s'expriment âprement entre les diverses parties divergentes, elles tombent d'accord sur deux points.
Premièrement, la crise du football résulterait de divers développements erronés de la superstructure financière.
Deuxièmement, la solution à la crise résiderait dans une nouvelle redistribution des ressources monétaires.
Selon cet entendement, le capitalisme sportif fonctionnerait sans grande perturbation tant que

l'argent se trouverait dans de bonnes mains et bien employé.

À partir du livre « *La grande dévalorisation*[31] », d'Ernst Lohoff et Norbert Trenkle, je voudrais démontrait que les explications et les justifications défendues par la plupart des économistes, des penseurs et des analystes du sport ne mobilisent pas les concepts cohérents pour cette économie, et ne vont pas assez loin dans leur approche. Ils ne correspondent pas à l'ampleur de la crise existentielle de ce sport, qui apparaît aujourd'hui. Les véritables causes de celle-ci concernent des modalités beaucoup plus fondamentales. La crise à l'œuvre aujourd'hui dépeint une situation essentielle que représente la forme de la richesse capitaliste de ce sport. **En dernier ressort, le modèle de société sportive développée apparaît incertain, car il souffre d'une productivité dépendante pour le mode de production capitaliste.**

---

[31] - Ernst Lohoff, Norbert Trenkle - La grande dévalorisation : Pourquoi la spéculation et la dette de l'État ne sont pas les causes de la crise, Mai 2024.

2.2. L'origine de la valeur dans l'économie du football français

Selon le concept de marchandise développée préalablement, il convient de comprendre l'origine et la forme de la valeur produite dans l'économie du football français. Ladite marchandise constitue à la fois une valeur et une valeur d'usage, et, en tant que telle, une marchandise qui satisfait des besoins concrets. Elle dispose de caractéristiques physiques concrètes, par exemple des produits dérivés ou des prestations proposées aux spectateurs et aux partenaires, destinés à répondre à des besoins attendus comme l'utilité sociale, qui s'exprime par le caractère concret de cette marchandise.

En revanche, sa valeur représente un rapport quantitatif qui permettra l'échange sur le marché du sport, et sa substance s'exprimera par le travail abstrait, nécessaire à l'échange entre deux marchandises différentes et leur commensurabilité quantitative. Celle-ci provient du fait que cette valeur a été produite par du travail, par un travail concret.

Le travail indifférencié définit le travail abstrait qui va constituer la substance de la valeur. À l'opposition valeur d'usage et valeur correspond l'opposition entre le travail concret et le travail abstrait. Le travail concret constitue un travail déterminé et spécifique, qui dans la division sociale du travail, va permettre de produire de la valeur d'usage.

Le travail abstrait exprime la substance de la valeur qui permet la commensurabilité des marchandises, soit leur échangeabilité. Ainsi, on dispose d'une détermination plus précise des quatre catégories évoquées précédemment, le travail abstrait, la marchandise, la valeur et l'argent.

Pourquoi est-on dans une économie du sport qui fonctionne selon une inversion systématique ?

Le caractère fétiche des marchandises sportives et leur secret, le fétichisme, montrent que des rapports sociaux entre les êtres humains prennent l'apparence d'une relation entre les choses. Il s'agit de penser les marchandises sportives qui se valorisent de manière autonome, comme si elles possédaient leurs propres valeurs, sans aucune intervention sociale lors de cette valorisation. Ainsi, ces marchandises posséderaient leur propre volonté pour s'auto-valoriser, séparée des rapports humains. Georg Lukács, dans « *Histoire et conscience de classe* »[32] le définit comme une seconde nature, une seconde nature autonomisée par rapport aux êtres humains qu'il appelle la valorisation de la valeur.

---

[32] - *Georg Lukács : Histoire et conscience de classe, 1960.*

Celte inversion apparaît lorsque les choses deviennent personnalisées, identique à la chosification du travail des êtres humains, comme un aboutissement entre les choses et les individus. Le moyen représenté par les marchandises sportives produites, devient une fin en soi à travers l'automouvement des marchandises et de l'argent, non plus comme un simple mouvement, mais comme un mouvement doté de son propre principe, indépendant d'une influence périphérique, comme la vitalité. On parvient à une triple inversion, entre les individus et les choses, entre le concret et l'abstrait et entre les fins et les moyens. Ce qui devrait être un moyen devient une fin, ce qui devrait être le concret devient l'abstrait, ce qui devrait être un individu devient une chose.

Ainsi, la course à la croissance économique du sport devient un fétiche, celle-ci correspond à l'augmentation des activités produites, sous forme de chiffre d'affaires, qui justifie tous les sacrifices possibles, qui autorise d'aller droit dans le mur écologique, dans le mur économique, financier et social. Jusqu'à détruire un système de valorisation au nom de cette croissance, qui conduit vers un processus d'endettement démesuré et l'apparition d'un

système de financiarisation, à l'origine de la dévalorisation de l'économie sportive réelle.

La notion de travail abstrait considère le travail produit, quel qu'il soit, équivalent et justifie la même rémunération. C'est-à-dire que l'on considère identique une même chose, indépendamment de la qualité du travail produit. L'on met sur le même plan une production de marchandise, potentiellement émancipatrice comme des livres ou la culture au sens large, avec la fabrication de produits dérivés dans des conditions sociales dévastatrices ou la production de spectacles sportifs aux conséquences environnementales et sociétales destructrices. Ainsi, tout vaut la même chose, tant sur l'aspect quantitatif, que qualitatif abstrait, des produits potentiellement émancipateurs et des produits totalement néfastes pour les populations. Les deux entrent dans la même logique de croissance sans qu'il y ait de différenciation. On assiste à une société sportive, totalement inconsciente des effets sociaux et environnementaux, issus des marchandises et des spectacles produits, qui recherche seulement la maximisation d'une plus-value, d'un profit, indifférente aux individus concrets qui travaillent mais aussi aux conséquences sociales et écologiques de la consommation de ces produits.

Cela doit nous conduire à imaginer une société sportive post-capitaliste qui reposerait sur la délibération autour de ce que devrait être le produit sportif, selon une concertation collective autour de l'appropriation des richesses sensibles par tous et à leur partage.

Aujourd'hui, les propriétaires des clubs de football, en tant qu'individus privés, décident de mettre sur le marché des marchandises, sans qu'il y ait la moindre délibération possible à ce niveau-là. Leur unique finalité, c'est A-M-A' c'est-à-dire faire plus d'argent avec de l'argent.

L'augmentation de la quantité, donc l'ordre quantitatif ignore l'ordre qualitatif !

Il s'agit de la quatrième inversion !

Ce schéma d'inversion, le moyen qui devient une médiation et la médiation qui devient un moyen, correspond au fameux schéma économique marxiste, qui considère la relation Marchandise-Argent-Marchandise.

Alors que la relation historique M-A-M traduit une médiation entre deux marchandises, dans la société capitaliste du sport, se produit la même inversion, soit le schéma A-M-A'. À' provient de l'argent A plus une marchandise et un bénéfice, qui exprime l'enrichissement. Dans ce système, l'argent issu des ventes des opérations sportives représente le début et la finalité du processus. Ainsi, l'argent ne répond plus à sa finalité de médiation, pour bénéficier d'un autre produit ou d'un objet utile, mais devient le début et la finalité du processus de production des spectacles sportifs.

Dans l'économie du football, le circuit de l'argent fonctionne de la manière suivante.

La plus-value ne peut se créer lors de la phase d'achat (A-M), ni lors de la phase de vente (M-A'). Cette création a lieu entre l'achat et la vente, et provient de la transformation des marchandises et des services M eux-mêmes. Cette transformation des marchandises et des services spécifiques, résulte de ce que Karl Marx appelle la *« force de travail »*.

Cette force de travail exprime la capacité à travailler, différente du travail en lui-même.

La consommation de la force de travail représente, en même temps, la production de marchandises ou de services et de la plus-value. Le producteur achète une combinaison productive M, pour produire des marchandises ou des services et de la valeur.

M exprime les composants nécessaires et les services.

Les investissements corporels comme le matériel, le stade et les installations, ajoutés aux investissements incorporels, logiciels, marque et contrats des joueurs professionnels expriment le Capital fixe CF ou Capital constant CC.

Les salaires des fonctions support représentent la force de travail M'. Celle-ci s'exerce sur les composants, et bénéficie de l'apport des investissements, des moyens, des outils et des joueurs, soit le Capital fixe CF.

Seule la force de travail possède la capacité à générer une valeur additionnelle, de sorte que la marchandise finale M', contribue à plus de valeur que la combinaison productive M achetée.

La véritable formule générale du capital, qui respecte la loi de l'équivalence, n'est donc pas A-M-A', mais A-M M'-A'.

CIRCULATION A-(FdT+CF) – M   M' – A'
Achat Force de Travail-FdT   Vente du produit de la Force de Travail
Achat CF   et de la réalisation de la Plus-value(PV) potentielle

Consommation de la Force de Travail et du Capital Fixe
Production des Marchandises et des Prestations M'
Génération de la Plus-value potentielle

- A = ARGENT
- CF = CAPITAL FIXE
- M = MARCHANDISE/PRESTATION
- M' = FORCE DE TRAVAIL
- A' = ARGENT REÇU
- PV = PLUS VALUE

Schéma de circulation entre : A-M et M'-A'.

Formule générale du capital

A-M+CF pour M'-A'

Acheter pour **V**endre

A est en début et fin de cycle

M est l'intermédiaire

Argent est avancé

CF = Capital Fixe
- **Investissements corporels**
- **Investissements incorporels-Sportifs**

M' Force de travail = **Salaire des fonctions supports**

Objectif **quantitatif** : obtenir une **plus-value (PV = A' − A > 0)**

A est monnaie ET **capital**

Circulation illimitée, dictée par la recherche de **PV**

Equivalence des valeurs échangées

La répartition de la plus-value dans le football s'établit selon le modèle suivant.

Comme toutes les marchandises ou prestations, la force de travail sportive a une valeur d'usage, une valeur d'échange et une valeur rare.

- VU = Valeur d'usage
- VE = Valeur d'échange
- VR = Valeur rare

La **VU** (Valeur d'usage) de la force de travail est le travail total fourni par le salarié, soit le travail effectif.

La VE (Valeur d'échange) de la force de travail est déterminée par le temps de travail socialement nécessaire à sa production, soit le travail produit.

LA VR (Valeur rare) de la force de travail est une partie du travail fourni par le salarié comme composante nécessaire à sa production qui contribue à établir sa valeur.

La force de travail réalise un travail, produit des marchandises ou des prestations et crée de la valeur.

Calcul de la répartition de la plus-value dans le football.

VU de la Force de travail	- VE de la Force de travail	= Plus value
Travail effectif	- Travail nécessaire	= Sur travail
Valeur créée par la Force de travail	- Valeur de la Force de travail (Salaire)	= Plus-value

Taux de la plus-value pour la Ligue 1 entre 2010 et 2023.

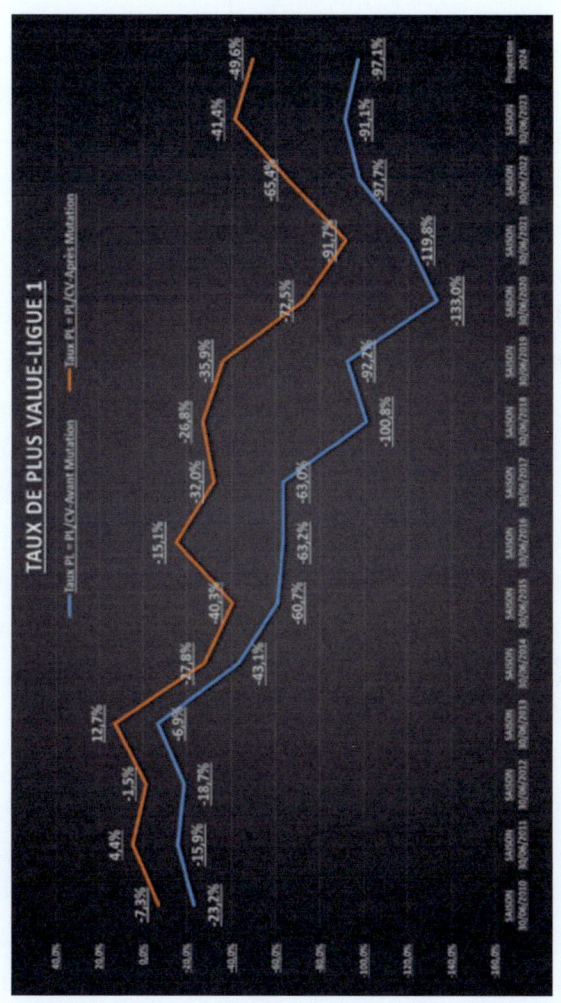

Dans l'économie du football, l'actionnaire ou le propriétaire détient des capitaux financiers issus de ses activités hors football ou d'emprunts obtenus, qui représentent A. Avec A, il achète des facteurs de production objectifs et subjectifs, objectifs comme les matériels, le stade, les installations et les joueurs sportifs, plus les facteurs de production subjectifs que constitue la force de travail, soit les salariés des fonctions support. Ainsi dans ce processus, il en découle A', qui provient de A plus une plus-value. L'actionnaire dispose de plus d'argent à la fin, parce qu'existe une marchandise achetée par lui, la force de travail, qui produit plus de valeur qu'elle n'en coûte. Selon son niveau d'exploitation, elle doit effectuer un sur-travail, soit un travail gratuit dans sa journée. Le taux de plus-value traduit tout simplement, le rapport entre le travail nécessaire réalisé par la force de travail et le sur-travail, soit la part de travail gratuit.

Dans l'économie des clubs de football, le travail « *mort* » représente la part du Capital Constant (CC), soit les installations, le stade, les composants achetés et la contractualisation des joueurs professionnels, qui ne s'accroît pas dans le process de production. De plus, soumis à l'usure des installations, à l'obsolescence technique et à l'obsolescence des compétences,

l'ensemble du Capital Constant se dégrade au même titre que tout actif naturel ou physique On le retrouve sans modification dans la marchandise vendue issue de la production. Ainsi les moyens de production représentent du capital considéré comme « *mort* », sans l'intervention de la force de travail.

Le « *travail mort* », sous une forme métaphorique du Capital Constant (CC), se rapporte à l'espace des capitaux immobilisés. Il représente d'abord le caractère passé et fixe, il constitue ce qui devient maintenant sans vie.

Le travail vivant, qui représente la capital variable, conforme à l'essence humaine, devient une force productive conforme à une fin. Le travail vivant, produit par les salariés des fonctions support ou de « *back-office* », n'intervient pleinement que lorsque les moyens techniques lui offrent toute son expression. Par la coagulation du travail vivant dans le process productif de la marchandise, avec l'intégration du travail « *mort* », la force de travail contribue à la production de la valeur d'échange et de la valeur d'usage. Le capital variable correspond à la valeur de la force de travail, comme une partie du capital dont la consommation produit non seulement l'équivalent de ce qu'elle a coûté mais ajoute une

« *survaleur* », précisément parce que le rapport capitaliste permet l'extorsion du « *surtravail* ».

2.3. La plateformisation du modèle économique du football

La force de travail active dans les clubs de football professionnel s'exprime par les activités développées par les fonctions support ou les fonctions de « *back-office* ».
Ainsi, seul le travail vivant, déployé par les salariés administratifs contribue à la production de la richesse des clubs. Selon une chronologie économique, la valeur créée pour le club dépend de la manière de développer et d'organiser les activités productives et commerciales, destinées à la production des différentes marchandises. Que ce soient les revenus issus de la billetterie, des ventes d'hospitalités et des produits dérivés, des contrats de sponsoring et partiellement, des droits audiovisuels, tous dépendent de la force de travail exercée par l'ensemble des fonctions support.
Sans les fonctions support des clubs de football, aucune production de richesse ne devient possible, aucune production de valeur d'échange, aucune production de valeur d'usage pour répondre aux objectifs économiques et sociaux des organisations sportives.
Du point de vue des opérations d'investissements incorporels dans les clubs de football, l'achat des

joueurs professionnels, permis par la négociation des contrats, reflète un système de production dans lequel les sportifs s'autonomisent en produisant leur propre valeur. La masse salariale, négociée lors de la contractualisation, constitue une capture de richesse, qu'ils autoproduisent. Cette partie du Capital Fixe ou Constant représenté par les joueurs fonctionne de manière indépendante, selon un automouvement économique, en dehors de toute contrainte externe, molle ou déterminée.

Ceux-ci ne constituent pas de la force de travail salarié, bien que juridiquement, ils bénéficient d'un contrat, mais du capital productif et prédateur, en ce qu'il s'autonomise avec l'objectif de capturer le maximum de valeur. Cette forme d'organisation contribue à une autoproduction de la part des sportifs, au même titre qu'un investissement sur une plateforme numérique produit sa propre valeur, capturée par le propriétaire. Dans le cas des joueurs, ceux-ci capturent leur propre valeur, en dehors de l'actionnaire. Celui-ci aura pour seul objectif de réaliser une plus-value sur le marché des sportifs.

Pourquoi évoquer le mode de fonctionnement en plateforme dans le cas des clubs de football ?

On peut définir ce mode d'organisation sous l'angle économique en illustrant qu'une plateforme constituée de sportifs reconnus, autour d'un écosystème sportif, produit un modèle économique, destiné à créer de la valeur, en valorisant les relations commerciales et leurs interactions dans un ensemble de parties prenantes, qui représente la chaîne de valeur du football, comme une filière, ou une communauté d'intérêts.

Par la production et la mise à disposition de spectacles sportifs, de services, de prestations et de produits dérivés, via des systèmes de numérisation, ce mode d'organisation répond aux attentes des acteurs économiques et sociaux dans cet écosystème.

Alors que le modèle de production traditionnel se déploie de manière « *linéaire* », le modèle économique des plateformes se caractérise par la création de la valeur à partir d'un écosystème.

Plateforme sportive et écosystème dans les clubs de football

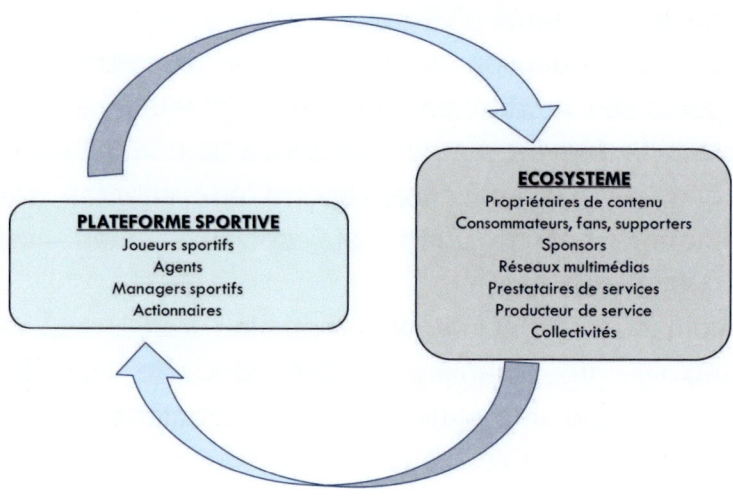

Dans le modèle conventionnel, la valeur dépend de la capacité de l'entreprise à produire sa propre valeur ajoutée, selon un schéma linéaire, marketing à client, puis conception, puis production, puis distribution, ayant pour objectif de proposer une différenciation dans ses produits ou services offerts.

Selon le modèle d'organisation d'une plateforme, la valeur provient des modèles marketing, communicationnel et commerciaux qui dépendent de la manière dont les producteurs de spectacles sportifs et de prestations de services vont créer de la valeur pour des partenaires extérieurs. L'avantage compétitif de la plateforme se situe dans sa capacité de contrôle de son écosystème.

Finalement le mode organisationnel des plateformes illustre une pratique très aboutie du capitalisme, avec des marchés centrés sur des écosystèmes qui s'auto-organisent en utilisant des solutions numériques. Ainsi, les plateformes sportives s'avèrent, à la fois, comme des « Clubs de football », un espace géographique qui concentre la production de spectacles sportifs et l'ensemble des opérations de marketing, de communication et de distribution, et un ensemble pyramidal dans lequel se rencontrent l'offre et la demande sportives. L'on peut aussi avancer que le modèle économique des plateformes s'impose car il apporte la justification d'une capacité supérieure à tirer des avantages financiers dans son propre écosystème.

Plateformisation de l'économie des clubs de football

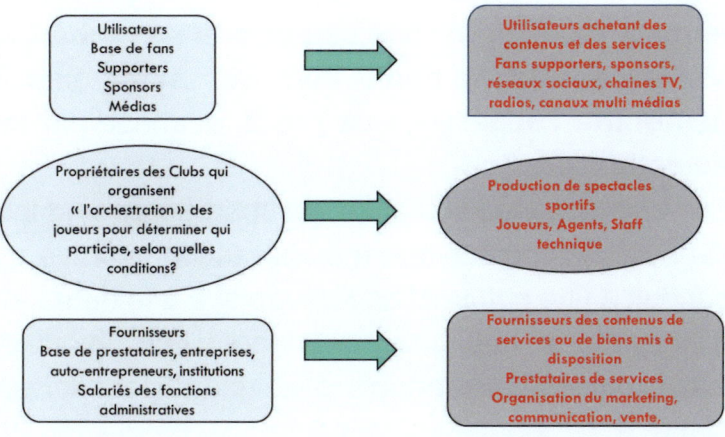

Cependant, cette pratique de fonctionnement en plateforme requiert des efforts d'investissement très importants consentis par les entreprises, afin de bénéficier des opportunités présentes. **Les grandes plateformes numériques consacrent jusqu'à plus de 20 % de leur chiffre d'affaires en recherche et développement et vont jusqu'à décomposer leurs dépenses d'exploitation, destinées à la maintenance et au développement de leur capital immatériel. Malgré tous ces efforts de recherche et de développement, cela ne suffit pas à démontrer l'espérance de profit, avancée par les investisseurs.**

Les enjeux posés aux clubs de sport dépassent leur capacité à affronter une mondialisation sportive qui conduit à une compétition relevée et à une demande d'innovations toujours débridée. Les modèles économiques traditionnels s'éloignent pour laisser place à de nouveaux espaces de production de création de valeur, portés par les innovations. Dès lors, les investissements vers des actifs physiques ne constituent plus la principale origine de revenus financiers et de capture des richesses. La particularité des actifs matériels, dépendant d'un long délai de retour sur investissement, se transforme en inconvénient majeur pour les clubs de football, engagés sur de nouveaux marchés

dynamiques. **Dans « *The End of Accounting*[33] », les auteurs Baruch Lev et Feng Gu font remarquer que les dépenses destinées à des actifs corporels représentent moins de 10 % des investissements engagés dans les entreprises.**
Le capital humain devient la variable prépondérante des décisions financières dans l'économie du XXIe siècle. Face à des droits de propriété mal définis et incomplets, à des connaissances partielles, les clubs de football doivent rechercher et investir dans l'univers des connaissances émergentes. De plus, ils doivent s'appuyer et développer leur capacité de créativité en s'appuyant sur de nouveaux talents identifiés dans leur espace ou en dehors, pour produire et conserver leur avantage concurrentiel.

Par ailleurs, les solutions digitales réduisent fortement les coûts économiques relatifs à la gestion des données. Une fois engagés les investissements irrécupérables, mais nécessaires pour obtenir et exploiter ces technologies, les dépenses liées à l'exploitation des données, à leur recherche, à leur stockage, à leur démultiplication, à leur utilisation

---

[33] - *Baruch Lev et Feng Gu - The End of Accounting, Juin 2016, Éditeur Wiley.*

productive, ne représentent que des dépenses réduites à presque rien.

Cette pratique organisationnelle propose une solution efficace face à la globalisation, dans laquelle de nouveaux savoirs au service de l'innovation et de nouvelles compétences émergent. Selon ce modèle d'organisation, une plateforme présente les avantages de mettre en interrelation des intermédiaires ou des entremetteurs, avec comme finalité décisive de réduire ou d'éliminer les coûts de transaction.

Seulement, le modèle actuel de l'économie du football devient un obstacle à une nouvelle pratique organisationnelle autour de plateforme.
Les sommes considérables et dérivantes engagées pour financer la production de spectacles sportifs et des services proposées aux différentes parties prenantes, absorbent toute la capacité financière des clubs de football, pour affronter les nouveaux défis organisationnels et numériques.

D'un côté, les coûts d'achat exorbitant des sportifs professionnels comme producteurs de spectacles, ajoutés à la masse salariale déraisonnable, obèrent toute la capacité d'investissement des clubs, jusqu'à leur mise en danger et une dépendance fatale.

De l'autre, la part de salaires versés aux salariés des fonctions administratives ou supports des clubs, réduit la possibilité des organisations à recruter de nouvelles compétences et de nouveaux talents, ce qui engendrerait des changements organisationnels fondamentaux, pour répondre à l'évolution du commerce par le biais de la plateformisation.

La structure économique du football répond au seul objectif de produire de la valeur pour les producteurs de spectacles que sont les sportifs professionnels. Par une vision purement financière et prédatrice, les propriétaires des clubs de football s'engagent à valoriser les producteurs de spectacles afin d'en retirer de substantielles plus-values.

Le seul but du capital prédateur doit être de réaliser un profit rapide au détriment des organisations viables. Dans l'économie du marché des joueurs de football, la prédation constitue une phase de développement de la culture sportive, atteinte dès lors que les membres du groupe des sportifs professionnels, adoptent une attitude prédatrice, résultant d'une double démarche, fondée sur l'existence d'actifs sportifs spécifiques, associés à leur transférabilité, pour déployer des effets de levier, comme la condition d'une capture de maximum de valeur.

Dans le mode de production de l'économie du football, la production de richesses matérielles utiles, n'est quasiment qu'un effet secondaire du système, orienté vers la réalisation de la valeur et l'accumulation illimitée du capital au bénéfice de l'actionnaire. La finalité du capital devient la « *richesse abstraite* » ou la richesse monétaire, telle qu'elle s'exprime dans l'argent. Mais cette richesse abstraite présuppose la mise en œuvre, sur une base toujours élargie du travail vivant, qui se coagule dans la valeur des marchandises.

D'un côté, l'actionnaire recherche le développement de son club, par l'exploitation du travail vivant, d'un autre côté, il doit réduire en permanence le travail nécessaire. Cette contradiction fondamentale se traduit par une déperdition de la productivité du travail vivant, qui devient la limite que le système a lui-même élevée.

La production de valeur sportive moderne, sublimée par les économistes néolibéraux, ne représente pas une production de valeur mais une simulation. Elle constitue la réalisation anticipée d'une valeur qu'aucun acteur économique n'aura la capacité de justifier. Cette valeur anticipée, constituée du potentiel de vente des joueurs, des contrats de sponsoring et des droits audiovisuels, ne deviendra effective que par la survenance de « *porteurs d'espoir* » qui recherchent des possibilités de « *survaleur* » issue de la production réelle de marchandises autour des activités commerciales footballistiques.

Ernst Lohoff et Norbert Trenkle dans « *La grande dévalorisation : Pourquoi la spéculation et la dette de l'État ne sont pas les causes de la crise* » considèrent qu'il faut distinguer deux formes de marchandises. Les marchandises comme les biens physiques ou les services rendus, qui contribuent à des échanges marchands, pour les avantages représentés par leur valeur d'usage, et seront définis comme « *des marchandises d'ordre 1* ». Il faut les différencier des autres marchandises qui s'écoulent à l'intérieur des marchés mais ne deviennent des potentialités d'achat que lorsqu'elles octroient un droit sur la « *survaleur* », ainsi les actions, les obligations, les produits dérivés, les fonds d'investissement et toutes les différentes formes de créances, qu'ils désignent comme « *les marchandises d'ordre 2* ».

Ainsi dans l'économie du football apparaît la différence fondamentale entre ces deux formes de marchandises. Lorsqu'un acheteur ou un club acquiert un joueur professionnel, le vendeur ou le club vendeur bénéficie de l'argent comme produit de la vente, mais abandonne tout droit de propriété sur le joueur vendu, tandis que l'acheteur ou le club acheteur renonce à tout autre usage de l'argent qu'il vient de donner au vendeur du sportif. Il devient propriétaire dudit joueur, mais ne bénéficie plus de la valeur d'usage de l'argent qu'il vient de donner.

Lors de l'acquisition d'un joueur, le club vendeur émet une facture afin d'obtenir son paiement. Ainsi apparaît une créance, qui représente le produit de la vente. Du côté du club acheteur du joueur, apparaît une dette que le club devra honorer. Ersnt Lohoff écrit : « *En face du monde des marchandises d'ordre 1, les rapports au sein de l'univers des marchandises d'ordre 2 semblent se tenir sur la tête. C'est ce qui les rend si impénétrables*[34] ». Apparaît ainsi une sorte de dédoublement du capital-argent dans le partage de sa valeur d'usage. De fait, la même créance qui constitue de l'argent anticipé surgit du côté du vendeur qu'il peut mobiliser pour bénéficier de nouvelles ressources financières destinées à son développement. Du côté de l'acheteur, celui-ci détient maintenant une dette et un droit sur la « *survaleur* » obtenue lors du processus de vente sur le marché des transferts à venir, dudit joueur. Le capital-argent se déplace en son reflet autonomisé, ce qui définit le modèle de circulation du capital fictif.

---

[34] - *Ernst Lohoff, Norbert Trenkle : La grande dévalorisation : Pourquoi la spéculation et la dette de l'État ne sont pas les causes de la crise, P.147.*

Relation Créance vs Dette lors des opérations de mutation

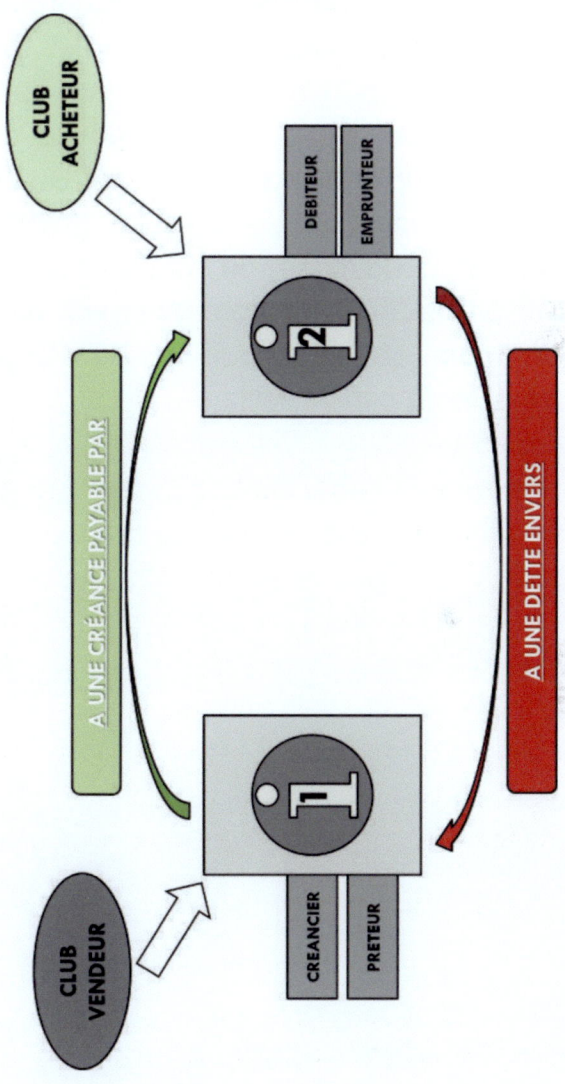

Ainsi, pour que la production de capital fictif se développe et continue sa course, il faut des « *porteurs d'espoir* » pour anticiper raisonnablement que ce droit de propriété, échangé sur les marchés des transferts, conduira vers une possibilité de percevoir une part de la valeur produite dans le secteur « *des marchandises d'ordre 1* ». Seulement, il s'agit précisément de la difficulté grandissante qu'affronte la production de valeur sportive, en particulier par le remplacement du travail vivant par le travail mort, qui a conduit au développement déraisonnable du capital fictif.

2.4. De la valeur d'usage à la richesse sensible matérielle dans l'économie du football français

Les économistes et les experts en marketing du sport utilisent en permanence les notions de valeur d'échange et de valeur d'usage. Selon les différents produits et services proposés dans l'économie du sport, leurs participations à l'action, conditionnent la création de cette valeur d'usage. Les responsables du marketing sportif considèrent les diverses offres proposées comme un ensemble de bénéfices prédéterminés.

La valeur d'échange et la valeur d'usage représentent les finalités des projets marketing sportif. Cependant, il existe une approche qui constitue une perspective et diverge des principes énoncés par les économistes et par les tenants du marketing, qui retiennent la plupart du temps la valeur d'échange et la dimension du prix, pour en exprimer son critère déterminant. Malgré tout, les nouvelles approches renouvelées du marketing sportif, qui intègrent les concepts de durabilité, le caractère relationnel, l'exploitation des données personnelles, le marketing humain et communicationnel n'apportent pas d'alternative significative au concept de la valeur d'usage proposée au marché du sport.

Ces différentes conceptions n'éprouvent pas la nécessité d'aborder l'influence des compétences dans la création de la valeur d'une situation, et n'avancent aucune réflexion quant à la présence d'une relation sensible avec la matérialité des objets sous forme de biens et de services proposés au marché.

Avant d'aller plus loin, il s'agit de préciser les différents termes mobilisés. Les uns utilisent l'appellation de « *marchandise* » lorsqu'ils souhaitent représenter ce qui dépend d'un cycle de production en multitude et réservé à l'échange commercial, avec une connotation dépréciative. D'autres recourent à des significatifs plus neutres, lorsque les managers du marketing de marché et les économistes évoquent les produits et les services.

Lors de toute mon analyse sur le concept de dévalorisation, appliqué à l'environnement du football français, je retiendrai le terme de « *marchandise* », qui représentera l'ensemble des biens et des services, sous quelque forme que ce soit, proposés par les clubs de football, destinés à l'échange commercial sur les différents marchés.

La valeur produite ne s'inscrit pas dans le contenu qui constitue la marchandise ainsi définie. Elle ne se détermine pas non plus par une méthode de calcul analytique d'origine culturelle, car une appréciation de cette valeur ne répond pas à des considérations purement emblématiques.

La valeur produite devient une composition, comme une conséquence émergente d'une interrelation entre un consommateur de produit et de services commercialisés par les clubs de football, un consommateur de spectacle sportif, et la marchandise. Elle ne se trouve ni dans la conscience de son acheteur ou de son utilisateur, ni dans la marchandise, tout au plus de façon abstraite, mais dans les interactions entre les utilisateurs et leur modèle de consommation. **Au même titre que la lecture conduit à l'émergence de la valeur d'un texte, selon Umberto Eco dans son livre «** *Lector in fabula* **»**[35]**, la valeur d'une marchandise sportive, aussi diverse soit-elle, comme un produit dérivé, des produits à consommer, un article de sport, un espace commercial, un divertissement artistique ou un événement sportif se concrétise pour passer d'un état virtuel à un état réel, au moment de son échange avec le sujet compétent.**

---

[35] - *Eco Umberto - Lector in fabula. Le rôle du lecteur ou la coopération interprétative dans les textes narratifs, Grasset, Le Livre de Poche, biblio essais, Paris, 1985.*

La sensibilité peut être définie comme la capacité à ressentir des représentations par la façon dont nous sommes affectés par les relations avec les biens ou les services.

Pourquoi revendiquer notre sensibilité ?

Parce que nous vivons dans un monde de plus en plus technique, mécanisé, virtuel. Il devient vital de pouvoir exprimer ses émotions et de revaloriser la sensibilité humaine. Il faut lutter contre toutes les formulations qui font de la sensibilité une faiblesse ou une fragilité, mais montrer qu'elle constitue la richesse de l'humain.

La valeur perçue pour un objet ou un service sportif devient actualisé par le spectateur ou le consommateur lorsque celui-ci sollicite ses connaissances et ses compétences, afin d'interagir objectivement lors de l'achat de cette marchandise pour engager un processus d'action. Ce cheminement d'actuation émerge durant le ressenti produit par une expérience sportive et relationnelle, selon la situation et les aptitudes des spectateurs, qui vient enrichir la multitude d'expérimentations. Une marchandise sportive gagne en valeur et en contenu par l'utilisation quelle implique et par sa contingence à une activité ou à l'accomplissement d'une initiative. L'expérience d'une marchandise relève d'une connexion réelle et réceptive avec son existence sensible, avec la manière réaliste et sensuelle de représenter les objets ou le caractère d'une existence sensible ou de sa matérialité. **De fait, d'un emploi sous forme de notice, on transpose une relation fondée sur une approche référentielle, vers un engagement sensible qui sollicite les compétences esthésiques**[36]**, comme la sensibilité ou la capacité de percevoir une sensation. Pour simplifier, il s'avère qu'une relation fondamentale entre esthésie (les sensations), esthétique (les formes) et éthique (les valeurs), s'instaure, qui va influencer l'approche du monde sensible et** orienter une question aussi complexe que sa représentation communicationnelle.

Il ne s'agit pas d'une relation avec une représentation magnifiée, offerte par un produit sportif packagé ou un dispositif, mais d'une interaction poétique qui recourt, au-delà des spécificités physiques ou visuelles de la marchandise, à des déterminants concrets, qui concerne le sens du goût, des inclinations, des différences, des singularités, de

---

[36] - BOUTAUD Jean-Jacques - « L'esthésique et l'esthétique. La figuration de la saveur comme artification du culinaire », *Sociétés et Représentations, n° 34, L'artification du culinaire (Evelyne Cohen et Julia Csergo, dirs.), 2013, p. 85-98.*

l'exception, des arômes, des formes, de la finesse, du design, de l'esthétique ou de l'harmonie.

Les justifications relatives au sensible relèvent de nombreux facteurs mobilisés dans l'expression d'une sensibilité hypermoderne, issue des valeurs hédonistes, qui s'accompagne d'un déplacement du sens vers les sens. En recherche d'expériences, les spectateurs, les supporters de football questionnent le besoin de sensations, la nécessité à se soumettre à des expériences susceptibles d'établir leur valeur, identique au processus de compétition. L'univers des consommations des biens et des services sportifs et leurs relations d'échanges perpétuels évoluent sans cesse vers des champs d'expérimentation, selon les contingences du sensible, comme une expérience vécue, et significatives, tels les signes perçus, les ressentis qui se dessinent dans les compétences recherchées par le marketing sportif et la communication. Dans ce contexte, la question du sensible répond, selon les différentes perspectives, à l'aspiration qui concerne les sens qui affleure de toutes parts et à la vie dans un monde concret, sensible, fondamentalement conditionné par les sensibilités d'un espace public.

Lors des phases de recherches relatives à l'innovation dans le marketing sportif, il s'entend que toutes les conceptions de marchandises sportives consistent à élaborer des potentialités d'actions pour chaque bien et service imaginé. Il s'agit de prendre en compte les procédés fondés sur les expériences et sur l'observation des réalités extérieures, en relations sensibles avec les marchandises sportives et d'en proposer une source de valeur, au-delà de l'illusionnel. Il devient nécessaire d'agencer les conditions cognitives, conduisant au décryptage des connexions sportives entre les projets des créateurs, leur expression dans les marchandises conçues et leurs impacts, à la suite de leur mise en œuvre, vis-à-vis des applications individuelles et collectives.

Une pratique ne doit pas constituer un dessein normalisé, mais passer par un système d'adaptation le plus adéquat possible afin de conduire vers un parcours d'apprentissage concret pour les spectateurs et les supporters. Ces agencements transforment l'attribution des connaissances et des aptitudes entre les individus et les marchandises sportives. Les vertus de l'accoutumance ne se réduisent ni à l'habitude, ni à l'aliénation qui maintient les spectateurs et les supporters en son pouvoir, ni à une condition fétichiste, mais s'accompagne d'arbitrages qui expriment des valeurs singulières à leurs yeux, dans les situations d'acter leur décision.

Ici, il ne s'agit pas de ramener la notion de sensible à un indice de sensibilité censé mesurer la contribution d'un produit au chiffre d'affaires total d'une action de merchandising.

Au contraire, remettre la sensibilité au cœur de nos vies exprime un impératif vital. Il faut simplement rappeler que nous sommes des êtres sensibles – au même titre que les animaux, d'ailleurs – et que les techniques et les machines, aussi utiles soient-elles, ne doivent être considérés qu'en tant qu'outils à notre service. La société du futur devra être plus solidaire, plus coopérative que compétitive, plus contributrice au bien-être collectif. La réponse permise par la sensibilité, présente le grand avantage de nous faire sortir des idéologies, pour nous recentrer sur les besoins humains, le respect des autres et de la nature, et donc de nous-mêmes.

Oscar Wilde, dans « Le portrait de Dorian Gray », « Aujourd'hui, chacun sait le prix de toutes choses, et nul ne connaît la valeur de quoi que ce soit[37] ».

---

[37] - Oscar Wilde - *Le portrait de Dorian Gray*, 1891.

2.5. Diminution de la productivité ou loi des rendements décroissants

La loi des rendements décroissants constitue un apport pour expliquer la justice sociale et la répartition de la richesse, montrant que celle-ci représente un modèle économiquement injuste.
Dans le système capitaliste, le partage de la richesse est foncièrement inégalitaire, en faveur des propriétaires et des dirigeants.

Dans le capitalisme, le partage de la richesse se justifie de manière égalitaire à la seule condition de rendements constants. Face à une productivité marginale du facteur capital ou du facteur travail, démontrée par la loi des rendements décroissants, montre un système économique conduit par des performances en régression, l'évidence impose d'identifier d'autres sources de croissances durables.

Les économistes et les théoriciens de la croissance « *endogène* » imaginent que les investissements en capital humain, constituent un des enjeux d'une croissance continue.

À l'exemple de tous les acteurs économiques qui, pour soutenir leur économie, misent seulement « *sur le nombre d'agents sociaux* », sur l'accumulation d'une main-d'œuvre à bas coût, pour produire de la croissance, la loi des rendements décroissants démontre qu'adjoindre un travailleur ou une machine supplémentaire, devient de moins en moins productif.

Il s'agit bien de montrer que baser uniquement une croissance sur le nombre de ressources à sa disposition, sur le long terme, ne conduit pas à une croissance stable. La loi des rendements décroissants démontre que l'accumulation d'un facteur économique, dont la productivité marginale à long terme diminue, ne suffit pas, et que seuls l'innovation et le progrès technique, contribuent à l'augmentation de la productivité et deviendront les sources d'une nouvelle croissance.

Loi des rendements décroissants

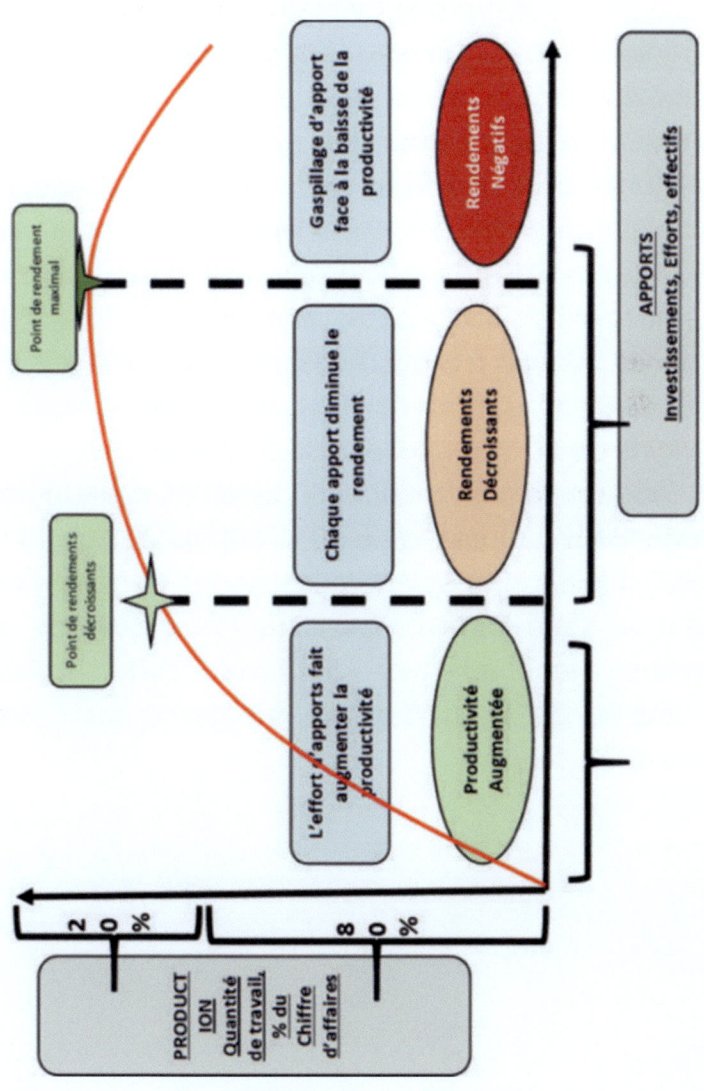

Les différentes données économiques compilées relatives à l'Olympique Lyonnais, nous montrent un modèle de club qui illustre la théorie des rendements décroissants. L'analyse de la productivité du travail, reflète bien une performance en régression quasi permanente. Considérés hors des opérations de mutation, qui ont un caractère exceptionnel, les effectifs n'ont de cesse de progresser, plus du double sur la période 2010-2023, alors que le total des produits vendus n'a augmenté que de 30 % sur les mêmes saisons, ramenant la productivité par salarié à moins de 40 % de celle de la saison 2010.
En incluant, les opérations de mutation, cette même productivité a régressé de 25 % depuis 2010.
Ainsi, quelles que soient les données considérées, avec ou sans les revenus issus des mutations de joueurs, les résultats traduisent une baisse constante de la productivité marginale du travail produit.

Productivité moyenne du travail produit : Cas de l'Olympique Lyonnais

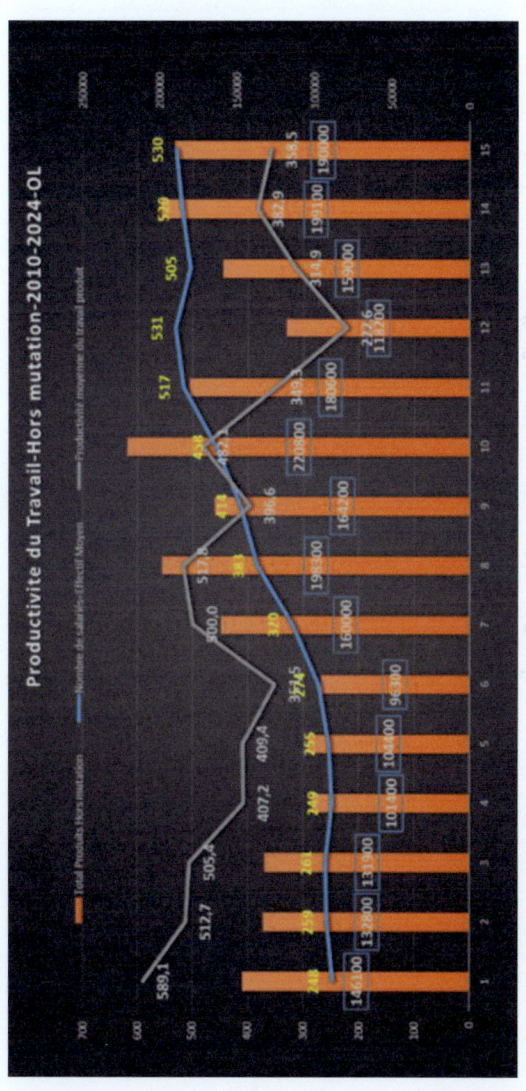

Rendements décroissants : cas de l'Olympique Lyonnais

Année	Nombre de salariés=Effectif Moyen	Total Produits Hors mutation	Productivité moyenne du travail produit	Productivité marginale du travail
2010	248	146100	589,1	146100
2011	259	132800	512,7	-13300
2012	261	131900	505,4	-900
2013	249	101400	407,2	-30500
2014	255	104400	409,4	3000
2015	274	96300	351,5	-8100
2016	320	160000	500,0	63700
2017	383	198300	517,8	38300
2018	414	164200	396,6	-34100
2019	458	220800	482,1	56600
2020	517	180600	349,3	-40200
2021	531	118200	222,6	-62400
2022	505	159000	314,9	40800
2023	520	199100	382,9	40100
2024	530	190000	358,5	-9100

De fait, ces rendements décroissants expliquent une diminution régulière de la performance économique du club. La comparaison ci-après du total des produits vendus, des profits générés et de l'évolution des effectifs exprime bien le constat financier. L'écart entre, d'une part, l'évolution irrégulière des sources de chiffre d'affaires, et la dérive régulière du nombre de salariés explique bien la stagnation des résultats financiers, toujours en perte, sauf durant 4 saisons, pendant lesquelles les ventes de joueurs exceptionnelles ont contribué à la production de bénéfices.

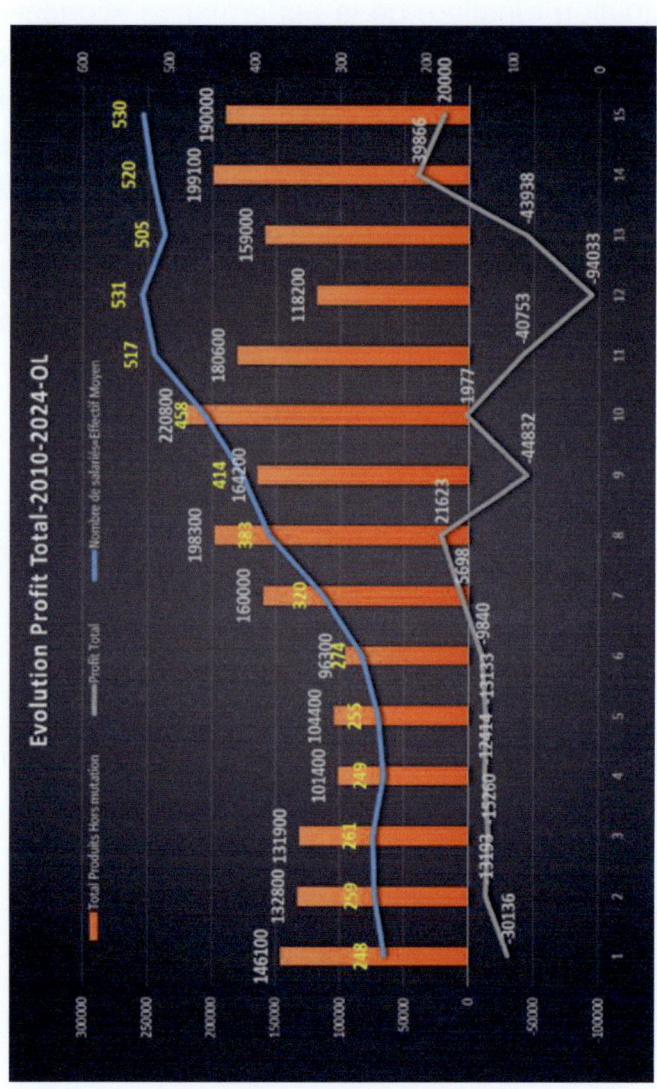

Ci-dessus, les résultats de l'Olympique Lyonnais, montre bien la notion des rendements décroissants. Malgré un niveau de recrutement très importants, le volume des produits vendus progresse beaucoup plus lentement que celui des effectifs, et les résultats financiers poursuivent leur dégradation.

Pourquoi une telle organisation sportive qui établit chaque année de nouveaux records de revenus commerciaux, sous forme de chiffre d'affaires, et produit toujours plus de services, souffre-t-elle cruellement d'un manque de richesse ?

Quelle condition impose-t-elle à une très grande partie des salariés administratifs, de se serrer la ceinture et assurer leurs tâches avec un nombre d'heures de travail toujours plus grand ?

Il y a deux manières de se confronter à ce qui constitue un paradoxe de base de la crise actuelle.

2.6. Production de richesse dans l'économie du football

On peut se ranger au point de vue selon lequel le manque de richesse n'exprimerait qu'un mensonge éhonté et dépourvu de réalité. Le ressassement de la nécessité de promouvoir des politiques d'austérité n'illustrerait alors, qu'une simple idéologie imaginée par les insatiables profiteurs du système, avec l'objectif d'accaparer la richesse, par une croissance permanente. Mais on peut également affirmer, qu'il faut entrevoir d'autres justifications, qu'il ne s'agit pas d'une idéologie à l'œuvre et que **cette société sportive réalise l'exploit de se trouver à la fois super riche et trop pauvre, super riche en ce qui concerne ses capacités productives de spectacles, mais pauvre selon le critère d'une richesse sociale et sensible, importante pour cette société. La véritable cause de la crise exprimerait alors une contradiction objective entre les différentes formes de richesse.**

Si l'on poursuit cette deuxième idée, on débouche sur une question très simple, mais assez fondamentale d'un point de vue heuristique.

Qu'est-ce que la richesse ?

Cette question de base se scinde en deux sous-questions.

Qu'est-ce que la richesse selon des critères humains généraux ?

Quel est le contenu de la richesse au sein du capitalisme sportif ?

La réponse à la première sous-question ne présente pas de difficulté. Une société sportive devient d'autant plus riche qu'elle permet à ses membres de se développer, de satisfaire des besoins divers et de favoriser l'épanouissement de leur individualité.

Toute production constitue au moins une production de valeurs d'usage représentant une richesse. L'ensemble de ces valeurs d'usage, quelle que soit leur forme, constitue les richesses de la société à un moment donné, que l'on désigne comme de la richesse sociale.

La richesse, dans ce sens fort, possède différentes composantes. L'une d'elles se comprend les différentes formes de biens et de services que les salariés et les individus désirent, pour satisfaire leurs besoins. Cela va de la nourriture au logement, en passant par les loisirs, la santé, l'éducation et les moyens de transport. La richesse signifie aussi que l'on puisse s'adonner à des activités permettant quelque chose de l'ordre du développement personnel, ainsi que des relations sociales satisfaisantes.

Une troisième composante illustrerait celle du temps disponible pour chaque salarié. Selon ce critère, une société sportive qui condamne ses collaborateurs administratifs à accomplir les mêmes gestes 8 h ou plus par jour, cinq jours par semaine et les week-ends, ou selon d'autres modalités d'horaires, ne peut se considérer comme riche, même si elle fait crouler la planète entière sous une montagne de spectacles et de services sportifs. Dans le capitalisme sportif, la richesse sociale ne se mesure pas au degré d'accomplissement des divers besoins humains. Elle possède un autre contenu, bien différent.
Mais quel est ce contenu ?
Si l'on suit un certain Karl Marx[38], alors au moins la forme manifeste de la richesse spécifique au capitalisme devient évidente. Dans le capitalisme, la richesse sociale et la richesse en marchandises se mesurent de manière identique.
Au-delà de « la puissance productive » dont parle Karl Marx dans les « Principes » ou les « Manuscrits de 1844[39] », qui exprime, pour chacun et au profit de tout autre, « la vraie richesse », il s'agit aussi de considérer cette puissance au désir ou au désir de vie. La collaboration dans le processus de production

---

[38] - *Karl Marx, Jean-Pierre Lefebvre - Manuscrits de 1857-1858 dits « Grundrisse », Mai 2011.*
[39] - *Karl Marx - Principes ou les Manuscrits de 1844.*

et la relation dans l'échange marchand présupposent un premier moment de la consommation entre un acteur social et un semblable.

Dans l'usage fait par le semblable, la relation de consommation devient immédiate, diffuse et indivisible, face à la singularité d'une circonstance, et le caractère décisif du service. Le service, en tant que marchandise, mais d'une marchandise qui relie de manière essentielle, l'intelligence et le désir du consommateur à la parole de celui qui le produit et le commercialise. Si en tant que consommateur, je me réjouis du goût et de l'aspect des produits vendus, de la bonne santé de ma famille, de la bonne apparence de mes semblables, de la culture que je partage, de la qualité des représentations proposés, de la sécurité qui met apporter, sans pouvoir jamais abstraire ces bienfaits de leurs singularités circonstancielles, cela provient de ce que tous ces services sont inséparables des symboles et des mots qui les expriment. La consommation des services de la main et de la pensée représente une culture.

Mais que deviennent les conséquences de cette transformation de la richesse en richesse marchande ?

2.7. Production de marchandise dans l'économie du football

Comparée à la richesse sociale, la richesse capitaliste se constitue différemment. Des éléments importants de la richesse sensible n'ont pas leur place dans l'univers de la marchandise. La richesse sensible répond d'abord à la faculté pour un individu de disposer de ce qui lui semble propre pour vivre et jouir de sa vie. L'air pur, la richesse des relations sociales et celle du temps libre s'opposent à la transformation en marchandise. Ainsi, selon les critères de la société capitaliste sportive, ils ne comptent pas comme de la richesse sociale, à côté des biens et des services produits, qui peuvent satisfaire aussi des besoins sensibles.

L'expérience d'une relation avec la marchandise relève d'une connexion réelle et réceptive avec son existence sensible, avec la manière réaliste et sensuelle de représenter les objets par le caractère d'une existence sensible, ou de sa matérialité, qui conduit à la production de cette richesse.

L'univers de la marchandise contient aussi des marchandises qui échappent complètement au monde de la richesse sensible. Il s'agit des marchandises négociées sur les marchés financiers et les marchés de capitaux, comme les actions, les obligations, les dettes souveraines, les titres de créance, les produits dérivés et le capital humain composé de la cherté individuelle des joueurs, exprimée par leur valeur marchande. La transformation de la richesse en richesse marchande ne modifie pas seulement sa composition, mais aussi son essence. Dans la société capitaliste sportive, les marchandises ne représentent pas de la richesse pour la raison qu'elles peuvent satisfaire des besoins. Ce qui devient bien plus déterminant, représente la capacité à commercialiser les biens et les services comme la vente des produits dérivés ou des spectacles produits sous le capitalisme sportif, avec lesquels on peut retirer les bénéficies de nouvelles expériences ludiques. Mais cela ne manifeste pas que les biens et les services deviennent des porteurs de richesses capitalistes. Ils n'endossent ce rôle que si l'on parvient à les transformer en quelque chose de tout à fait différent, autrement dit de l'argent par nature.

La richesse sensible s'exprime de manière tout aussi diverse que les besoins humains. Mais du côté de la richesse capitaliste, toutes ces qualités particulières disparaissent dans le modèle économique sportif. Il convient de faire acte que la richesse sensible concrète ne compte pas comme de la richesse sociale, mais plutôt de la richesse abstraite, de la richesse en valeur et en argent, qui s'en distingue et prend sa place. La manière dont celle-ci se développe s'accroît ou se contracte, décide du bien ou du mal de la société capitaliste sportive. Une critique du capital prendrait pour cible les catégories abstraites dans lesquelles la richesse se pense dans les sociétés capitalistes, comme la valeur, l'argent, le travail et la marchandise.

L'univers de la marchandise se constitue en deux secteurs. Le premier secteur comprend les marchandises négociées sur les marchés des biens et des services que l'on qualifiera de « *marchandise d'ordre 1* ». Le deuxième comprend les marchandises négociées sur les marchés monétaires et les marchés de capitaux, soit les actions, les titres de créance, le capital humain et les dérivés, ces dernières qualifiées de « *marchandises d'ordre 2* ».

Dans l'univers de la marchandise football, celui-ci se constitue aussi selon deux secteurs.

Le premier comprend les marchandises négociées sur les marchés des biens et des services, comme les recettes de billetterie, des produits dérivés et les ventes d'hospitalités, que l'on qualifiera de « *marchandise d'ordre 1* ».

Le second secteur comprend les marchandises négociées sur les marchés de capitaux, comme les opérations de transferts de joueurs, la signature des contrats de sponsoring et les droits de diffusion des spectacles sportifs, qualifiés de « *marchandises d'ordre 2* ».

Concepts de marchandises

MARCHANDISES D'ORDRE 1	MARCHANDISES D'ORDRE 2
➤ Le premier comprend les marchandises négociées sur les marchés des biens et des services. ➤ Comme les recettes de billetterie. ➤ Des produits dérivés. ➤ Des hospitalités.	➤ Le second secteur comprend les marchandises négociées sur les marchés de capitaux. ➤ Comme les opérations de transferts de joueurs. ➤ Les droits de diffusion des spectacles sportifs. ➤ Les contrats de sponsoring (très difficile d'anticiper et de quantifier les retombées).
Valeur d'échange + Valeur d'usage ou utilité	**Valeur d'échange sans Valeur d'usage ou utilité**

L'introduction de ces concepts pour d'une part « *des marchandises d'ordre 1* » et d'autre part, des « *marchandises d'ordre 2* » représente un élément important, introduit dans le livre « *La grande dévalorisation*[40] », d'Ernst Lohoff et Norbert Trenkle.

---

[40] - *Ernst Lohoff, Norbert Trenkle - La grande dévalorisation : Pourquoi la spéculation et la dette de l'État ne sont pas les causes de la crise, Mai 2024.*

2.8. Transformation de la marchandise en richesse dans l'économie du football

Le jargon boursier nous livre une indication. Quand on demande aux courtiers ce qu'ils font lorsqu'ils achètent et vendent à longueur de journée des titres de propriété, donc des « *marchandises d'ordre 2* », ils rétorquent qu'ils font commerce avec l'avenir. En disant cela, ils n'ont jamais à l'esprit l'ensemble du système et ils ne font que décrire ce qui détermine, par exemple, le prix d'une action particulière. Mais le propos qu'ils tiennent sur le commerce avec l'avenir nous en dit plus. Ils pointent la différence fondamentale entre les deux secteurs de l'univers de la marchandise, soit les « *marchandises d'ordre 1* » et les « *marchandises d'ordre 2* ».

Des marchandises comme des produits alimentaires, des biens ou des services constituent de la richesse capitaliste en ce qu'elle représente de la valeur réellement créée, du travail abstrait effectué « *d'ordre 1* ». Par opposition, les marchandises provenant des marchés de capitaux, ou « *d'ordre 2* » constituent de la richesse capitaliste parce qu'elles représentent de la production de valeur future, de la dépense de travail abstrait à venir.

Il s'agit d'une distinction fondamentale qui doit être expliquée.

Les « *marchandises d'ordre 1* » représentent le résultat d'un travail déjà effectué, et donc de la valeur déjà produite, alors que les « *marchandises d'ordre 2* » n'expriment pas une valeur déjà réalisée, mais constituent une valeur dont on attend qu'elle soit produite, ce qui en constitue la différence essentielle.

Notre environnement économique occupe un espace dans lequel apparaît toujours le même ordre chronologique. Il faut que la chose existe avant que l'on puisse en jouir. Jamais un individu n'a conduit une voiture avant que celle-ci n'ait été encore fabriquée. Jamais une personne n'a apprécié un spectacle sportif qui n'ait été réalisé. Jamais un spectateur n'a apprécié la réalité d'un match de football avant que celui-ci ne soit produit. Cet ordre chronologique remplit les conditions pour la production de valeur sur les marchés des biens et des services.

Des objets, des biens et des services sportifs, des produits dérivés doivent d'abord être imaginés et fabriqués pour de potentielles ventes. Mais seulement à la suite de cette phase de vente, le capital peut disposer de cette valeur réalisée.

Mais sur les marchés monétaires et des capitaux, cet ordre chronologique se trouve inversé, de la valeur qui n'a pas encore été produite se transforme par anticipation, dans l'idée d'un titre de propriété ou d'une action, comme du capital social supplémentaire.

Pour comprendre comment ce mystère s'accomplit, il faut étudier de plus près le rapport qu'entretiennent un acquéreur et un vendeur d'une marchandise issue des marchés de capitaux, « *marchandises d'ordre 2* ».

Ordre chronologique de création de valeur

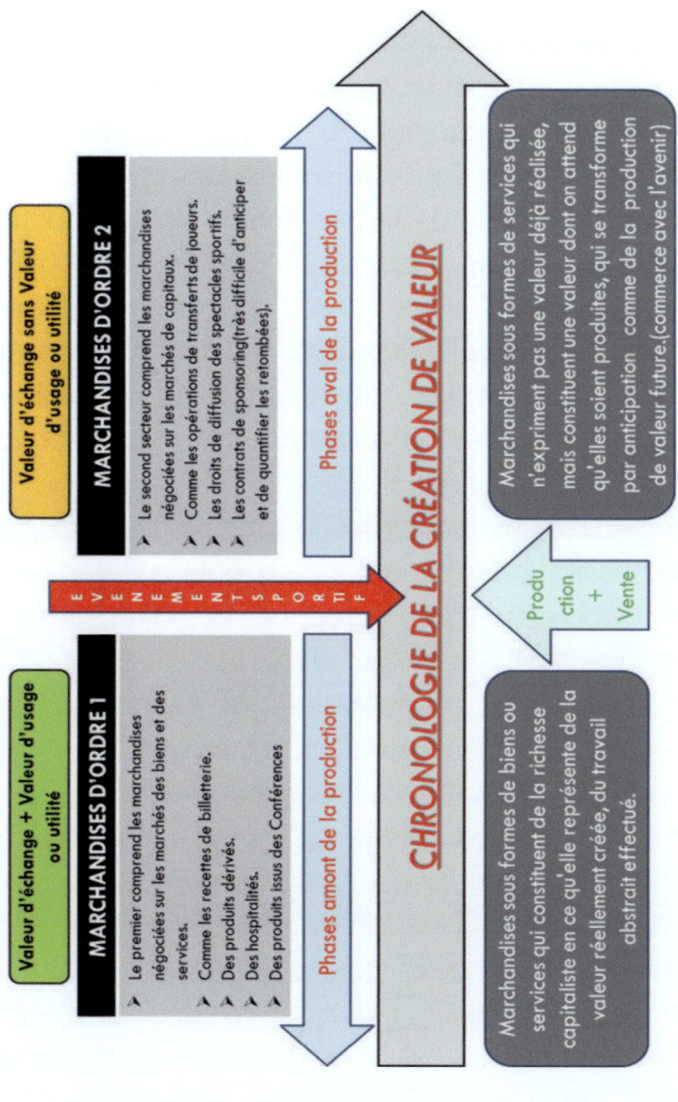

2.8.1. Le marché des joueurs

Sur le marché des transferts de joueurs de football, ceux-ci constituent le capital humain des clubs. On peut remarquer que cet ordre chronologique devient là aussi inversé. De la valeur du joueur qui n'a pas été encore produite, se transforme par anticipation, exprimée par une créance, ou un titre de propriété, comme du capital additionnel. **Au même titre que sur les marchés financiers, les transactions de joueurs de football négociées sur les marchés de capitaux, représentent bien des « *marchandises d'ordre 2* ».**

Dans le cas des opérations de mutations de joueurs, la richesse représentée par ceux-ci se voit transférée par l'émission d'une créance ou d'un titre de propriété vers un autre club, pour une nouvelle richesse, qui augmentera le montant des immobilisations incorporelles, à durée limitée.

Le club vendeur dispose immédiatement de la valeur ou d'un titre de créance qu'il peut mobiliser pour obtenir d'autres ressources financières. Le club acheteur ou l'investisseur bénéficie d'un actif supplémentaire qu'il pourra négocier durant la période contractuelle. Il dispose d'une dette vis-à-vis du club vendeur, et d'un titre de propriété qui représente le reflet de l'opération de mutation.

Ces opérations financières lors des mutations de joueurs, provenant des marchés de capitaux, ou « *d'ordre 2* », constituent de la richesse capitaliste, parce qu'elles représentent de la production de valeur future, de la valeur qui n'a pas encore été produite, et se transforme par anticipation, dans l'idée d'un titre de propriété, comme du capital social supplémentaire. De plus, l'acheteur acquiert un droit de propriété sur la « *survaleur* », ou la plus-value obtenue à l'issue d'une nouvelle opération de transfert.

Relation Créance vs Dette lors des opérations de mutations

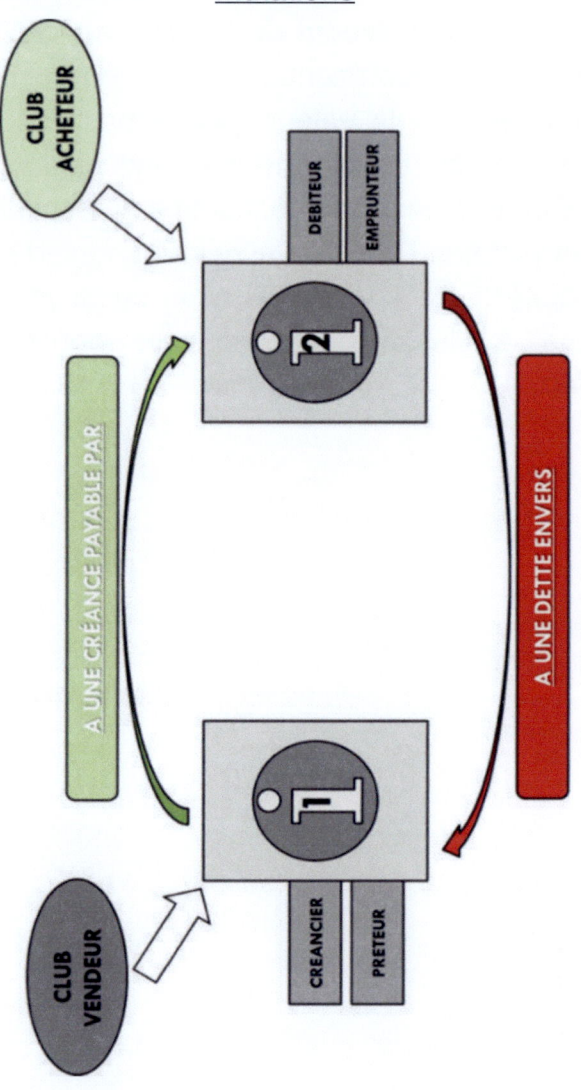

2.8.2. Les droits et le marché audio-visuel

Depuis de nombreuses années, les chaînes de télévision portent un intérêt grandissant pour la diffusion du « *spectacle* » football. Aveuglées par le potentiel de rentabilité du football professionnel aléatoire, elles ont progressivement investi dans la retransmission des différentes compétitions, au-delà des capacités de la demande des droits, de la part des consommateurs. Malgré une médiatisation du football largement amplifiée, contribuant à l'augmentation de l'offre de football en tant que spectacle télévisé, les droits télévisés perçus par le football n'augmentent plus, voire diminuent pour certaines ligues.

Avec des pratiques managériales obsolètes, une culture dépensière illimitée, une absence totale de vision à long terme, des projets sportifs dilapidateurs, les clubs de Ligue 1 inscrivent par avance dans leurs budgets les recettes potentielles à hauteur des droits TV, le tout bien avant d'avoir perçu le premier euro !
Comment mieux représenter l'anticipation de valeur par une appropriation de la valeur future à partir des « *marchandises d'ordre 2* ».

J'ajoute que la LFP, ou la Ligue Football Professionnel en créant sa propre société commerciale, a conclu un accord avec le fonds d'investissement CVC (CVC Capital Partners Ltd), implanté au Luxembourg, l'un des dix plus grands fonds de capital-investissement au monde, et le plus actif dans le monde du sport, contre un montant de 1,1 milliard d'euros redistribué aux clubs de Ligue 1, en échange de l'acquisition de 13 % des revenus des droits audiovisuels du championnat.

En d'autres termes, il s'agit d'hypothéquer la Ligue 1, pendant toute la durée du contrat, signé lui, à vie !!

Alors que les cinq grands championnats ont tous vu leurs droits télévisés stagner ou baisser lors des derniers appels d'offres, la Ligue 1 réalise une anticipation de valeur de ses nouveaux droits audiovisuels, par une appropriation future en faisant du commerce avec l'avenir selon le modèle des « *marchandises d'ordre 2* ».

Les droits audiovisuels illustrent une logique d'organisation à des fins de capture de valeur anticipée pour les clubs. Création et capture de valeur sont donc au centre de la vision et des missions assignées aux différents clubs.

Considérée comme un concept important de management des organisations du sport, la valeur créée et capturée conditionne l'ADN des clubs.

La volonté de signer des contrats d'une durée de 5 années entre les diffuseurs et la ligue de football traduit un système de capture de valeur anticipée en dehors de toute production réalisée. Dans cette situation, les clubs émettent des factures auprès de la Ligue qui deviendront des créances, mobilisées auprès des institutions financières afin d'obtenir des ressources avancées.

Le 11 septembre 2023, la LFP (Ligue de Football Professionnel) lance l'appel d'offres pour ses droits TV de la Ligue 1, relatif à la période 2024-2029, et vise un montant record de 1 milliard d'euros !

<u>Bénéfices pour la LFP : Ligue de Football Professionnel</u>

Après de nombreuses péripéties et des hypothèses plus ou moins sulfureuses, le montant annuel des droits audiovisuels français portera sur une valeur totale de 500 millions d'euros. La tendance baissière observée sur le marché des droits TV dédié au football en Allemagne et en Italie s'avère accentuée dans le cas de la France et représente le prix le plus faible depuis plus de vingt ans.

Les chaines sportives DAZN et BeIN Sports se répartiront les matchs du championnat français de Ligue 1 pour un total de 500 millions d'euros annuel, soit 400 millions d'euros pour DAZN et 100 millions pour BeIN Sports. Cet accord offrira à la LFP de récupérer 500 millions d'euros avec les droits TV nationaux, auxquels s'ajouteront plus ou moins 150 millions d'euros de droits TV internationaux.

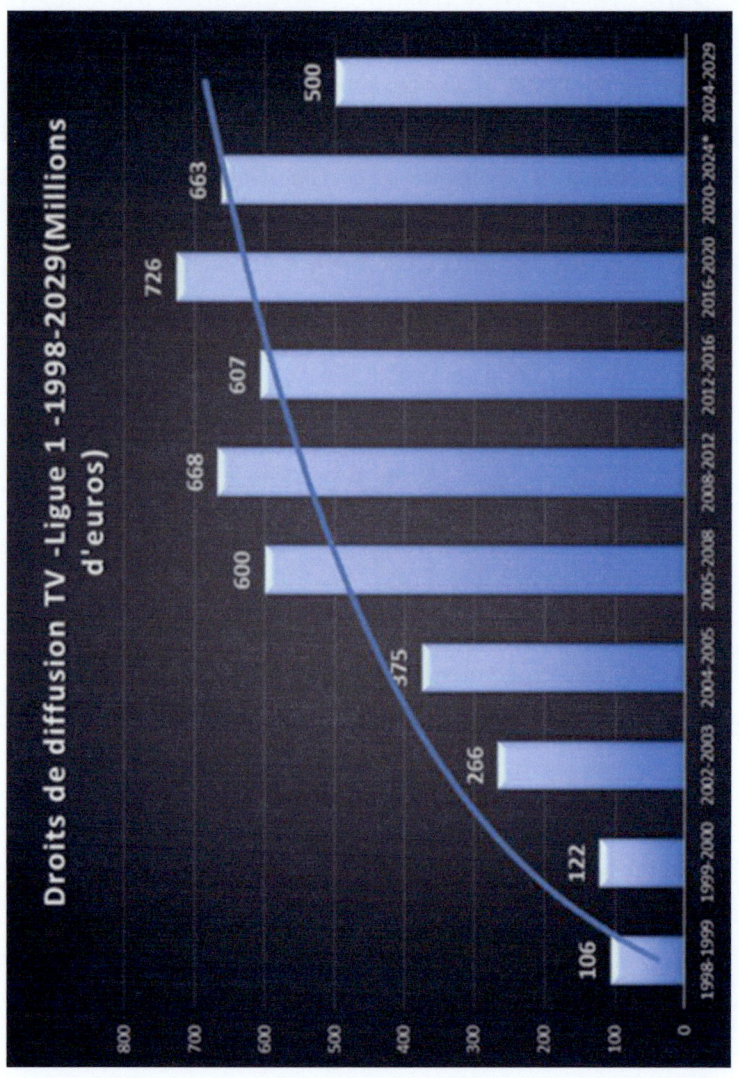

Bénéfices pour les clubs

La question qui préoccupe les dirigeants des clubs de football professionnel porte sur la juste rétribution dont ils bénéficieront. Au montant obtenu à la suite de l'accord signé, il faut soustraire de nombreux prélèvements sur ces montants bruts.

Dès la saison 2024, à la suite de l'accord avec CVC Capital Partners Ltd, l'un des dix plus grands fonds de capital-investissement au monde, celui-ci prélèvera 20% pour compenser les deux premières saisons, pendant lesquelles, il n'avait rien prélevé aux clubs professionnels, soit environ 110 à 120 millions d'euros pour cette saison 2024, puis amputera, chaque saison, le montant annuel de 13% et ce pour une durée contractuelle illimitée !

Selon la législation, la taxe Buffet, qui participe à l'irrigation de l'ensemble du sport professionnel et amateur, s'ajoutera selon un taux de 5% du montant des droits, soit à nouveau autour de 25 millions d'euros.

Viendront aussi les différentes subventions, versée à la FFF, aux différents syndicats de joueurs, d'entraîneurs et des clubs, autour de 20 millions d'euros. Enfin une partie servira aux frais de fonctionnement de la Ligue 1 et au financement du crédit-bail pour leur nouveau siège à hauteur de 7,3 millions d'euros.

Finalement, les clubs de Ligue 1 pourraient se partager entre 300 et 350 millions d'euros, auxquels on peut ajouter plus ou moins 150 millions d'euros de droits TV internationaux. Plus globalement, l'ensemble des clubs de football français se verront amputés de près de la moitié des revenus liés aux droits TV, pour un même classement final, d'une saison à l'autre.

Face à un montant de droits TV réduit pour la Ligue 1, les clubs de football professionnel devront revoir en profondeur leur modèle économique, confirmant ainsi l'hypothèse émise dans cette étude que les droits TV constituent bien des « *marchandises d'ordre 2* » et représentent bien un « *commerce avec l'avenir* ».

Coût pour les supporters et les fans de football

Mais pour les supporters et les futurs abonnés, la question porte avant tout sur la somme qu'ils devront débourser pour suivre la Ligue 1.

À la suite de l'accord entre la Ligue 1, BeIN Sports et DAZN, le prix qu'il faudra acquitter pour regarder la Ligue 1 la saison prochaine met en colère le monde des supporters.

Afin de voir l'intégralité des matchs de Ligue 1, il faudra s'acquitter de 30 € mensuels avec engagement, ou de 40 €, sans engagement de 12 mois pour DAZN, auxquels s'ajouteront 15 € pour BeIN Sports afin de bénéficier de toutes les affiches hebdomadaires.

Il n'est pas certain qu'avec ce tarif-là, le nombre d'abonnés atteigne le million. Le modèle économique de DAZN, afin d'atteindre la rentabilité, porte sur 1,5 million d'abonnés d'ici la fin de la saison.

Selon les études relatives aux nombres d'abonnés, le Pass Ligue 1 proposé par Amazon Prime, dénombrait 1,7 million d'abonnés en septembre 2023, pour un tarif d'abonnement de 14,99 € mensuels, plus 6,99 € d'abonnement à Prime Video, soit 22 € maximum, à comparer aux 45 €, voire 55 €, demandés par DAZN et BeIN Sports !

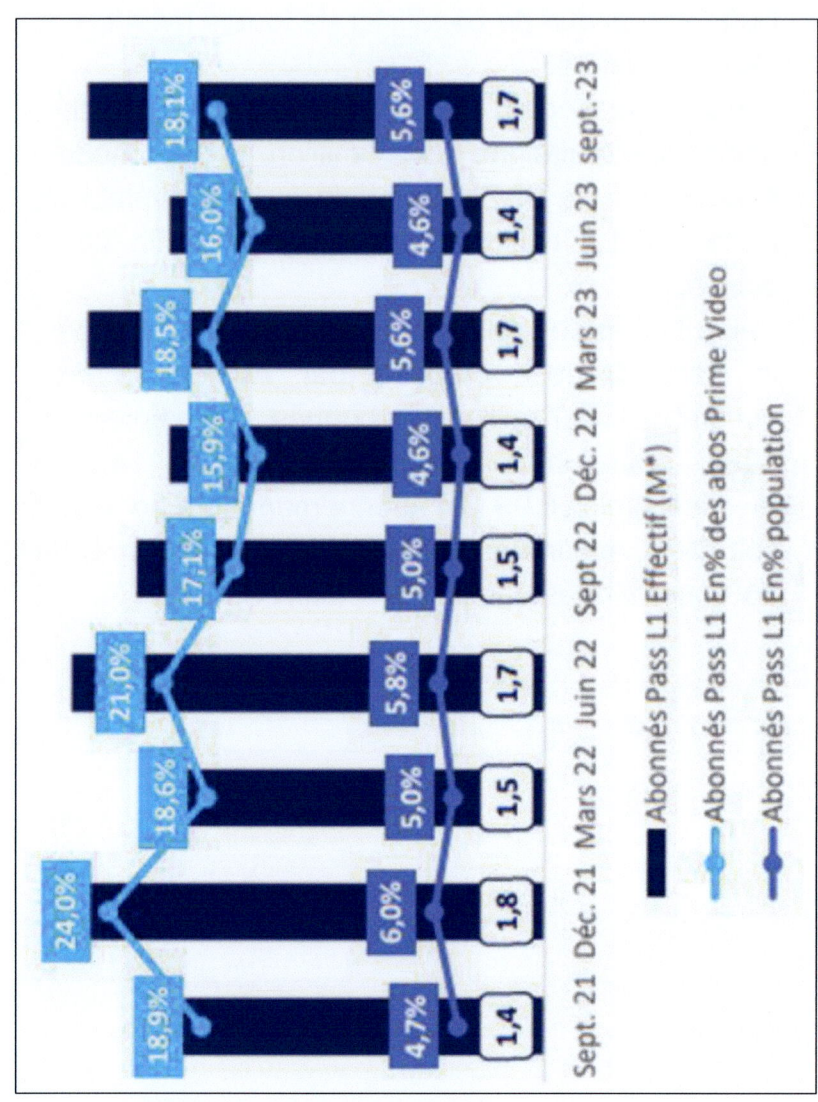

2.8.3. Les opérations de sponsoring

Sur les dernières saisons 2020-2021 à 2022-2023, la part des recettes de sponsoring représente autour de 30 % du total des revenus commerciaux.

Comment analyser la valeur perçue par les sponsors ? Sachant que ces revenus constituent la deuxième source de produits, après les droits de diffusion.

Pour évaluer la performance d'une opération de sponsoring, il semble nécessaire de se focaliser sur quelques indicateurs susceptibles de nous aider à mesurer le retour sur investissement. L'indicateur le plus représentatif consiste apprécier l'évolution du chiffre d'affaires et des parts de marché. Cependant, face à la multitude des opérations de marketing et de communication, il convient de limiter l'impact du sponsoring sur l'augmentation des ventes.

La mesure des retombées médias contribue à évaluer l'impact des opérations de sponsoring sur le nombre de contacts afin d'en produire un équivalent en potentialité de chiffre d'affaires.

À cette incertitude, on ajoutera la difficulté à mesurer la qualité de l'exposition média. La mesure de la rentabilité du sponsoring traduit son impact sur la notoriété et l'image de la marque. Au-delà de voir dans quelle mesure l'association de la marque à un club peut être vue comme légitime et crédible, ce qui démontrera le transfert de valeur, il s'agira de bien définir si le gain de notoriété provient de l'opération de sponsoring ou d'autres opérations de communication. Cet ensemble d'indicateurs caractérise un processus long et fragile.

De plus, de nombreuses incertitudes externes aux événements sportifs risquent d'altérer les opérations de sponsoring, parmi lesquelles on rencontre :

- La conduite exemplaire des sportifs, comme une condition indispensable à la réussite de l'opération de sponsoring.
- L'image agressive des événements sportifs.
- L'importance des fonds investis face à un équilibre sportif prévisible.
- Les aléas quant aux résultats sportifs.
- Les nombreuses incertitudes quant aux retombées.
- Les difficultés pour évaluer l'efficacité des opérations de sponsoring.

Les multiples incertitudes sportives, l'ambivalence du sponsoring, la versatilité des acteurs économiques et la recherche de la maximisation de ces actions de communication, s'inscrivent dans la poursuite d'une anticipation

de valeur, par une appropriation de la valeur future à partir des « *marchandises d'ordre 2* **».**

De même, la multitude de contractualisations avec des partenaires, ayant pour finalité des engagements de sponsoring, exprime la velléité de s'approprier la valeur anticipée, hors de toute production réelle. Dans cette organisation, les clubs émettent des factures auprès des différents sponsors, qui deviendront des créances, mobilisées auprès des institutions financières afin d'obtenir des ressources anticipées.

Le club vendeur dispose immédiatement de la valeur ou d'un titre de créance qu'il peut mobiliser pour obtenir d'autres ressources financières. Le club acheteur ou l'investisseur bénéficie d'un actif supplémentaire qu'il pourra négocier durant la période contractuelle, pour produire une valeur future.

Ainsi, vous opérez une distinction entre le pur capital argent composé de marchandises issues des marchés de capitaux et le capital qui dépend de ce qui se trouve investi dans l'économie réelle.

2.9. Capital fictif dans l'économie du football

Karl Marx utilise le concept de « *capital fictif* [41] » pour décrire les opérations financières sans valeur d'usage. Dans la terminologie de Karl Marx, des actions et des titres de créance représentent du « *capital fictif* ».

Il s'agit de mécanismes financiers dont la description de la sophistication n'a d'égale que leur capacité à engendrer des désastres, parce que des techniques comme la titrisation, ou les marchés de produits dérivés engendrent les seuls effets attendus : une spéculation sans bornes et, un effondrement boursier.

Mais la réponse est tout autre si l'on relie la financiarisation à l'instauration d'un nouvel ordre social, soit la destruction d'un type de rapport salarial, du droit du travail et d'une protection sociale par le remplacement d'un autre type de rapport fait de précarité et de flexibilité.

Il importe de contrebalancer la grande dévalorisation de valeur d'usage décrite par Norbert Trenkle et Ernst Lohoff dans « *La grande dévalorisation* », dévalorisation qui se comprend par la rationalisation,

---

[41] - *Karl Marx, Jean-Pierre Lefebvre - Manuscrits de 1857-1858 dits « Grundrisse », Mai 2011.*

la numérisation, l'automatisation et l'apprentissage machinique. La production des biens et des services n'offre plus des possibilités de rémunérations minimales aux salariés, ce qui illustre les causes de leurs dévalorisations, face à la diminution du nombre de consommateurs en capacité de les acheter. Ce qui conduit à la contrainte de l'endettement pour les salariés afin de remplacer la diminution de leur pouvoir d'achat.

Cependant, il ne faut pas comprendre par « *fictif* » que ce capital n'existerait que dans la tête des deux partenaires de l'échange. Car dès qu'il peut être revendu comme marchandise, le reflet autonomisé du capital d'origine peut mener une vie propre. Il devient une force sociale réelle de la richesse capitaliste qui peut alimenter le cycle économique tout aussi bien qu'un capital, qui doit son existence à une réelle exploitation de travail. Pour fournir un exemple, un club de sport devient tout à fait indifférent au fait de savoir si ses partenaires représentent des entreprises se déployant dans l'économie réelle, ou une banque qui exerce son activité sur les marchés financiers, en bénéficiant du capital « *fictif* » gagné à la Bourse.

Si l'on pousse ces réflexions jusqu'au bout, alors la richesse capitaliste générale actuelle se compose toujours de deux éléments différents.

D'un côté de la valeur que le capital a accumulée en exploitant du travail vivant lors de la production de « *marchandises d'ordre 1* ». De l'autre, des transactions financières, qui opèrent avec l'objectif d'une capture anticipée de production de valeur future sous la forme de « *marchandises d'ordre 2* ».

Il ne s'agit pas seulement des capitaux particuliers qui se voient condamnés à s'accroître ou à disparaître, mais aussi de l'ensemble du système de la richesse capitaliste. En principe, le capital social global peut se développer de deux manières, soit en augmentant la production de valeur réelle à travers le renforcement de l'exploitation de travail immédiat dans la production de « *marchandises d'ordre 1* », soit en accentuant l'anticipation de valeur par une confiscation avancée de valeur future à partir des « *marchandises d'ordre 2* ». Fondamentalement la richesse capitaliste s'appuie sur les deux secteurs de l'univers de la marchandise qui s'insèrent dans le système économique.

Dans l'univers du football, les clubs disposent de la possibilité de développer leur capital global de deux manières. Soit par l'augmentation de la production de valeur réelle permise par l'exploitation du travail abstrait immédiat dans la production de biens et de servies de

« *marchandises d'ordre* 1 », soit en renforçant l'anticipation de valeur par une appropriation de la valeur future à partir des « *marchandises d'ordre 2*.

Équilibre du développement

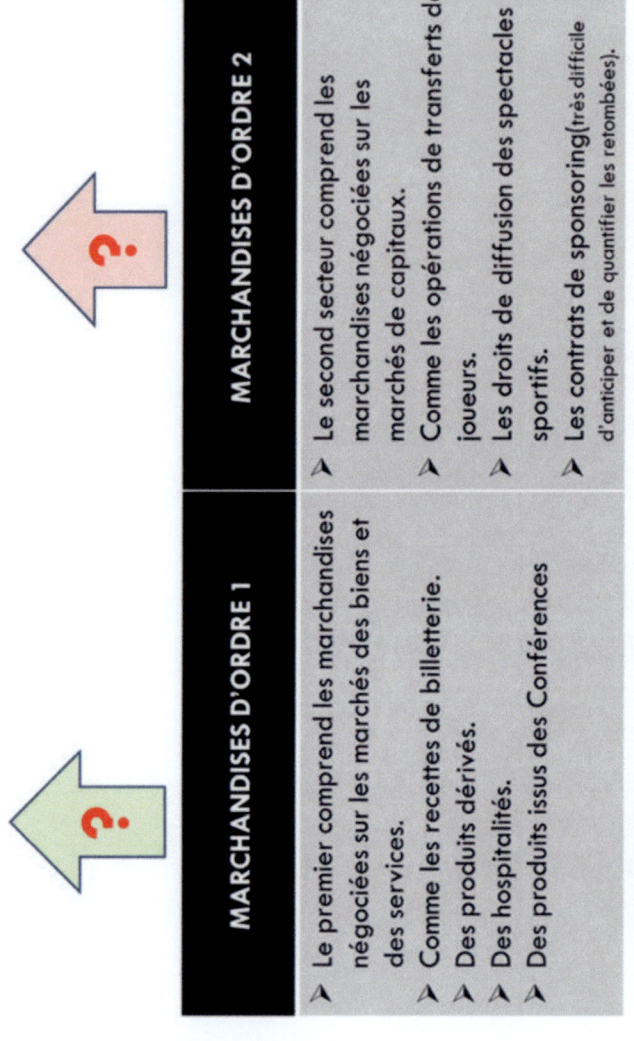

Ainsi, les choix de développement des clubs de football professionnel devront être arbitrer entre les orientations stratégiques engageant l'accroissement des revenus issus « *des marchandises d'ordre 1* », ou celles conduisant à la continuité des actions actuelles, soit la priorité donnée aux revenus issus « *des marchandises d'ordre 2* ».

Ces décisions fondamentales pour l'avenir des clubs de football traduiront leur volonté de s'émanciper de la dépendance des opérations de mutations des joueurs, des droits audiovisuels et des sponsors. Il s'agira de rechercher un équilibre subtil entre les revenus issus de chaque typologie de marchandises et un arbitrage durable et pérenne entre les différentes catégories de « *marchandises d'ordre 2* », afin de sortir de l'addiction aux revenus faisant « *commerce avec l'avenir* ».

2.10. Innovation et création de valeur dans l'économie du football

Fondamentalement, il existe deux processus qui font partie du développement des forces productives et les effets de l'innovation sur le système de la production de valeur.

Effets de l'innovation sur la création de valeur

INNOVATION DES ou EN PRODUITS	INNOVATION DES PROCESSUS DE PRODUCTION
➤ Création de nouveaux secteurs d'exploitation de travail ➤ Extension de la production de valeur	➤ Eviction du travail vivant hors des secteurs de transformation existants ➤ Rétrécissement de la production de valeur

> **L'innovation de produit correspond à la création d'un produit ou d'un service nouveau, ou encore à une amélioration importante d'un produit ou d'un service déjà existant.**

> **L'innovation de procédé correspond à la création de nouvelles techniques, méthodes ou processus de production et/ou de commercialisation.**

> **Enfin l'innovation organisationnelle correspond à la création d'une nouvelle organisation du travail ; elle s'apparente à l'innovation de procédé.**

Par les avantages sur les entreprises concurrentes qu'elle engendre, l'innovation de produit ou de procédé représente un réel enjeu pour l'entreprise. L'innovation de produit devient la source d'une « *rente de monopole temporaire*[42] », composée de superprofits, car l'entreprise innovante, seule à détenir et à fournir le produit, dispose donc d'une position de monopole et peut en fixer le prix au niveau qu'elle désire, soit un prix supérieur au coût marginal, en tenant compte des conséquences sur la demande notamment. Il s'agit d'un moyen pour conquérir de nouveaux marchés et de nouveaux clients, mais elle peut être aussi un moyen de

---

[42] - *Joseph Alois Schumpeter - Théorie de l'évolution économique, 1912.*

renouveler ou élargir une gamme de produits et de services, d'augmenter leur qualité et de favoriser, finalement, la compétitivité hors prix pour l'entreprise.

Lors des phases dans lesquelles les nouvelles technologies s'expriment dans la création de nouveaux produits qui se vendent en tant que biens et services, leur introduction permet la création de nouveaux champs d'exploitation du travail. Les produits innovants élargissent alors la base de la production de richesse capitaliste.

Alors que les processus innovants sur la transformation des méthodes de production visent à produire plus de biens et de services avec moins de travail vivant et donc à tarir la source de la production de valeur. En conséquence, le rapport de proportion entre ces deux facteurs d'innovations va déterminer si la base de la valorisation va s'accroître ou se contracter au cours d'une phase particulière du développement capitaliste.

Dans les périodes où dominent les produits innovants, le système de production de valeur s'accroît. Et quand les processus de production innovants deviennent dominants, le système de production de valeur se contracte.

La troisième révolution industrielle, et première période des grandes innovations technologiques ayant vu le jour, représente la véritable héritière de l'application des recherches scientifiques. Le rapport de proportion entre les produits novateurs et les processus de productions innovants s'inverse. La microélectronique représente la technologie de rationalisation par excellence, le travail vivant supplémentaire, dépensé pour la production de biens et de service, comme les ordinateurs, les téléphones portables ou les produits industriels, devient sans rapport avec le travail productif de valeur, abandonné suite à l'application de l'automatisation et la numérisation.

Dans l'univers économique du football, il convient de vérifier le rapport de proportion entre les produits et les services innovants et les processus d'innovations. **En application des modèles de création de valeur, la compréhension de ce rapport nous conduira à expliciter les évolutions en cours et à venir dans cet environnement sportif. L'analyse des différentes origines de la création de valeur décrira les orientations retenues par les clubs de football.**

Orientations possibles des ventes selon le type de marchandise

MARCHANDISES D'ORDRE 1	MARCHANDISES D'ORDRE 2
Le premier comprend les marchandises négociées sur les marchés des biens et des services. ➢ Comme les recettes de billetterie. ➢ Des produits dérivés. ➢ Des hospitalités.	Le second secteur comprend les marchandises négociées sur les marchés de capitaux. ➢ Comme les opérations de transferts de joueurs. ➢ Les droits de diffusion des spectacles sportifs. ➢ Les contrats de sponsoring(très difficile d'anticiper et de quantifier les retombées).
Valeur d'échange + Valeur d'usage ou utilité	**Valeur d'échange sans Valeur d'usage ou utilité**

Proportion des ventes par type de marchandise d'Ordre 1 et d'Ordre 2 - Ligue 1

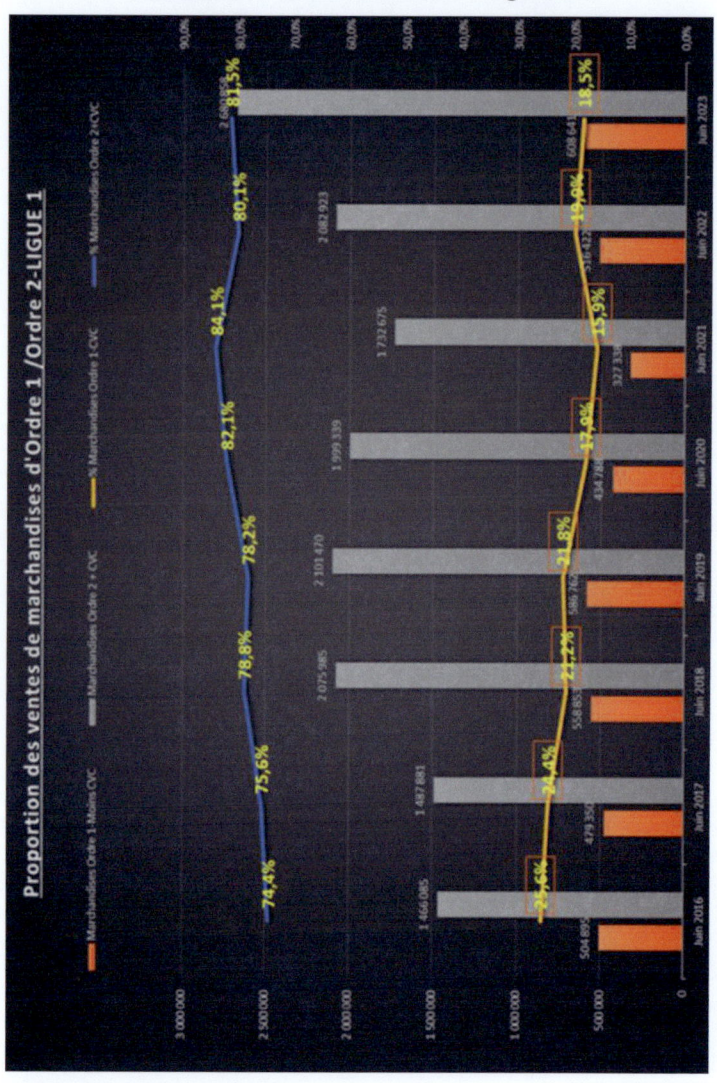

Proportion des ventes par type de produits - Ligue 1

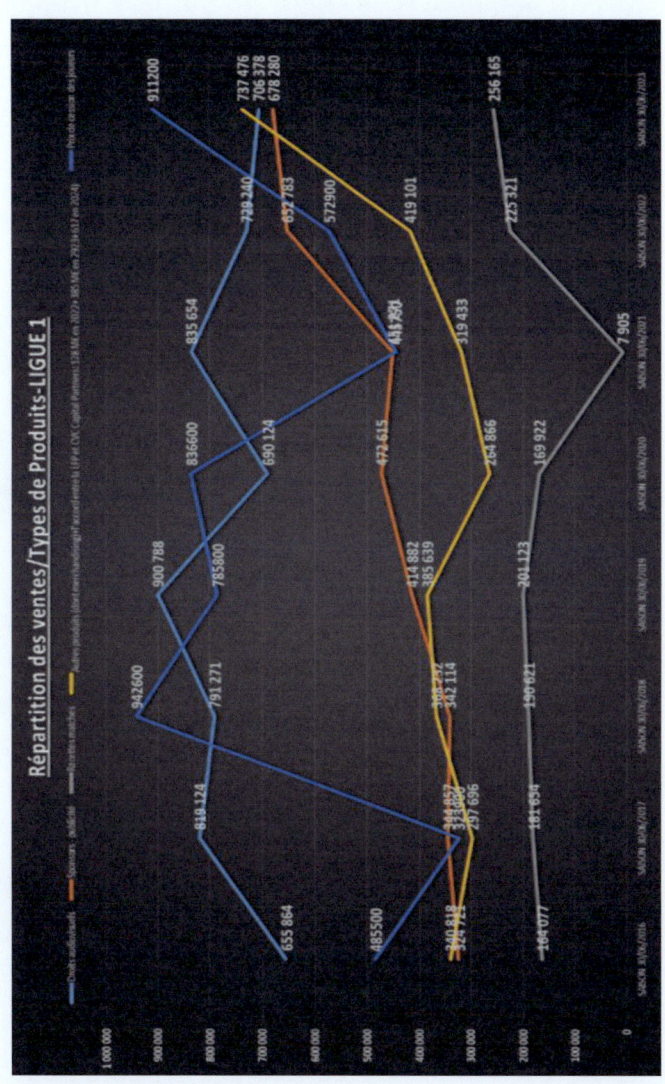

Les résultats présentés relatifs à l'évolution des différentes activités des clubs de Ligue 1 traduisent les interprétations suivantes :

- La part des « *marchandises d'ordre 1* » du 30 juin 2016 au 30 juin 2023 décroît de 25,6 % à 18,5 % du total des ventes et constitue de la richesse en ce qu'elle représente de la valeur réellement créée, du travail abstrait réalisé.

- Sur la même période, la part des « *marchandises d'ordre 2* » représente la part la plus importante qui progresse de 74,4 % à 81,5 %, et n'exprime pas une valeur déjà réalisée, mais constitue une valeur dont on attend qu'elle soit produite.

- On voit bien que l'ensemble des clubs de la Ligue 1 fondent leur développement sur « *les marchandises d'ordre 2* », qui représentent de la richesse à venir parce qu'elles expriment de la production de valeur future, de la dépense de travail abstrait à venir.

- Cette structure économique fonctionne comme les modèles de transactions financières qui encouragent une capture anticipée de production de valeur future.

- La répartition des ventes par types d'activités traduit ce modèle économique de développement, dans lequel les recettes issues de la billetterie et les autres produits constituent une faible part du total vendu.

- La partie relative « Autres produits », inclut les apports issus du contrat CVC Capital Partners, soit : 128 M€ en 2022 + 385 M€ en 2023 + 617 prévus en 2024.

Proportion des ventes par type de marchandise d'Ordre 1 et d'Ordre 2 – CAS : OL

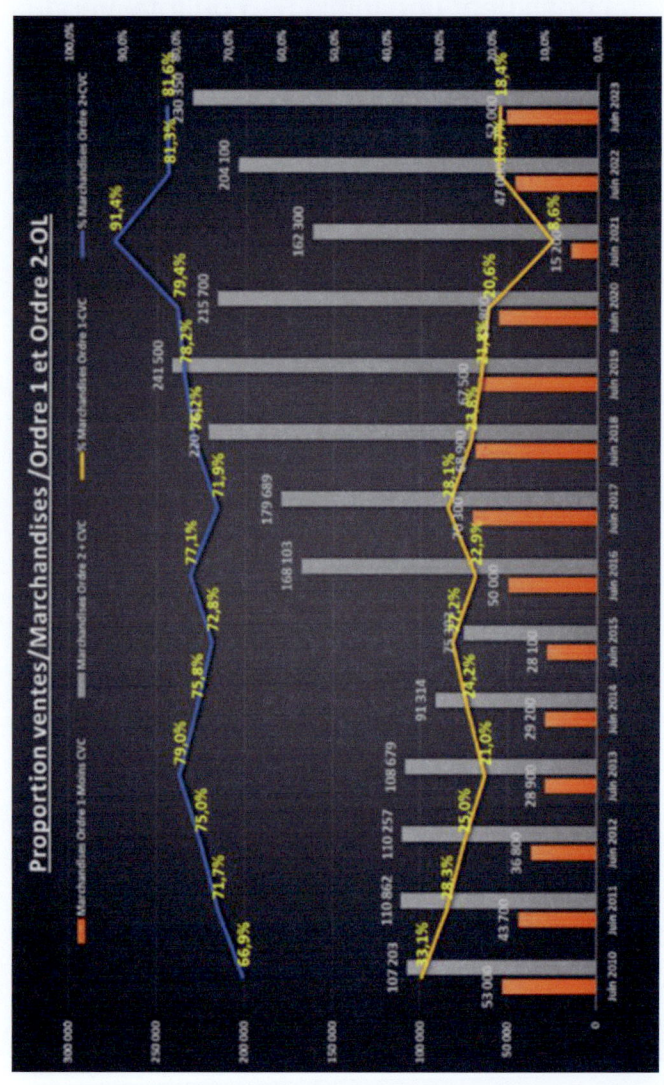

Exemple répartition Ventes/Produits – OL

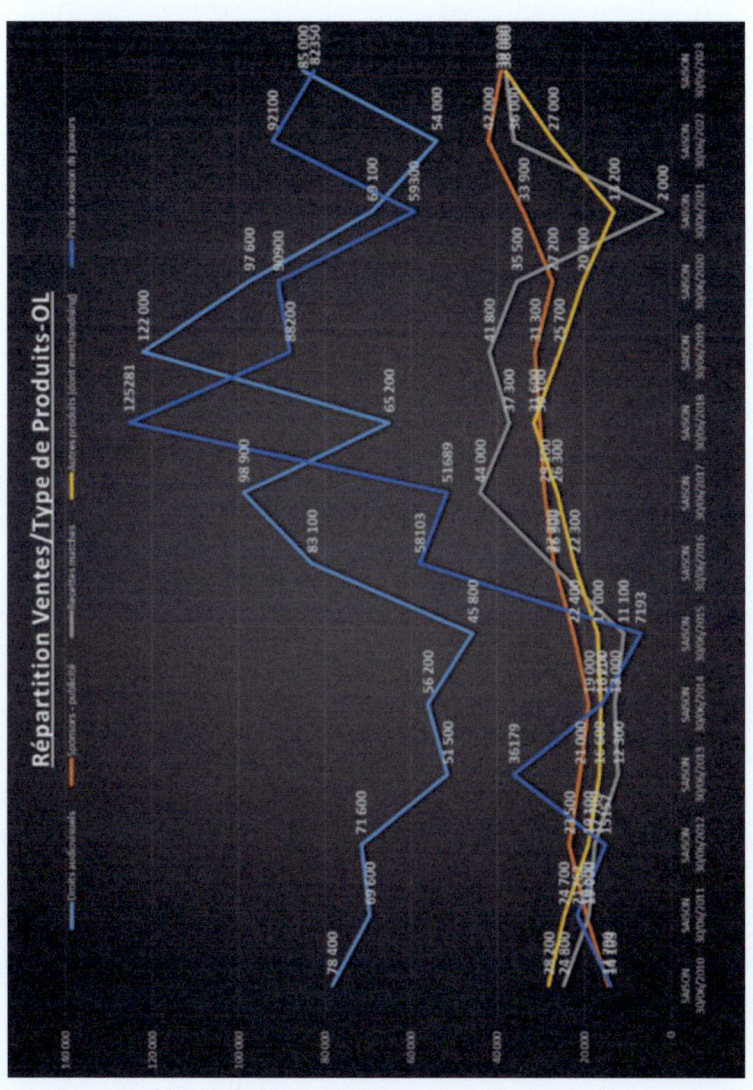

Les résultats présentés relatifs à l'évolution des différentes activités de l'Olympique Lyonnais traduisent les interprétations suivantes :
- La part des « *marchandises d'ordre 1* » depuis l'année 2010 jusqu'à celle de 2023 régresse de 33,1 % à 18,4 % du total des ventes et constitue de la richesse en ce qu'elle représente de la valeur réellement créée, du travail abstrait réalisé. On constate une nette dégradation de la part des ventes de ce type de « *marchandises d'ordre 1* ».
- Sur la même période, la part des « *marchandises d'ordre 2* » ne cesse de progresser pour représenter la part la plus importante, passant de 66,9 % à 81,6 %, et n'exprime pas une valeur déjà réalisée, mais constitue une valeur dont on attend qu'elle soit produite.
- Concernant le cas de l'Olympique lyonnais, on voit bien que ce club organise son développement sur « *les marchandises d'ordre 2* » qui représentent de la richesse à venir parce qu'elles expriment de la production de valeur future, de la dépense de travail abstrait à venir.
- Cette structure économique fonctionne comme les modèles de transactions

financières qui encouragent une capture anticipée de production de valeur future.

- De même que pour la Ligue 1, la répartition des ventes par types d'activités traduit ce modèle économique de développement, dans lequel les recettes issues de la billetterie et les autres produits constituent une faible part du total des revenus.

Quelles conséquences peut-on retirer de cette évolution ?

2.11. Conséquences de l'innovation sur la création de valeur dans l'économie du football

Si l'on aborde les processus innovants à l'origine de nouveaux systèmes de production qui aboutissent à une quantité croissante de biens et de services, produite avec de moins en moins de travail vivant, alors la quantité de valeur ainsi obtenue tend vers sa dévalorisation. **Ainsi, le rapport de proportion entre les « *marchandises d'ordre 1* », et les « *marchandises d'ordre 2* » va caractériser si le fondement de la création de valeur va s'accroître ou se contracter au cours d'une phase particulière du développement économique du football.**
Durant les phases économiques pendant lesquelles triomphent les produits et les services innovants, le système économique du football s'accroît en produisant plus de valeur. Lorsque les processus de production innovants se développent pour devenir prépondérants, le système économique du football se resserre en réduisant sa production de valeur.

Taux de la plus-value produite de la Ligue 1

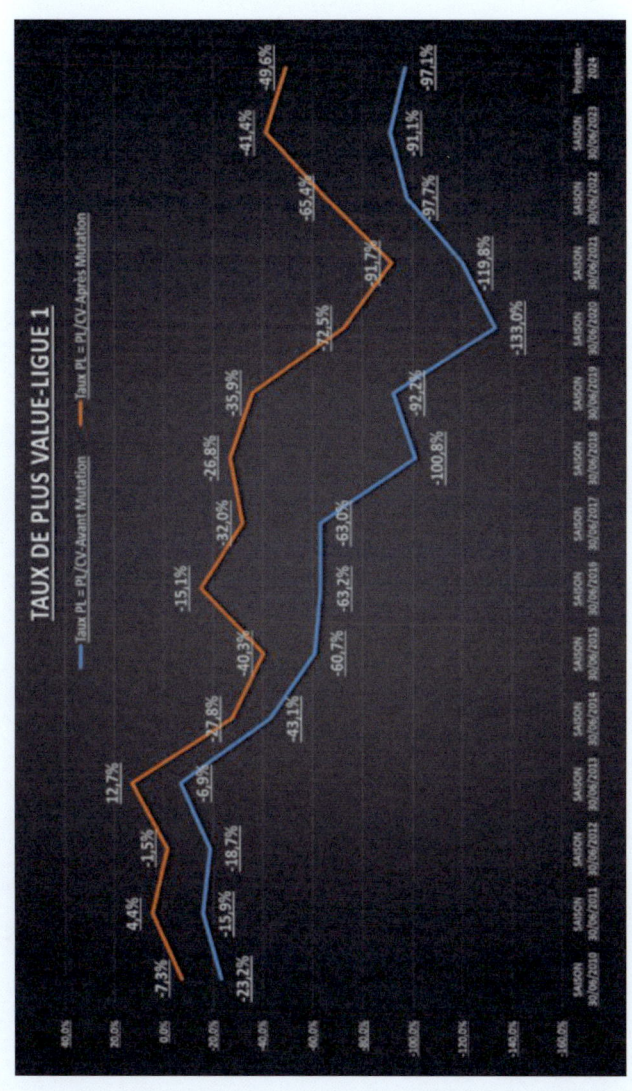

Taux de la plus-value produite par l'Olympique Lyonnais.

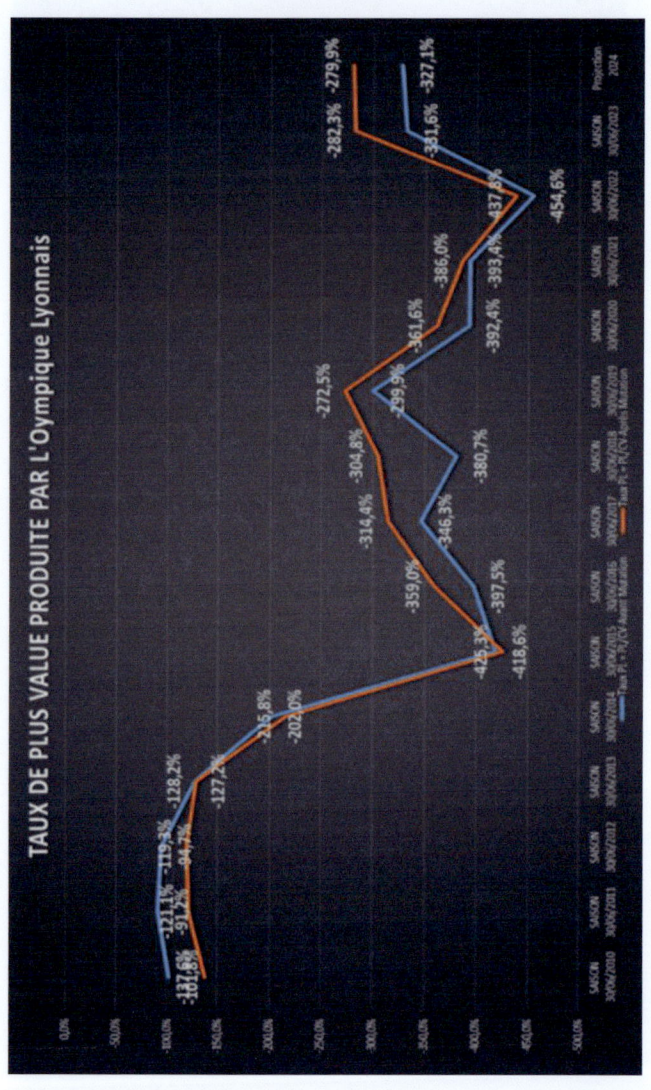

L'univers économique du football nous montre une relative innovation dans la création de nouveaux produits ou de services différenciants et innovants. Alors que les propositions de nouvelles activités offertes par la mise en œuvre des nouvelles technologies contribueraient à la création de nouveaux biens et services, l'analyse nous démontre un périmètre de revenus identiques et réduit aux seules ressources commerciales historiques. L'absence de nouvelles « *marchandises d'ordre 1* », créatrices de nouveaux champs de production de richesse capitaliste, limite la performance économique des clubs de Ligue 1.

Par contraste, il s'agit de noter que l'économie du football développe des processus innovants afin d'adapter des systèmes de production qui visent à produire plus de biens et de services avec moins de travail vivant et donc à tarir la source de la production de valeur. Le rapport de proportion entre les « *marchandises d'ordre 1* » et les « *marchandises d'ordre 2* » s'inverse. Le recours à des solutions numériques et à l'automatisation conduit vers des pratiques de rationalisation qui réduisent la production de valeur.

Équilibre du développement par types de marchandises

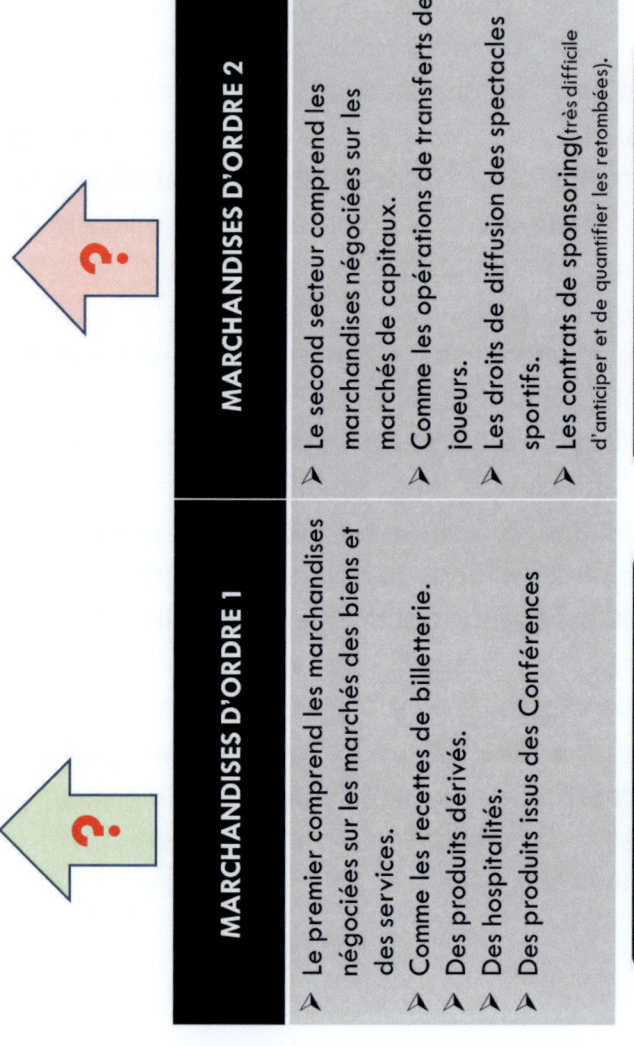

Croisement du concept de marchandises et d'innovation

	INNOVATION DES ou EN PRODUITS ➢ Création de nouveaux secteur d'exploitation de travail ➢ Extension de la production de valeur	**INNOVATION DES PROCESSUS DE PRODUCTION** ➢ Éviction du travail vivant hors des secteurs de transformation existant ➢ Rétrécissement de la production de valeur
MARCHANDISES D'ORDRE 1 Marchandises négociées sur les marchés des biens et des services.	➢ Recettes liées au développement des activités comme les Conférences, séminaires, spectacles, évènementiels	➢ Innovation des process de production ➢ Numérisation ➢ Autonomisation des acteurs
MARCHANDISES D'ORDRE 2 Marchandises négociées sur les marchés de capitaux.	➢ Développement de modèles multi-activités durables ➢ Développement du Concept de « stade passif. » ➢ Développement du Concept de « stade éphémère. »	➢ Innovation des process de développement ➢ Innovation conception de solution ➢ Innovation durable

Selon ce nouveau modèle de développement, il s'agirait de réorienter l'expansion des clubs de football et plus généralement les activités sportives, vers des pratiques privilégiant :

> Des activités fondées sur la création de nouveaux espaces de production de valeur, à partir de solutions innovatrices destinées à viser la pérennisation et la stabilisation des ressources.

> Des investissements durables organisés autour d'une dynamique marketing afin de multiplier la mise en œuvre de nouveaux concepts inexploités, comme des espaces de production « *passifs* » et/ou éphémères.

> Ces nouveaux moyens de productions durables engageraient les clubs de football et les autres secteurs sportifs vers la recherche de valeur produite par de la valeur d'utilité et de la valeur d'usage avant d'être échangée.

> Cette catégorie d'investissement innovant répondrait à des besoins complémentaires et ouvrirait d'autres univers marchands.

> Au-delà, l'utilisation de ces moyens de production pourrait faire l'objet de contrats de location auprès de prestataires d'événementiel, négociés sur les marchés.

➢ Dans ce modèle de développement, il s'agit d'imaginer et de concevoir des solutions créatrices de production durable et généralisable pour l'ensemble des acteurs économiques.

2.12. L'origine de la croissance dans l'économie du football

L'origine de la croissance

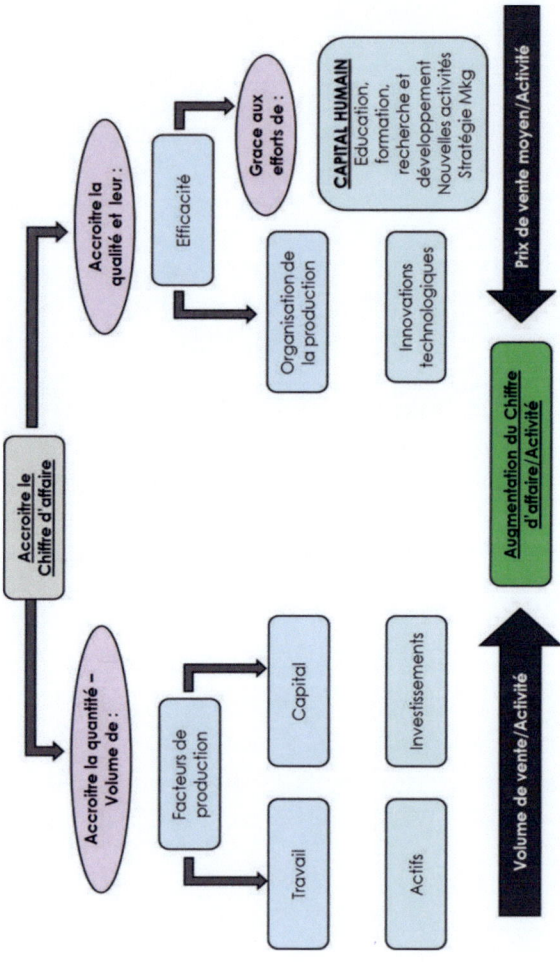

214

Ce schéma montre les différentes origines de la croissance économique qui conduit à la production de chiffre d'affaires.

La croissance économique se comprend à partir de :
- L'augmentation des quantités de travail.
- L'augmentation du capital et des actifs
- L'augmentation de la **P**roductivité **G**lobale des **F**acteurs ou les **PGF**

On rapporte les **PGF** au progrès technique que représentent :
- Le progrès des technologies.
- L'efficacité dans l'utilisation des facteurs de production.
- L'efficacité d'une meilleure organisation de la production.

On peut établir comme la condition de production de chiffre d'affaires l'équation des revenus suivante :
- **<u>Chiffre d'affaires = Quantité ou volume de production vendue * prix de vente moyen par unité vendue</u>**

Selon cette équation, nous pouvons déterminer les conditions de variations de chaque dimension, soit le volume, soit le prix.

Ainsi, à partir des différents **facteurs de production** utilisés, que sont :

- La quantité de travail ;
- La quantité de capital ;
- La quantité d'actif et d'investissements ;

On peut expliciter que l'ensemble des quantités de ces facteurs-là, constituent les conditions de variations d'une activité et contribuent à l'augmentation du chiffre d'affaires en **volume d'unités vendues.**

Ainsi, à partir de la mesure **de l'efficacité relative** à l'utilisation des facteurs de production mobilisés, qui dépend :

- De l'organisation de la production ;
- Des innovations technologiques ;
- Permis par les **efforts issus du Capital Humain**, comme l'éducation, la formation, les nouvelles compétences acquises, la recherche et le développement, les nouvelles activités et les nouvelles stratégies marketing déployées ;

Il devient possible d'expliciter que l'efficacité des facteurs de production engagés, représente les conditions de variations de la qualité et de la performance en produisant de la valeur d'utilité et de la valeur d'usage, qui conduira à l'augmentation du chiffre d'affaires à **partir de prix** au-dessus de la moyenne.

Ainsi, sous cette nouvelle approche, l'équation du chiffre d'affaires devient :

> **Chiffre d'affaires = Quantité ou volume de facteurs de production * efficacité des facteurs de production engagés**

Le progrès technique n'est pas contraint par la loi des rendements décroissants car il constitue une ressource partagée, non excluable et non concurrente.

L'accumulation de ce progrès technique ne coûte donc quasiment rien et permet d'accroître la production. Celle-ci augmentera donc plus vite que l'augmentation des coûts liés aux besoins du progrès technique. Les rendements deviendront donc croissants.

Quels sont les sources de la croissance économique et les défis qu'elle induit pour les clubs de football ?

2.13. Forme de la croissance dans l'économie du football

La croissance économique représente l'augmentation de la production à la fois de biens et de services sur le long terme. Cette croissance économique se mesure grâce à un indicateur, le taux de croissance du chiffre d'affaires.

D'où proviennent les origines de la croissance économique et plus précisément les facteurs de cette croissance économique ?

Pour les origines, on va opposer deux grandes écoles, la croissance extensive d'un côté et la croissance intensive de l'autre.

Les auteurs comme Robert Solow dans « *Théorie de la croissance économique*[43] », ainsi que tous les autres modèles à croissance exogène, se fondent sur une analyse du rapport entre l'augmentation des facteurs de production et la croissance, en mettant de côté les aspects intensifs de la croissance tels que l'innovation, les gains de productivité et le développement du capital humain. Ces auteurs retiennent que la croissance extensive s'explique par une hausse de

---

[43] - Robert Solow - Théorie de la croissance économique : 1970, A. Colin.

la quantité de facteurs de production utilisés dans une économie.

En d'autres termes, ces auteurs insistent sur l'importance d'accumuler des facteurs de production. Pour eux, très concrètement, cela signifie une croissance économique qui provient de la hausse du facteur travail utilisé dans l'économie. Comme, par exemple, en augmentant le nombre de salariés travaillant dans une économie et d'autre part, en augmentant la durée du travail. D'un autre côté, il faut également augmenter et accumuler du facteur capital qui regroupe les biens de production immobilisés. Si l'on augmente ces moyens de production, cela illustre la capacité d'investissement d'un club.

Rapidement, les économistes ont pointé du doigt un danger. Ils mentionnent le fait que cette croissance extensive, liée à une accumulation, pouvait se heurter à ce qu'ils définissent comme la loi des rendements décroissants. Concrètement, ils démontrent le fait qu'en augmentant le nombre de travailleurs dans une entreprise ou un club, en augmentant les investissements matériels ou immatériels, au fur et à mesure du processus productif, le profit marginal et le profit total réalisé par la dernière unité produite, suite aux investissements engagés et à la baisse continue de la productivité, tend vers une diminution accélérée.

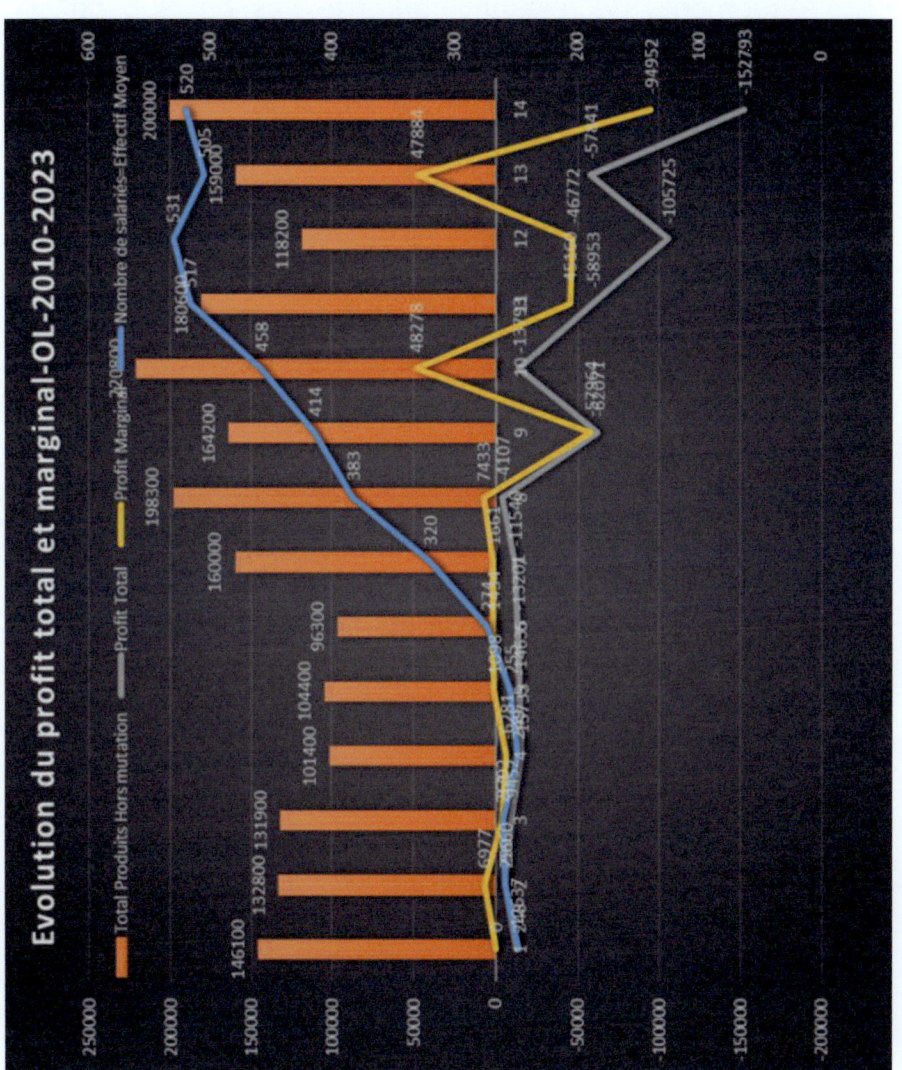

L'exemple ci-dessus illustre bien cette loi des rendements décroissants dans le cas du club de football de l'Olympique lyonnais durant les saisons de 2010 à 2023. La diminution régulière de la productivité et la stagnation du total des produits vendus durant les 13 dernières années traduisent bien une diminution régulière du profit marginal et du profit.

Le constat montre une dégradation constante de la productivité marginale du travail, les saisons pendant lesquelles celle-ci progresse correspondent à des ventes importantes de joueurs.

On vient de voir que la croissance économique pouvait être dite extensive, être liée à l'accumulation des facteurs de production. Mais les économistes ont mis en avant l'idée que la croissance économique pouvait aussi provenir d'autres facteurs.

Elle se définit comme intensive, c'est-à-dire qu'elle pouvait être reliée, non pas à l'accumulation des facteurs de production, mais à la hausse de la productivité de ces mêmes facteurs de production.

2.14. Mesure de la croissance dans l'économie du football

<u>Croissance extensive et intensive.</u>
En 1957, Robert Solow[44] se rend compte que la croissance économique ne devient pas de plus en plus faible, que la croissance économique ne devient pas nulle. On est dans les « *30 glorieuses* », une période de forte croissance économique et Robert Solow justifie que ni l'accumulation des travailleurs, ni l'accumulation des investissements matériels, n'expliquent l'essentiel de la croissance économique. Robert Solow dit même que depuis le XIXe siècle, et plus précisément depuis le milieu du XIXe siècle, depuis la période de forte croissance générée par la révolution industrielle, seulement 25 % de la croissance économique provient de cette accumulation des facteurs de production.

Par conséquent, il reste un élément à découvrir. Il reste quelque chose d'autre qui explique cette part de croissance économique. Robert Solow dit qu'il reste même un « *résidu* », qu'il va relier à la productivité, en d'autres termes, à l'efficacité des facteurs de production. Robert Solow utilise ici le

---

[44] - *Robert Solow - Théorie de la croissance économique* : 1970, A. Colin.

concept du progrès technique qui, pour lui, explique les fameux 75 % restants de la croissance économique.

Le progrès technique regroupe l'ensemble des innovations qui vont transformer à la fois les produits mais également les activités productives et générer ainsi une forte productivité. Robert Solow dit que l'impact du progrès technique, à la fois sur la productivité et de facto, également sur la croissance économique, se mesure par un outil « *la Productivité Globale des Facteurs de production* », que l'on peut également appeler PGF.

Cette PGF se mesure en retranchant de la croissance du chiffre d'affaires tout ce qui est lié à une utilisation, de plus en plus importante du facteur travail et du facteur capital, soit en retirant tout ce qui est lié à une accumulation des facteurs de production, et donc tout ce qui est à l'origine de la croissance extensive. La PGF permet donc de mesurer statistiquement la croissance économique qui est liée à la croissance dite intensive.

Facteurs de croissance extensive/intensive

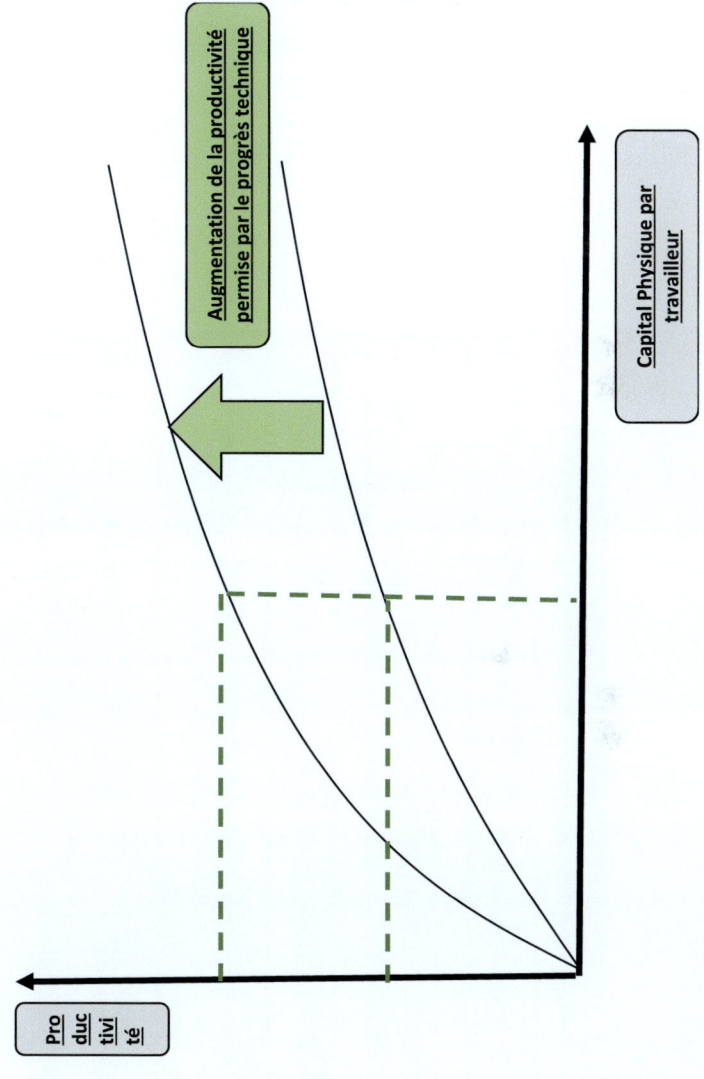

Mesure de la croissance extensive et croissance intensive de la Ligue 1

Taux de croissance/an	Croissance annuelle totale			
	Totale	Travail	Capital	
	14%	5%	9%	
Part de la croissance dans la production totale		20%	80%	
Effets sur la croissance		1,00%	7,20%	
Croissance Extensive		8,20%		Augmentation des facteurs de production (Capital + travail)
Croissance Intensive		5,80%		La croissance « résiduelle » traduit l'efficacité des facteurs de productions.

Le modèle ci-dessus illustre l'origine de la croissance obtenue, mesurée selon la forme de celle-ci, soit extensive, soit intensive.

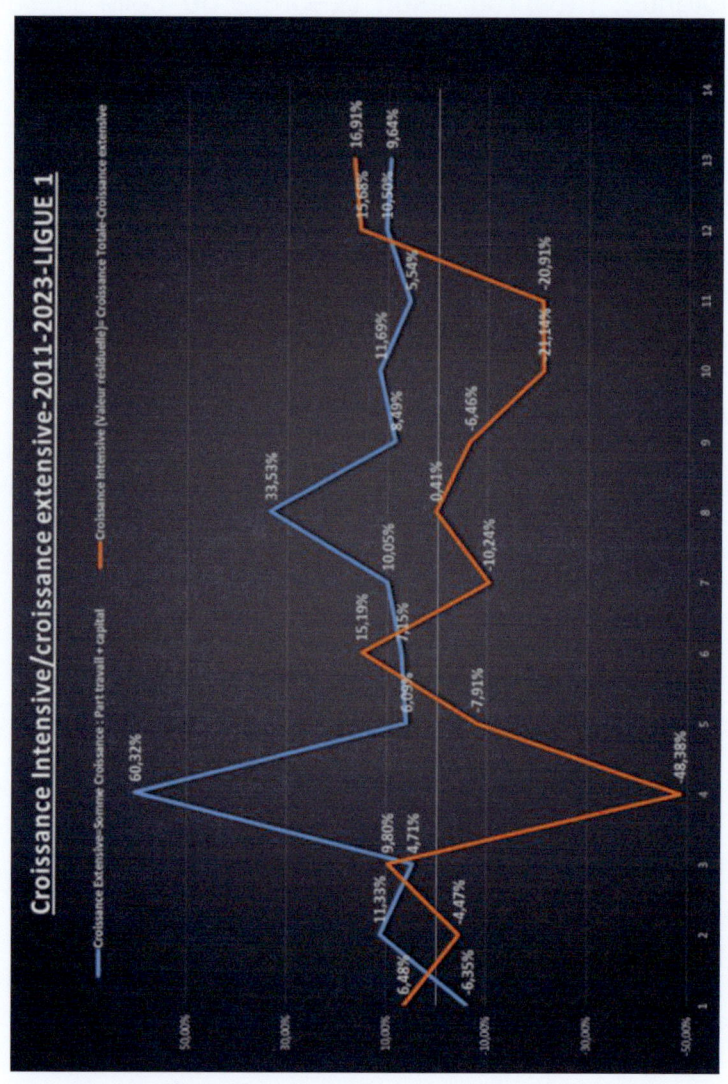

On peut constater que, dans le cas de l'économie du football concernant la Ligue 1, les résultats pris en compte expriment une croissance qui a pour origine une forme majoritairement extensive, qui traduit une structure de production fondée sur l'accumulation des facteurs de capitaux et de travail.

La croissance « *résiduelle* » résulte de l'efficacité quant à l'exploitation des ressources mobilisées. Ainsi, la part de la croissance obtenue sur la période 2010 à 2023 se décompose en deux tiers de croissance extensive et un tiers de croissance intensive. Ce résultat traduit une faible efficacité des facteurs de production engagés.

Durant les saisons 2022 et 2023, la croissance devient plus intensive, marquée par les apports du contrat CVC Capital Partners pour 128 M€ en 2022 + 385 M€ en 2023, associée à une augmentation des revenus issus du sponsoring, et une accélération importante des ventes de joueurs.

- Effets de l'innovation sur les PGF (Productivité Globale des Facteurs de production).

Le terme d'innovation, très important, provient en grande partie d'un auteur, Joseph Schumpeter[45], qui

---

[45] - *Joseph Alois Schumpeter - Théorie de l'évolution économique, 1912.*

évoque le fait qu'une innovation peut se décliner sous cinq formes différentes.
- L'innovation de produits.
- L'innovation de procédés.
- L'innovation de modes de production.
- L'innovation de débouchés.
- L'innovation de matières premières.

Alors quelles sont les origines du progrès technique ?

Deux théories s'affrontent, celle qui considère que le progrès technique est exogène et celle qui considère que le progrès technique est endogène.

D'un côté, on considère que le progrès technique provient d'une source extérieure à l'économie, soit le progrès technique dit exogène. De l'autre côté, on considère que le progrès technique provient d'une source interne à l'économie, soit le progrès technique dit endogène.

Concernant le progrès technique exogène, Robert Solow évoque le fait que le progrès technique, essentiel pour la croissance économique, ne provient pas directement de l'intérieur de l'économie. Il énonce que ce progrès technique provient de découvertes scientifiques fondamentales, mais que ces découvertes scientifiques « *tombent du ciel* », selon l'expression de Robert Solow. En d'autres termes, le progrès technique provient de l'éclair du génie de tel ou tel chercheur, de tel ou tel scientifique, qui peut être très aléatoire.

Pour la théorie du progrès technique dit endogène, celle-ci considère que le progrès technique provient directement de l'économie. Il proviendrait directement des décisions des agents économiques, bel et bien présents dans cette économie. Parmi les agents économiques, on trouve les entreprises, mais également l'État, qui chacun vont jouer un rôle au fur et à mesure du processus menant au progrès technique, conduisant à l'innovation. Il convient de préciser que l'innovation résulte d'une application à la fois industrielle mais également commerciale issue d'une invention. En d'autres termes, pour qu'il y ait innovation, il faut déjà qu'il y ait invention.

- <u>**Croissance exogène :**</u>

<u>Croissance économique avec le progrès technique exogène</u>

Robert Solow estimait que la croissance économique était exogène, due au seul progrès technique, lié au développement scientifique qui provient du processus d'apprentissage des procédés de production, et non des variables économiques. La croissance économique répond principalement de mécanismes distincts de l'économie.

À partir des rendements décroissants de l'accumulation du capital, l'évolution de la croissance se maintient seulement avec l'apparition de facteurs exogènes, le progrès technique ou l'augmentation de la population. Le taux de croissance du produit par personne ou du capital par individu se trouve représenté par une fonction décroissante de l'intensité capitalistique. Pour simplifier, la croissance économique dépend foncièrement des décisions exogènes de la part des acteurs économiques.

Robert Solow énonce un modèle mettant en évidence les facteurs qui contribuent à la croissance économique, à partir du progrès technique, exogène et « *tombé du ciel* ».

Le modèle de Robert Solow s'appuie sur les hypothèses exogènes suivantes :

- ➢ Le marché est en situation de concurrence pure et parfaite

- ➢ Une fonction de production a deux facteurs, le travail et le capital :

- K = Capital
- L = Coût du travail
- Les facteurs de production sont remplaçables.
- Le rendement des facteurs de production est décroissant et la productivité marginale du capital diminue.
- Les rendements d'échelle sont constants.
- La production augmente au même rythme que les facteurs de production.

Le modèle de Robert Solow nous conduit à interpréter le rythme de la croissance, à partir de la loi des rendements décroissants des facteurs de production, qui décrit des économies accédant à un niveau où l'accumulation des différents vecteurs ne produit plus l'accroissement de celles-ci.

Robert Solow précise qu'une telle situation devient irréaliste, car les économies n'aboutissent jamais à ce niveau, en raison du progrès technique qui augmente la productivité des facteurs de production, et limitent la décroissance des rendements factoriels. Dans le modèle de Robert Solow, la partie de la croissance économique qui ne provient ni du facteur travail, ni du facteur capital, se définit comme un « *résidu* ». On parle du « *résidu de Robert Solow* », qui détermine la fraction de croissance de la production qui ne résulte pas de la consommation d'une plus grande quantité de travail ou de capital, mais de gain de productivité globale des facteurs de production.

Le progrès technique contribue à des rendements d'échelles croissants avec une production qui s'accroît plus vite que la quantité de facteurs utilisés, déterminant une croissance plus intensive, fondée sur les gains de productivité des facteurs. Dans ce modèle, le progrès technique est un facteur « *exogène* », indépendant de l'activité économique. Il paraît « *tombé du ciel* », selon l'expression de Robert Solow.

Croissances exogènes – Ligue 1

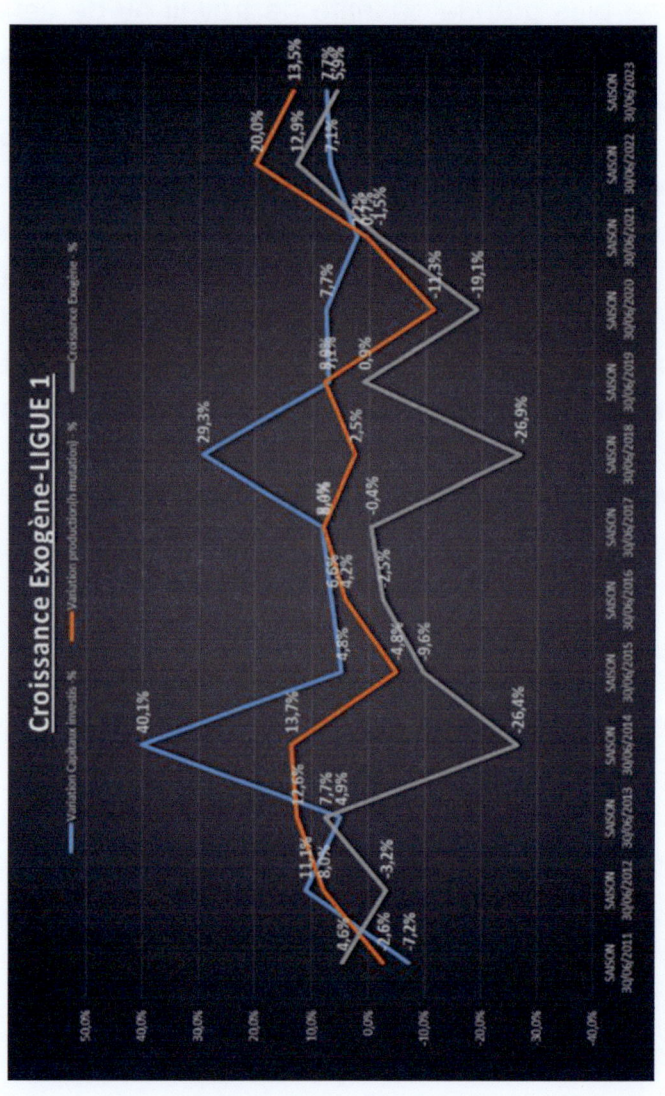

Les résultats relatifs à l'économie de la Ligue 1 caractérisent un modèle de croissance exogène, fondé sur une augmentation permanente des capitaux engagés, cumulés depuis la saison 2011, jusqu'à la saison 2023. La production ainsi obtenue depuis la saison 2011 jusqu'à la saison 2023, hors des mutations de joueurs, ne répond pas aux engagements relatifs aux investissements réalisés.

Durant les saisons 2022 et 2023, la croissance devient plus endogène, bénéficie des apports du contrat CVC Capital Partners pour 128 M€ en 2022 + 385 M€ en 2023, associée à une augmentation sensible des revenus commerciaux et simplement d'un ralentissement des capitaux engagés.

- Croissance endogène :

Croissance avec progrès technique endogène

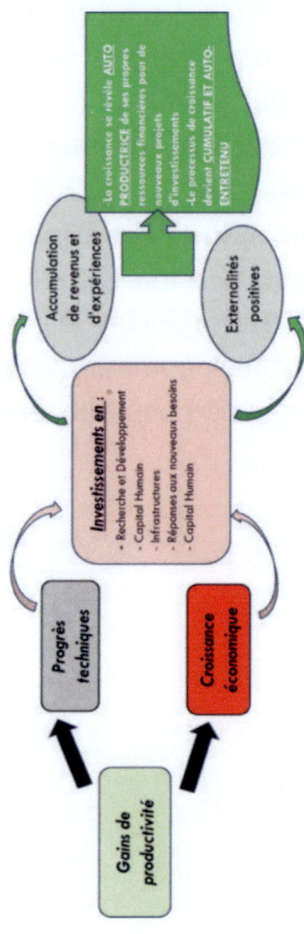

Pour Robert Solow, une partie importante de la croissance économique de Long Terme s'explique par la « productivité », issue du progrès technique.

Mais le progrès technique représente une « manne tombée du ciel » ! lui aussi, est exogène !

La théorie de la croissance endogène vient bouleverser cette analyse.

Dans cette théorie, les rendements du capital ne sont pas décroissants, mais constants : cela signifie que, plus on investit, plus la croissance tend à augmenter, puisque l'efficacité de ce capital supplémentaire ne fléchit pas.

Pourquoi en est-il ainsi ?

Parce qu'un investissement supplémentaire engendre toute une série d'effets positifs au bénéfice de la collectivité. Il peut s'agir d'investissement dans le domaine de la formation, de la recherche ou de l'infrastructure.

Les effets positifs tiennent au fait que, dans la plupart des cas, grâce à ces investissements, le niveau des connaissances progresse, un savoir-faire nouveau ou existant se développe.

Le progrès technique ne « tombe plus du ciel » : il est issu de ces investissements qui produisent de l'efficacité accrue, non seulement au bénéfice de celui qui investit, mais aussi de tous.

Ainsi, la théorie de la croissance endogène repose sur l'hypothèse d'une remise en cause des rendements décroissants :

Les facteurs de croissance comme la technologie et le capital humain ne perdent pas de leur efficacité, ne s'usent pas, contrairement au capital physique.

Il devient plus facile d'acquérir la connaissance si l'on dispose déjà d'un stock de connaissances, qui procurent des rendements croissants !

Après le modèle de croissance fondée sur des apports extérieurs ou exogènes, il convient de montrer l'apparition d'une croissance endogène ou autoentretenue. Cette théorie a été développée par Paul Romer[46] en 1986 et Robert Lucas en 1988[47]. Elle se fonde sur un modèle de croissance auto productrice de valeur, qui vient compléter la théorie de Robert Solow et expliquer l'origine du « *résidu* » de celui-ci, cette part de la croissance qui ne résulte ni du facteur travail, ni du facteur capital.

Le modèle de croissance endogène développé par Paul Romer se réfère aux enjeux de la recherche et du développement, comme contribution à l'innovation et à l'apparition de nouvelles inventions,

---

[46] - *Paul Romer - Increasing Returns and Long-Run Growth, Journal of Political Economy, 1986.*
[47] - *Robert Lucas - On the Mechanisms of Economic Growth, Journal of Monetary Economics, 1988.*

qui représente le fondement de la croissance économique. Il s'agit pour cela de comprendre comment ces modèles économiques infusent les facteurs de croissance, selon les contributions de Paul Romer.

Une fonction de production classique dépend du volume de capital physique mobilisé et de la quantité de travail requis.

Paul Romer va intégrer de nouveaux concepts comme le développement des idées, des connaissances, comme des facteurs de production additionnels. Selon lui, le taux de croissance de la production devient dépendant de la variation de la quantité de nouvelles inspirations innovatrices.

Paul Romer attribue une faculté d'autoproduction de ces nouvelles idées par les acteurs économiques eux-mêmes. Pour lui, plus d'engagement visant à soutenir la production de ces nouvelles idées conduit à plus de croissance économique.

Dans ce modèle de croissance autoentretenu, l'efficacité et la capacité à transformer ces idées en nouveaux services et biens porteurs de valeur, devient la condition d'un processus de croissance auto-productif.

Divers économistes considèrent d'autres facteurs pour justifier la croissance économique, comme des processus purement économiques, principalement des investissements en capital humain, en capital physique, en capital public et en capital technologique. De fait, le progrès technique ne dépend plus seulement du hasard des découvertes scientifiques, mais des investissements dans la recherche fondamentale pour produire des innovations, résultats des décisions stratégiques envisagées.

Ainsi, la croissance se révèle auto productrice de ses propres ressources financières pour de nouveaux projets d'investissement, activant de nouveau le progrès technique et donc devenant une nouvelle source de croissance économique.

- o Leur hypothèse considère que la croissance engendre par elle-même le progrès technique, simultanément cause et conséquence de celle-ci.

- o Il s'agit de dépasser l'éventualité et les conséquences de la loi des rendements décroissants, pour démontrer que les investissements, à l'origine du progrès technique, donnent naissance à des externalités positives qui favorisent des rendements d'échelle croissants.

La croissance économique dépend donc de l'accumulation de différentes formes de capitaux, comme :
- Le capital physique productif ou le capital fixe et le capital circulant.
- Le capital technologique ou l'investissement dans la recherche et le développement.
- Le capital humain, considéré comme un ensemble de connaissances, de savoir-faire et de savoir-être, réunis par chaque salarié afin d'augmenter la productivité.
- Le capital public ou les investissements dans les infrastructures publiques.

Le progrès technique provient donc des décisions stratégiques des agents économiques de promouvoir différentes activités qui contribuent à l'apparition des innovations.

Ce modèle de la croissance endogène reconsidère la théorie libérale néo-classique sur plusieurs points, tels que :
- Le processus de croissance devient cumulatif et autoentretenu.
- Les rendements factoriels ne sont pas décroissants mais constants.

- Les rendements d'échelle ne sont pas constants mais croissants grâce aux externalités positives.
- L'État doit encourager l'innovation et l'accumulation de capital en menant une politique structurelle à long terme, en finançant les coûts de recherche et de développement, réaliser lui-même des investissements publics et protéger les acteurs économiques.

Le modèle de croissance endogène de Paul Romer dévoile la prépondérance de l'innovation dans le processus de croissance économique. Le fondement de celle-ci passe par le développement continu de nouvelles sources d'inspirations et de nouvelles méthodes productives. Plus la quantité d'idées devient importante, plus se profilent les possibilités d'innovations **qui conduisent vers une croissance durable.**

Le modèle de développement économique « *auto-entretenu* », dans la théorie de la croissance endogène devient possible par l'introduction de la notion de capital humain, qui rend possible une évolution du progrès technique endogène.

De fait, le progrès technique et l'innovation, évalués selon la PGF ou la Productivité Globale des Facteurs de production, dépend des

compétences acquises et développées par l'ensemble des salariés des organisations, eux-mêmes le résultat des investissements en capital humain.
Plus généralement, les engagements financiers, investis dans la formation des salariés constituent un facteur critique quant à la capacité de produire une croissance toujours plus durable.
Le capital humain répond en grande partie à la solution du fameux « *paradoxe de Solow* ».

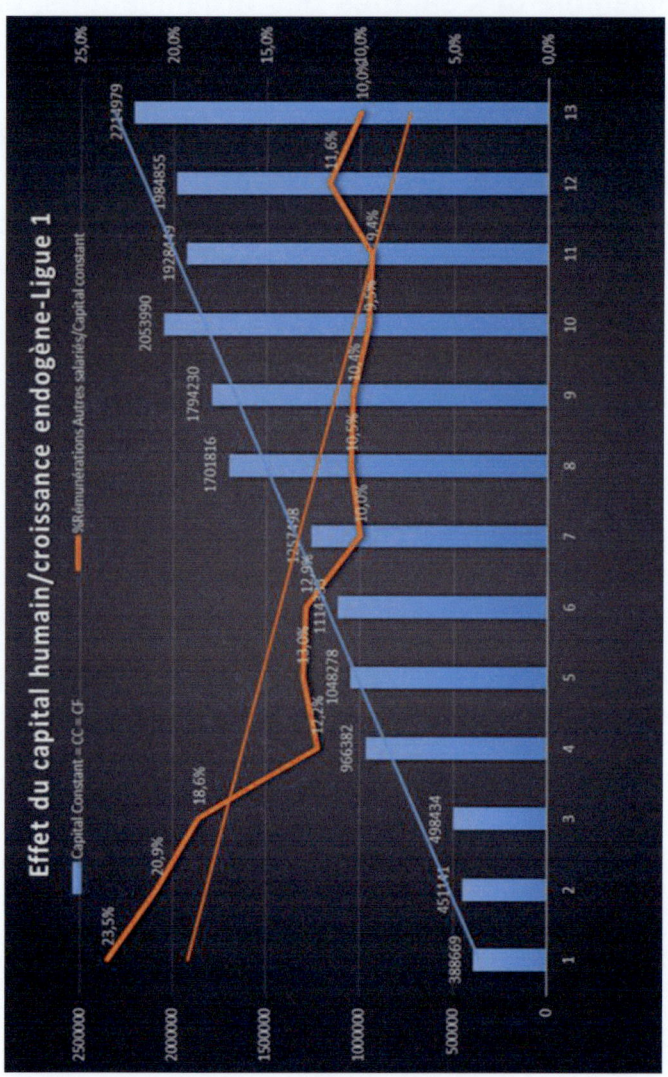

L'analyse des données relatives aux rémunérations des salariés dédiés à l'administration sur la même période, explique ce que je définis comme une grande dévalorisation des personnes exerçant leurs responsabilités dans l'ensemble des fonctions support ou de « back-office » des clubs de football. Ce système présente la particularité d'accorder une faible considération pour les activités opérationnelles menées par les employés concernes.

Une approche peut mettre en évidence la considération apportées aux fonctions supports des clubs de football de la ligue 1. Si l'on considère que le montant total des actifs des clubs représente leurs moyens matériels et immatériels en vue d'assurer leur production de valeur, par le biais du développement des activités productrices et commerciales, il semble naturel que les fonctions supports s'inscrivent dans la mobilisation de ces actifs.

Ainsi, les données à notre disposition permettent de rapprocher le montant de leurs rémunérations au total des actifs considérés, et voir que la proportion de leurs salaires passe de plus de 23 % à 11,5 % pour la saison 2022-2023, soit une proportion divisée par 2 !

Cet indicateur, vu sous un aspect plus financier exprime la volonté des clubs, pour une accumulation croissante des actifs, au regard de la reconnaissance apportée aux salaries des fonctions supports, qui se traduit par une dégradation des capacités et des compétences et de leurs ressources financières.

Schématisation du Capital humain

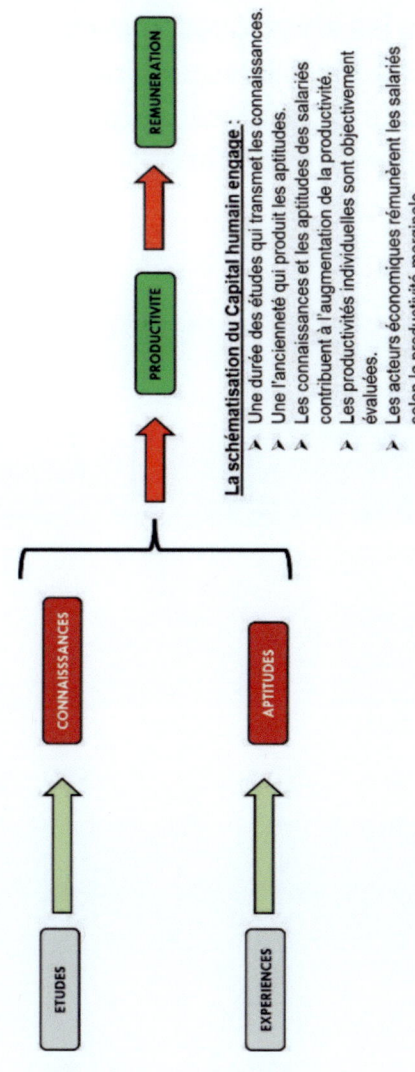

Les progrès majeurs apportés dans le domaine de l'informatisation et de la numérisation, difficiles à mesurer dans les statistiques, proviennent du temps requis pour les travailleurs afin de s'approprier les nouveaux outils et process de production acquis, permis par le volume de formation engagé.

Effet du Capital humain

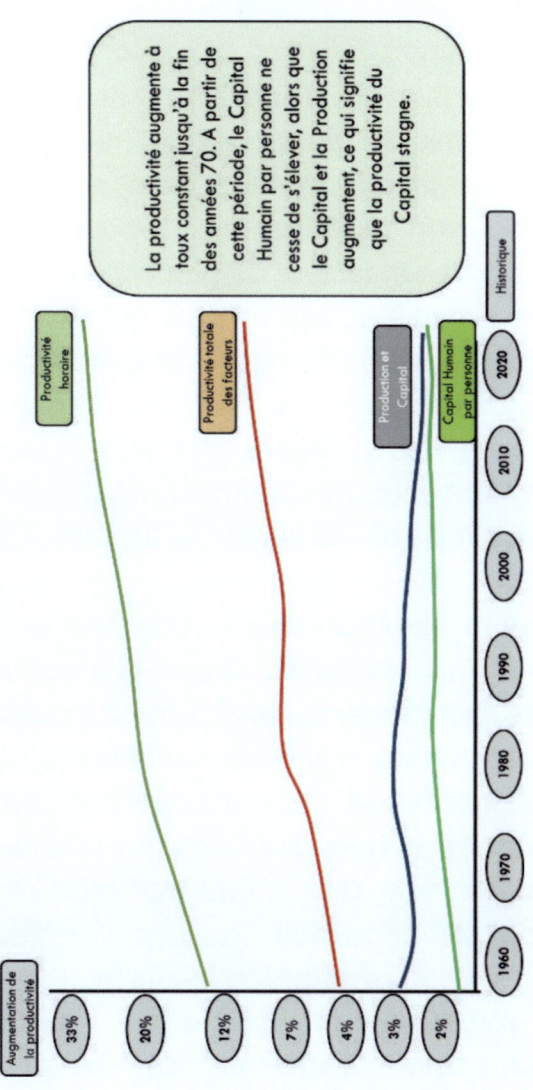

2.15. Modèle des rendements d'échelle dans l'économie du football

Les rendements d'échelle, comme concept microéconomique, désignent la manière dont la quantité de produit vendue varie selon le degré d'augmentation des facteurs de production à moyen et long terme. Un facteur de production exprime une ressource mobilisée par un club de sport dans son processus de production de revenus commerciaux. Il s'agit généralement du capital, constitué des installations, des structures sportives, du stade, des terrains, du centre de formation, du matériel et des joueurs, ainsi que du travail sous forme de main-d'œuvre.

Lorsque la variation des facteurs de production équivaut à la variation de la production, cela exprime des rendements d'échelle constants.

Les rendements d'échelle croissants signifient une augmentation de la production plus rapide que la progression des facteurs utilisés. Dans cette hypothèse, une augmentation du travail et du capital contribue à une augmentation accélérée de la production réalisée.

Les rendements d'échelle décroissants désignent une variation de la production

proportionnellement inférieure à la variation des facteurs de production.

Comparaison des rendements d'échelle – 2011-2023 – PSG - Montpellier

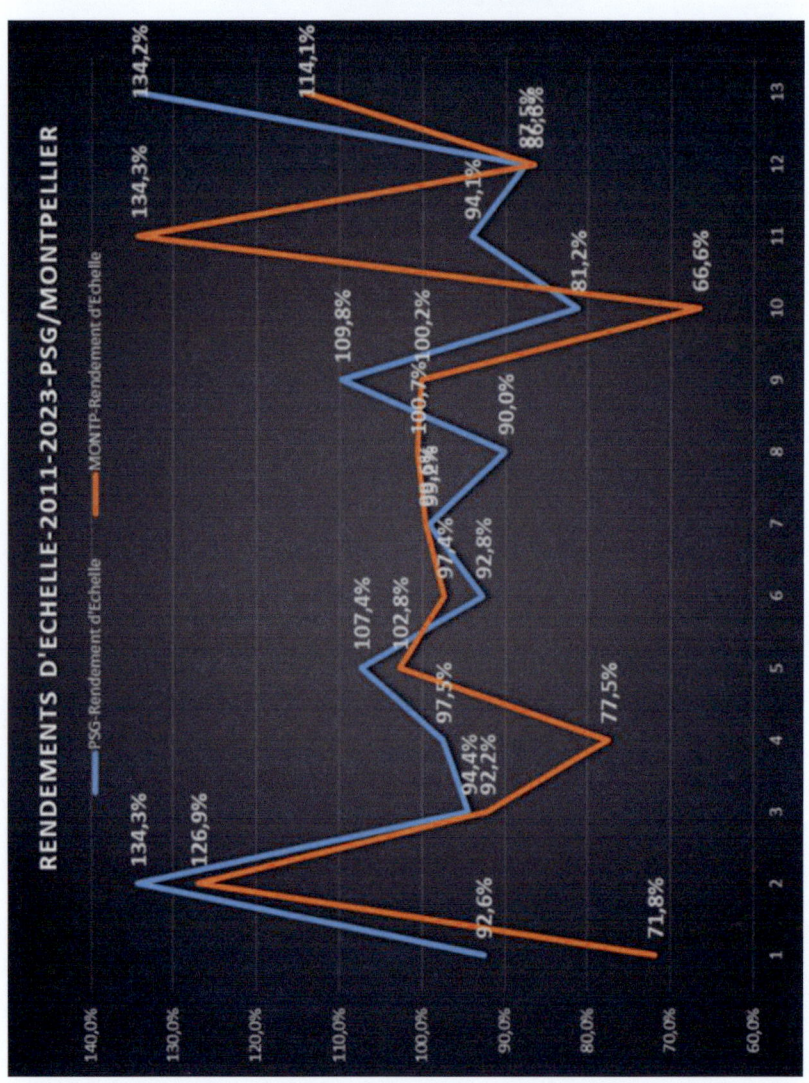

La comparaison des rendements d'échelle des clubs de Ligue 1, le PSG et Montpellier montre des résultats différents entre les deux organisations.

Une première approche exprime des rendements d'échelle décroissants pour les deux structures. Cet indicateur de rendement d'échelle traduit la relation entre la variation des produits obtenus et l'engagement de l'ensemble des immobilisations et des charges d'exploitation. Il mesure la productivité des dépenses engagées afin de contribuer à l'augmentation des produits dégagés. Autrement dit, on évalue la contribution de la croissance des dépenses à la variation des produits.

Pour le PSG, cette productivité passe de 92 % pour la saison 2011 à 87 % jusqu'en 2022. La tendance traduit une baisse régulière de cette productivité, soit une augmentation des produits obtenus, moindre que celle des dépenses engagées. Les résultats de la saison 2023 traduisent une inversion due à l'apport du contrat de CVC Capital Partners pour plus de 50 M€ et une baisse significative de la masse salariale.

Pour Montpellier, cette productivité passe de 72 % pour la saison 2011 à 87 % jusqu'en 2022. La tendance traduit plutôt une augmentation sensible de cette productivité, soit une augmentation des produits obtenus supérieure à celle des dépenses engagées. Les résultats de la saison 2023 traduisent une inversion due à une augmentation significative des droits audiovisuels.

Rendements d'échelle – 2011- 2023 – LIGUE 1

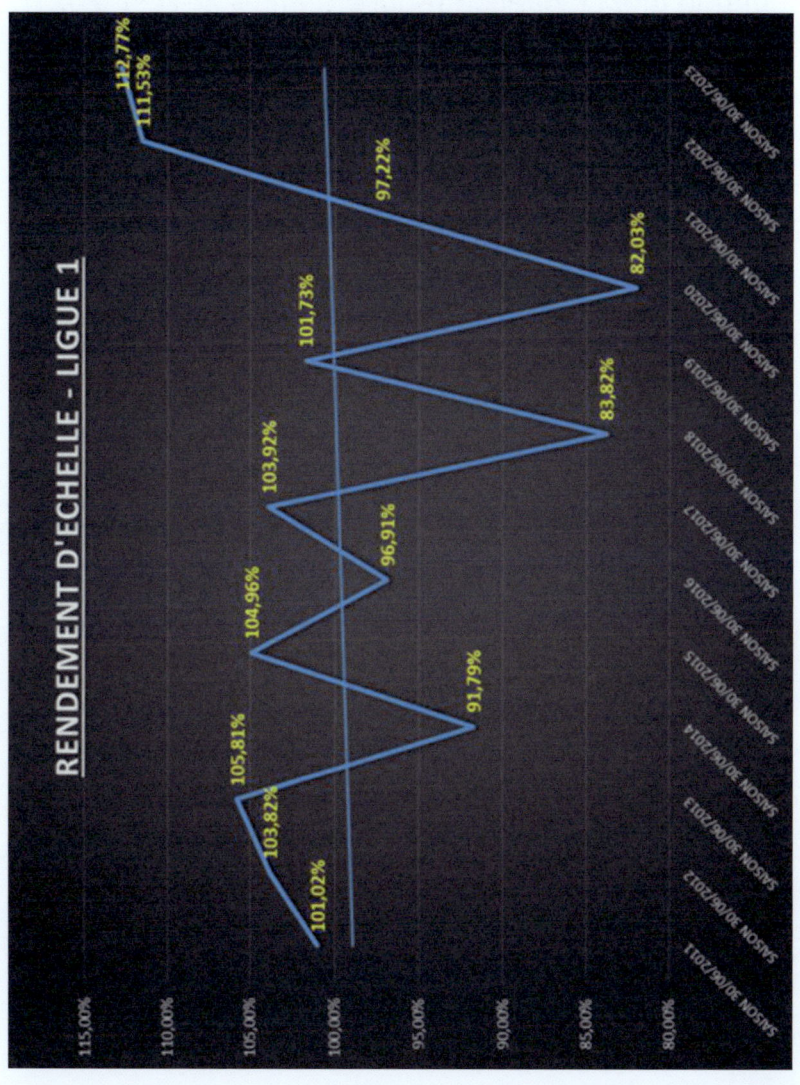

La courbe des rendements d'échelle de la Ligue 1 traduit une stagnation régulière entre 2011 et 2021, avec une inversion durant les saisons 2022 et 2023. Ce qui illustre une augmentation plus rapide du volume des ventes que des charges d'exploitation engagées.

L'augmentation de la productivité pour les deux dernières saisons 2022 et 2023 s'explique par l'apport du contrat CVC Partners, à hauteur de 128 M€ en 2022, + 385 M€ en 2023 + 617 prévus en 2024. Sans l'apport de CVC Partners, la productivité de la Ligue 1 aurait été de 105 % en 2022 et 95 % pour 2023.

2.16. Modèle de l'effet d'expérience dans l'économie du football

L'effet d'expérience provient d'un postulat qui se définit comme : « Le coût unitaire total d'un bien ou d'un service décroît d'un pourcentage constant chaque fois que la production cumulée de ce bien ou service par l'entreprise est multipliée par 2. » Par exemple, le pourcentage de baisse des coûts de production, s'établit à environ 5 % pour l'agroalimentaire, 8 % pour le textile, 10 % pour l'automobile et 40 % pour les microprocesseurs. La courbe d'expérience, représentée par un graphique, traduit les conséquences de l'effet d'expérience. L'effet d'expérience se constate aussi bien dans les activités industrielles que dans les services. La prise en compte de ces conséquences fournit aux managers des indications sur des enjeux de productivité et de croissance relative aux concurrents.

L'effet d'expérience résulte de 4 justifications majeures :
- ➢ <u>Les économies d'échelle</u> : elles correspondent à un étalement des coûts fixes sur des volumes d'activité plus importants et à une diminution du coût des investissements

par unité quand la capacité augmente. On associe généralement ce facteur au rendement d'échelle vu ci-dessus.

- ➤ <u>L'effet de taille</u> : L'effet de taille permet à l'entreprise de renforcer son pouvoir de négociation vis-à-vis de ses fournisseurs, grâce à un approvisionnement à des conditions plus favorables, selon la matrice de Porter.

- ➤ <u>L'effet d'apprentissage</u> : Il exprime l'amélioration de la productivité du travail et résulte de la répétition des tâches par le personnel de l'entreprise, particulièrement pour les activités de main-d'œuvre.

- ➤ <u>L'innovation et la substitution du travail par le capital</u> traduisent l'amélioration des procédés de production, comme la standardisation, la simplification et le remplacement progressif de la main-d'œuvre par l'automatisation.

Effet « Courbe d'expérience ».

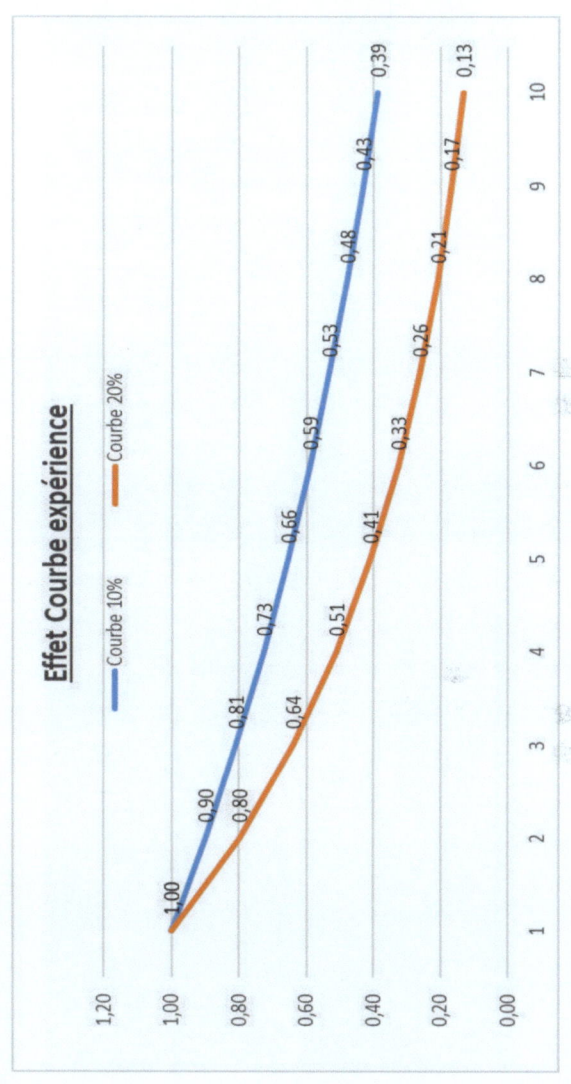

Modèle des effets d'expérience – Ligue 1

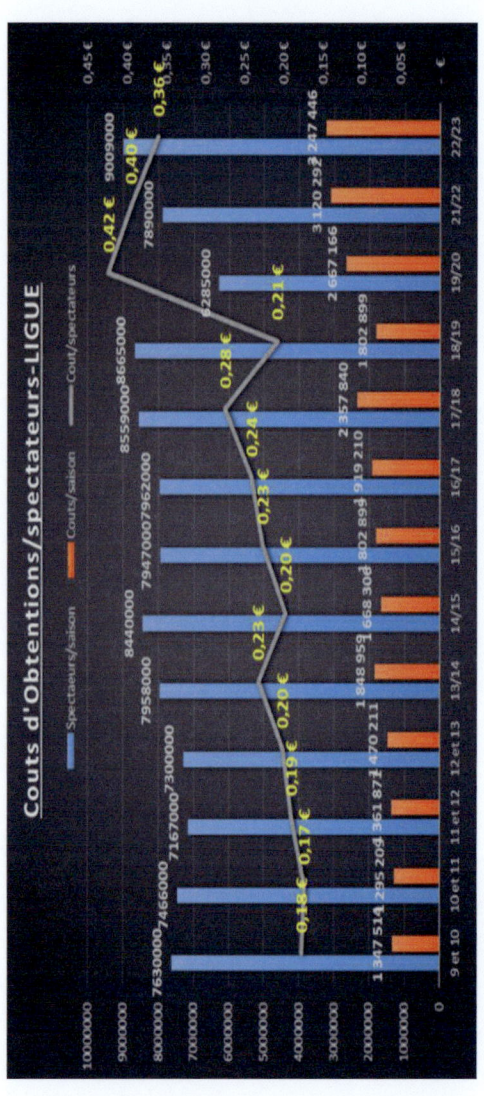

Selon le modèle de l'effet d'expérience, les résultats représentés ci-dessus en expriment les conséquences.

L'hypothèse émise, consiste à mesurer le coût d'acquisition d'un nouveau spectateur. Ainsi, la croissance du nombre de spectateurs, corrélée avec l'ensemble des dépenses engagées par saison, montre une augmentation régulière du coût d'obtention d'un nouveau spectateur, qui passe de 0,18 € en 2010 à 0,35 € pour la saison 2023.

Ce qui suppose que les clubs de Ligue 1 ne bénéficient pas d'effets d'expérience, mais plutôt de dés-expérience.

Au-delà, cela illustre une dégradation de la productivité des dépenses engagées qui correspond à :

- ➢ Des coûts fixes qui dérivent régulièrement et une augmentation des coûts d'investissements par unité, malgré un potentiel d'activité supérieur, analysés par les rendements d'échelle de la Ligue 1.
- ➢ Un pouvoir de négociation vis-à-vis des fournisseurs insuffisant ou non utilisé, afin d'obtenir des conditions plus favorables.
- ➢ Une diminution de la productivité du travail de la part de l'ensemble des personnels des

clubs, justifiée par des rendements décroissants.

➢ Un niveau d'innovation et de substitution du travail par le capital limité, qui ne contribue pas à l'amélioration des procédés de production.

Effet « Courbe de dés-expérience ».

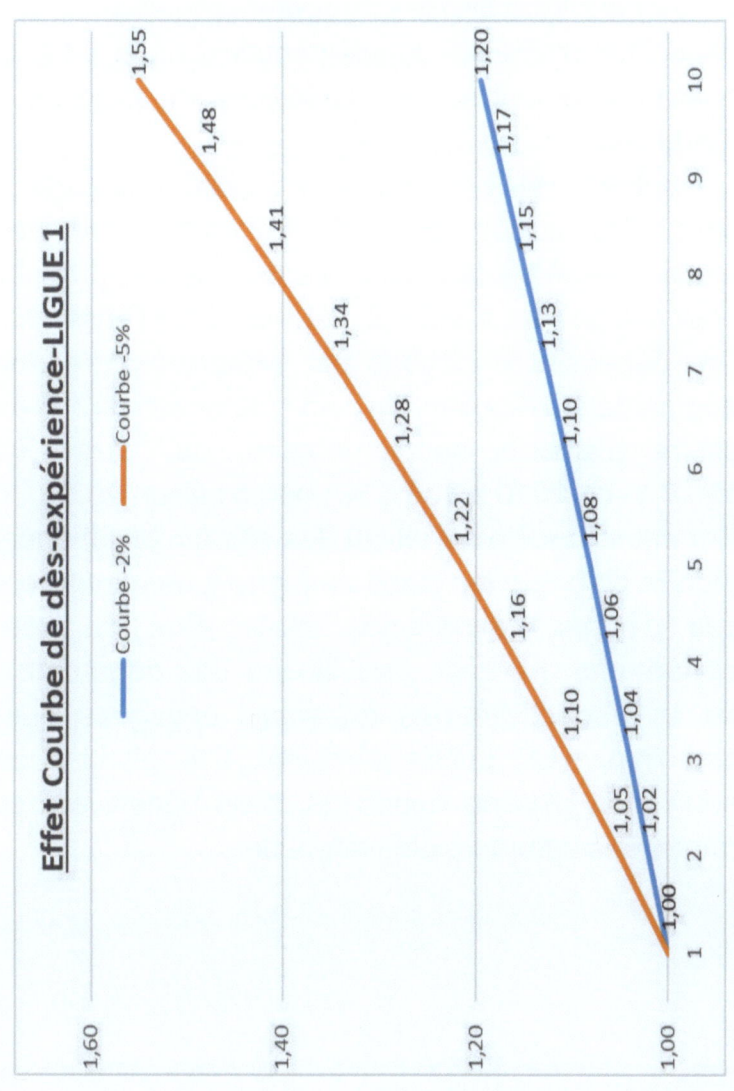

D'autres modèles existent pour évaluer les effets d'expérience. La mesure du coût d'acquisition de 1 € de chiffre d'affaires supplémentaire, nous offre la possibilité d'analyser les conditions de production marginale.

L'hypothèse prise en compte, consiste à mesurer le coût d'acquisition de 1 € de chiffre d'affaires additionnel. Ainsi la croissance du total des produits pour la Ligue 1 de football, corrélée avec l'ensemble des dépenses engagées par saison, montre une augmentation régulière du coût d'obtention de 1 € de chiffre d'affaires supplémentaire, qui passe de 125,7 % en 2010 à 136,5 % pour la saison 2023.

Cet autre modèle de calcul des effets d'expérience, montre bien que les clubs de Ligue 1 ne bénéficient pas d'effets d'expérience, **mais plus de dés-expérience**. Au-delà, cela illustre une dégradation de la productivité des dépenses engagées pour obtenir plus de chiffre d'affaires. Il s'agit bien de pourvoir à plus de dépenses, sans bénéficier des retombées commerciales attendues.

Modèle des effets d'expérience – Ligue 1

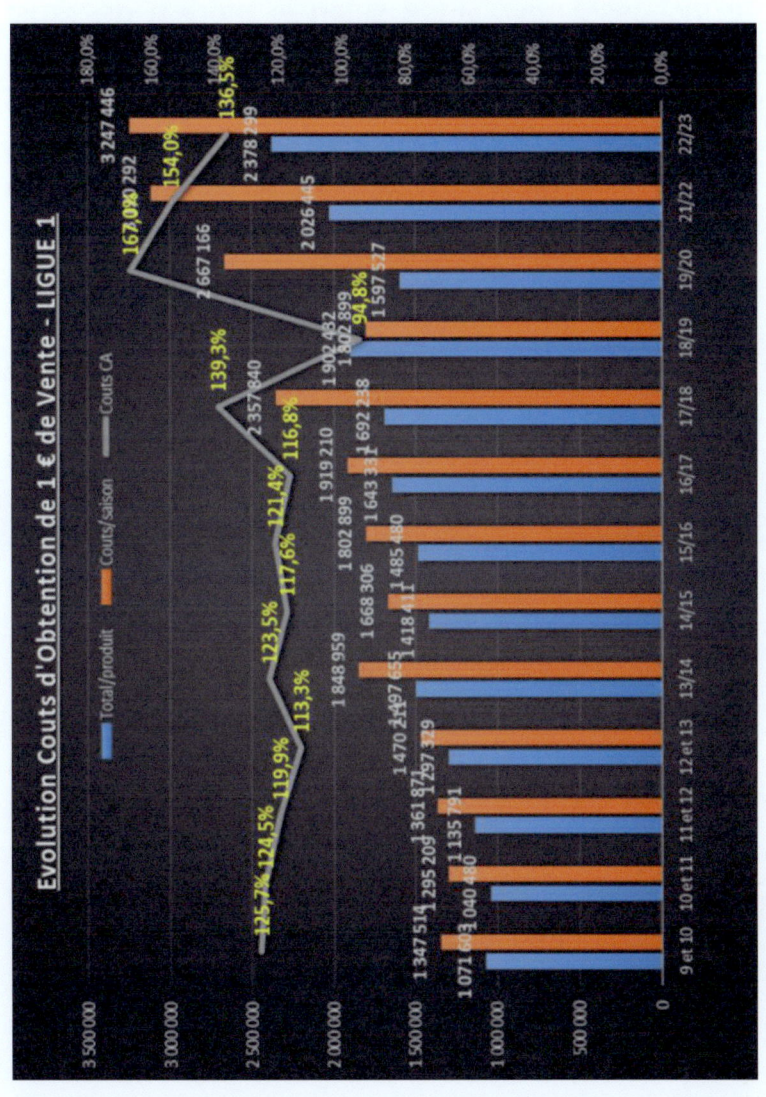

Après avoir présenté la transformation de la richesse en richesse marchande selon le modèle de Ernst Lohoff et de Norbert Trenkle dans « *La grande dévalorisation* », le développement des concepts de marchandises, en considérant les « *marchandises d'ordre 1* » et les « *marchandises d'ordre 2* », la prise en compte de la valeur d'échange, de la valeur d'usage et/ou d'utilité, m'a conduit vers la chronologie de la création de cette valeur. La notion de capital fictif illustre les causes de la grande dévalorisation. L'analyse des effets des différentes formes d'innovations, comme origine de la création de valeur, nous oblige à classifier les types de ventes de la Ligue 1. L'appréciation du taux de la plus-value produite de la Ligue 1, nous permet de dégager la productivité, issue de l'accumulation des capitaux. Le croisement du concept de marchandises et d'innovation nous procure les possibilités de développement des clubs de la Ligue1 de football. La définition de l'origine de la croissance et de la Productivité Globale des Facteurs de production ou la PGF nous conduit à l'analyse de la loi des rendements décroissants. Ainsi, on constate une croissance extensive au détriment d'une croissance intensive de la Ligue 1, qui confirme une croissance exogène des clubs de la Ligue 1 de football. En mobilisant le modèle des rendements d'échelle et des effets d'expérience, on démontre une très faible productivité des investissements et de l'ensemble des dépenses engagées.

Alors pourquoi ce modèle économique de la Ligue 1 de football continue-t-il de se développer ?

Et s'il a réussi à vivre depuis plus de 20 ans avec toutes les contradictions décrites, pourquoi cela ne pourrait-il pas continuer encore pendant 20 ans de plus ?

2.17. Vers un modèle de production du football à coûts fixes

Michel Volle, administrateur de l'Insee, a été alternativement chercheur et chef des divisions Statistique des entreprises et Comptes trimestriels. Auteur du livre « *Prédation et prédateurs*[48] », publié en 2008.

« La prédation est une relation où l'une des deux parties est en mesure d'imposer à l'autre une transaction sans contrepartie. »

L'entreprise règne et se développe, la prédation existe pour détruire. Les acteurs économiques accumulent pour accélérer leur développement par le biais de leurs investissements. Le prédateur s'approprie la richesse ainsi accumulée, pour l'utiliser dans des dépenses ostentatoires.

Condition de la fonction de production : La production à coûts fixes caractérise l'économie post-moderne. Elle s'appuie sur des rendements d'échelle croissants et une économie du risque maximum.

Accumulation économique : Le capital, comme « *travail stocké* », constitue le facteur fixe prédominant dans les processus de production de biens et de services. L'automatisation et la

---

[48] - Michel Volle : Prédation et prédateurs, 2008.

numérisation ont éliminé le flux de travail variable requis pour la production, transformant les modèles et les structures auxquels se réfère l'économie productive.

Production à « coûts fixes » : L'économie postmoderne induit un type de processus dans lequel le facteur de production « *capital* » est « *stocké* » et le facteur « *travail* » constitue un « *flux* », flux, qui dans cette forme de production a tendance à être minimisé, l'accumulation de capital devenant prépondérante.

Intensité médiatique : Dans la société actuelle, les médias contribuent à la production d'un imaginaire sociétal et économique. Disposant de la puissance de diffusion et de l'hégémonie culturelle, ils constituent une des conditions pour la captation du pouvoir, par le biais de la prédation.

Nous pouvons définir comme « *fonction de production à coûts fixes* », une activité dans laquelle le coût marginal est nul. Les systèmes productifs avec des coûts de développement et de conception initiaux qui représentent la partie la plus importante des charges d'exploitation, caractérisent les structures de production à coûts fixes.

Lorsqu'une entreprise opère dans un secteur à rendement décroissant, et décide, suite à de nouveaux choix techniques, de se convertir dans des activités de production à « *coûts fixes* », soit à rendement croissant, les alternatives possibles consistent à diversifier ses productions, pour se spécialiser sur les besoins des micro-marchés. L'extension des systèmes de production à « *coûts fixes* » génère des offres diversifiées de biens et de services, à destination de nouveaux publics.

Le modèle de « *production à coûts fixes* » peut être mobilisé pour mieux comprendre les évolutions de l'économie du football français. Selon les conditions proposées, il devient possible d'en traduire son application dans cet environnement.

Condition de la fonction de production : L'activité productrice des clubs de football de la Ligue 1, caractérise bien une économie moderne, s'appuyant sur des prises des risques maximums, tout en ne bénéficiant pas de rendements d'échelle croissants.

Accumulation économique : Le capital, comme « *travail stocké* », représenté par la valeur économique des investissements corporels et incorporels, constitue le facteur fixe prédominant dans les processus de production de biens et de services sportifs. La numérisation et l'automatisation tend à réduire le flux de travail variable, requis pour les activités commerciales.

Production à « coûts fixes » : Cette forme d'économie induit un type de processus dans lequel le facteur de production « *capital* » est « *stocké* », et le facteur « *travail* » constitue un « *flux* », qui dans cette forme de production a tendance à être minimisé, l'accumulation de capital devenant prépondérante.

<u>Intensité médiatique</u> : Dans la société sportive actuelle, les médias contribuent à la production d'un imaginaire sociétal et sportif. Disposant de la puissance de diffusion et de l'hégémonie culturelle, ils constituent une des conditions pour la captation du pouvoir, par le biais de la prédation.

Exemple de production à coûts fixes – LIGUE 1

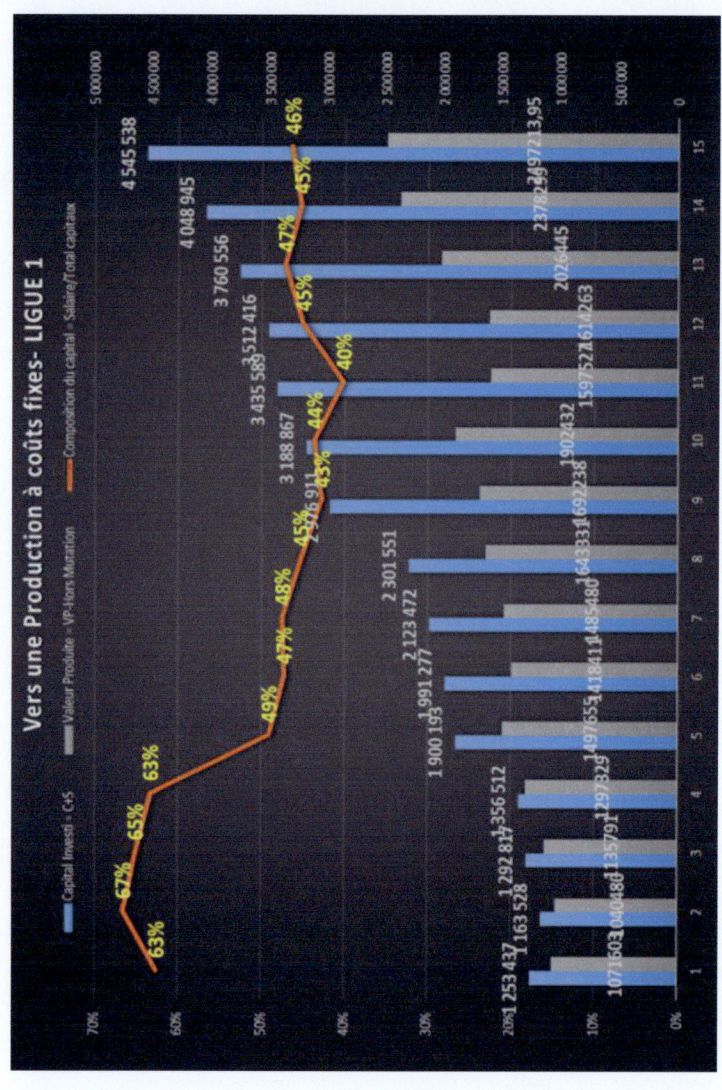

Le graphique ci-dessus relatif à la Ligue 1 montre bien l'évolution du modèle économique du football français vers une « *production à coûts fixes* ». Ainsi, les capitaux engagés ne cessent d'augmenter, alors que le volume de production ne progresse que faiblement. La répartition des capitaux engagés traduit un modèle de « *production à coûts fixes* », dans lequel le pourcentage des rémunérations ne cesse de décroître au profit des investissements accumulés, passant de 63 % à 45 %.

Exemple de production à coûts fixes – OL

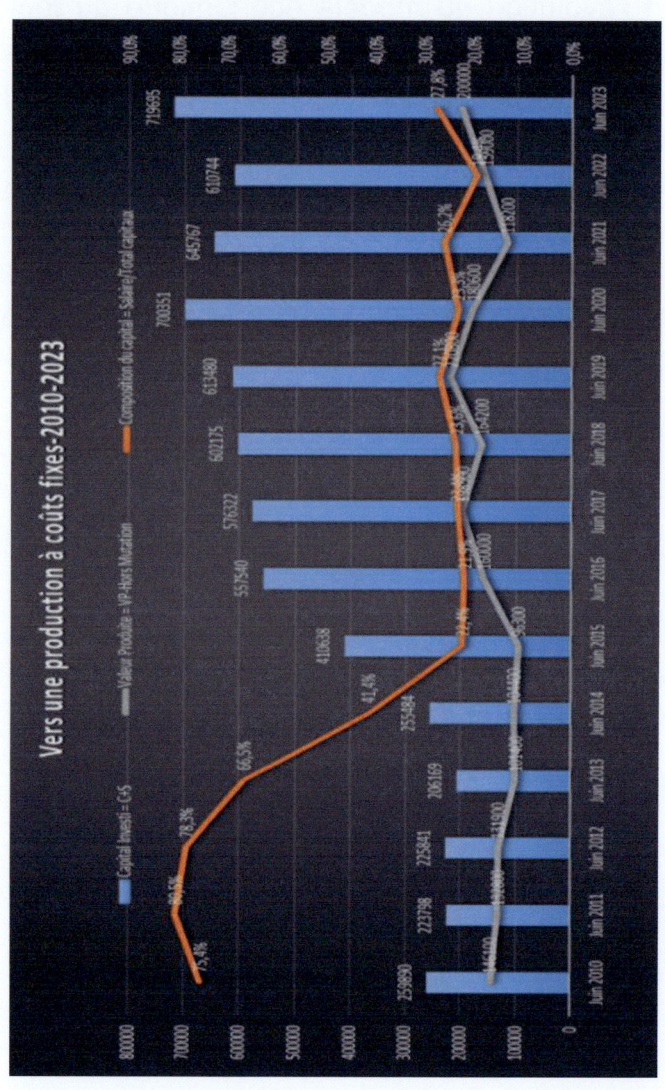

De la même façon que pour la Ligue 1, le pourcentage des rémunérations décroît, cette fois de 80 à 27% et montre bien cette évolution du modèle économique de L'Olympique lyonnais vers une « *production à coûts fixes* ». Ainsi, les capitaux engagés ne cessent d'augmenter, alors que le volume de production ne progresse que faiblement. La répartition des capitaux engagés traduit un modèle de « *production à coûts fixes* », dans lequel le pourcentage des rémunérations ne cesse de décroître au profit des investissements accumulés.

Représentation de la production à coûts fixes-Ligue 1

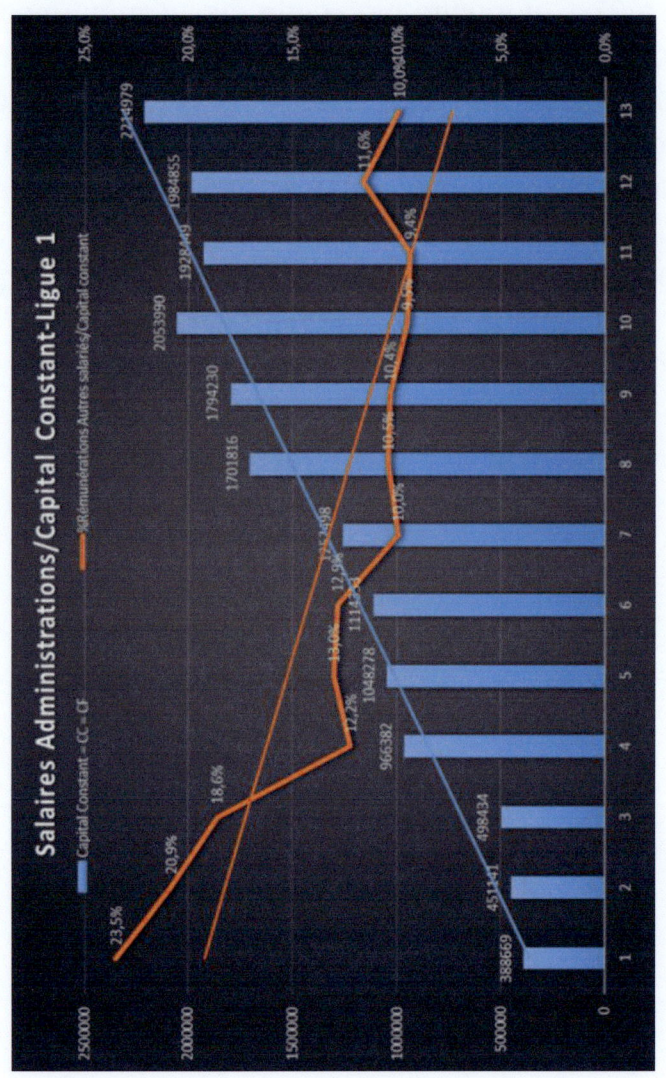

Le graphique ci-dessus apporte un complément d'interprétation. En effet, la prise en compte des seules rémunérations des salariés des fonctions support, montre une tendance sur le long terme d'une forte diminution de la part « travail » dans les Clubs de Ligue 1, alors que, simultanément sur la même période, le montant des capitaux investis a été multiplié par plus de 5. L'ensemble des rémunérations des fonctions de « back-office » représente moins de 12 % des montants investis, contre 23% en 2010.

L'analyse du modèle économique du football aboutit à une tendance à produire avec des rendements décroissants, comme vu précédemment.

Un environnement dans lequel les clubs de football opèrent dans un secteur à rendement décroissant les conduit vers de nouveaux modèles d'organisation, décider à se convertir dans des activités de production à « *coûts fixes* », destinées à retrouver des rendements croissants, selon des alternatives possibles, consistant à diversifier les activités, pour se spécialiser sur des besoins répondant à des micro-marchés. L'extension des systèmes de production à « *coûts fixes* » génère des offres diversifiées de biens et de services, à destination de nouveaux publics.

Malgré le modèle de « *production à coûts fixes* » organisé par les clubs de Ligue 1 et dans le cas de l'Olympique Lyonnais, l'analyse des activités productrices caractérise bien une prise de risques élevés, tout en continuant à produire avec des rendements décroissants.

Exemple de rendement décroissant OL

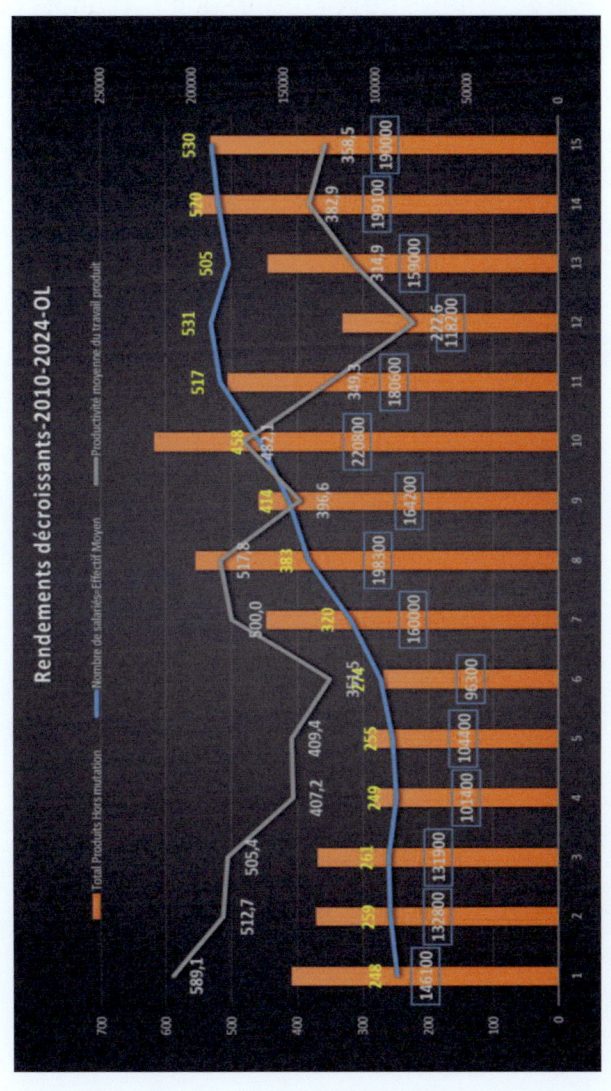

Le graphique ci-dessus montre bien, depuis plus de 10 saisons, le développement d'activités à rendements décroissants, malgré le choix organisationnel d'un modèle de « *production à coûts fixes* ».

Ces choix décisionnels tendent vers un nouveau modèle de production, à coûts fixes, mais toujours à rendements décroissants, ce qui justifie depuis 2010 une dégradation plus ou moins continue de la performance des clubs de football français.

Rentabilité de la LIGUE 1-2010-2023

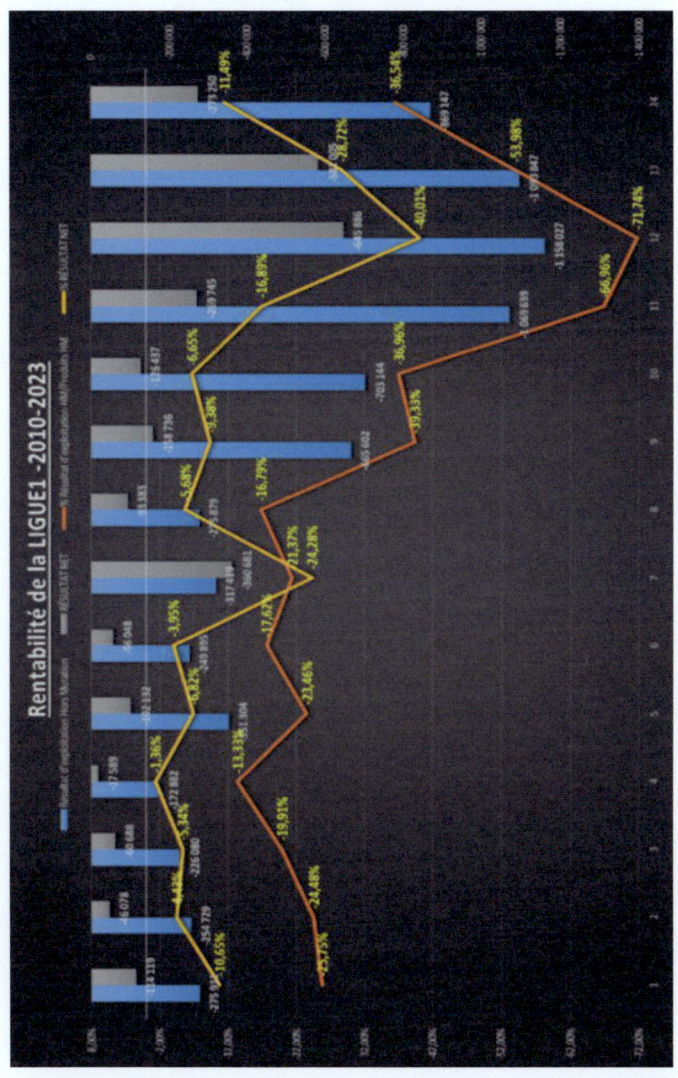

À part les saisons durant lesquelles la Ligue 1 bénéficie d'opérations de ventes de joueurs très importantes, ou d'apports extérieurs comme dans le cas du contrat de CVC Capital Partners, les résultats économiques de la Ligue 1 se résument à des pertes d'exploitation qui ne cessent de se dégrader, passant de 25,75 % de perte d'exploitation en 2010 à 36,5 % en 2023, hors revenus de mutations.

Si on inclut les revenus issus des ventes de joueurs, les pertes d'exploitation évoluent de 10,6 % en 2010 à 11,5 % en 2023.

Rentabilité Olympique Lyonnais - 2010-2023

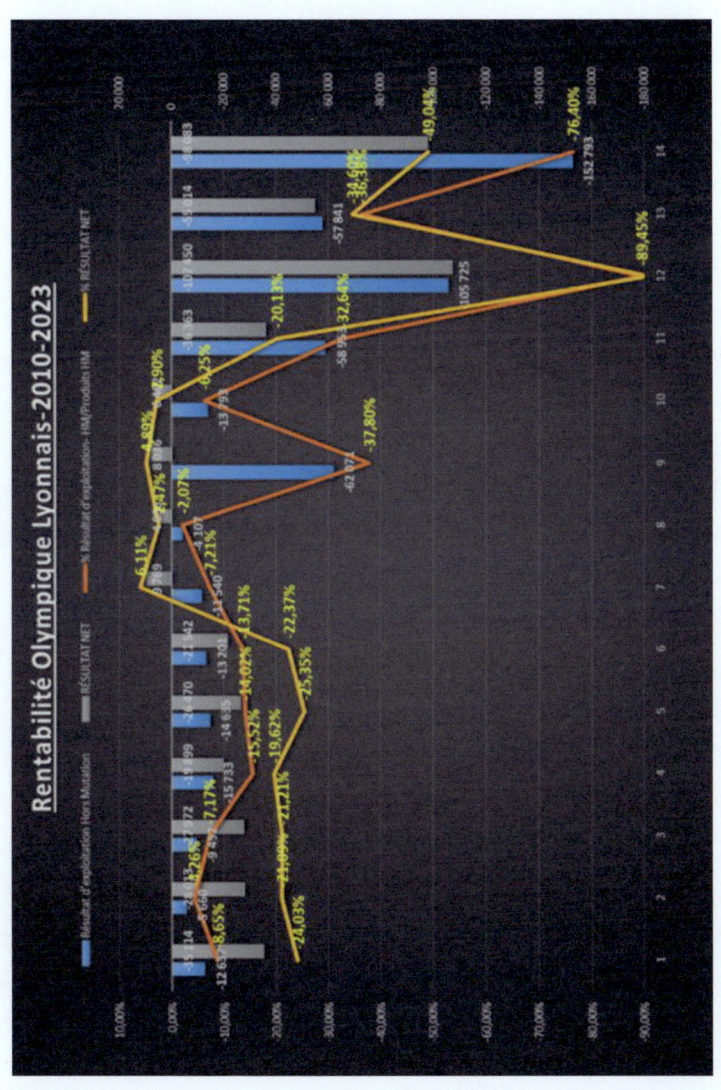

Concernant l'Olympique Lyonnais, les choix décisionnels tendent vers un nouveau modèle de production, à coûts fixes, mais toujours à rendements décroissants, ce qui justifie depuis 2010 une dégradation plus ou moins continue de la performance du club.

À part les saisons durant lesquelles l'Olympique Lyonnais bénéficie d'opérations de ventes de joueurs très importantes, ou d'apports extérieurs comme dans le cas du contrat de CVC Capital Partners, ses résultats économiques se résument à des pertes d'exploitation qui ne cessent de se dégrader, passant de 8,6 % de perte d'exploitation en 2010 à 76,4 % en 2023, hors revenus de mutations.

Si on inclut les revenus issus des ventes de joueurs, les pertes d'exploitation évoluent de 24 % en 2010 à 49 % en 2023.

Dans une structure de coût traditionnelle, les facteurs de production se décomposent suivant un capital considéré comme un stock et le travail, pensé comme un flux. Toute la phase de développement et de conception d'un produit et d'un service, engagée préalablement à la production, constitue un stock de dossiers, de projets, de logiciels, de prototypes, de tests, de matériels, d'installations et d'organisation. Lorsque le coût de production se compose des engagements financiers de conception, le capital, défini comme du stock, forme le seul facteur de production, alors le modèle de production devient une économie purement capitalistique, fondée sur l'accumulation.

Le travail, toujours présent, ne représente plus un facteur primordial, mais se réduit à soutenir un stock de capital, non plus sous la forme de flux qui conditionne le processus de production, mais comme un travail accumulé.

Les conséquences de la production à « *coûts fixes* » surgissent lors du processus de production des biens et des services, dans lequel le volume de travail est accumulé dans le capital, et les profits potentiels dépendent de la diversité de l'offre de produits et de leur niveau de qualité à la mise sur le marché. Le nombre d'emplois ainsi créés ne correspond plus au volume de production des biens et des services.

Dans certaines circonstances économiques, la prédation peut présenter, fortuitement, quelques avantages significatifs, mais cela ne justifie pas son usage. La prédation sera le plus souvent à l'origine des inégalités économiques et sociales. L'interprétation de la « *main invisible* » d'Adam Smith, ne rend pas la prédation positive sur l'économie, mais plutôt comme une cause des déséquilibres et des injustices sociales. Durant les transactions économiques, un bon nombre sont sujettes à des commissions occultes, traduisant la volonté de commercer, plutôt pour des intérêts acquis que pour l'utilité des biens et des services. Les acteurs économiques sont confrontés à la rentabilité des structures de prédation, ce qui n'engage pas à des choix décisionnels équitables.

Dans ces circonstances, la prédation devient inévitable. Les échanges économiques équilibrés sont conditionnés à l'existence d'un marché harmonieux, ordonné, et protégé. Les opportunistes, zélateurs de la prédation, convertis à l'économie de marché, se retrouvent dans l'opposition qu'ils exercent entre le marché libre et la réglementation, soit la liberté de commercer ou le contrôle. Face à des prédateurs, apôtres d'un marché libre, de telle sorte qu'ils bénéficient des rentes ainsi créées, il s'agit d'imposer des règles de régulation, élaborées par des institutions judiciaires, garantissant des transactions commerciales équilibrées et une organisation apaisée des marchés.

2.18. Les limites du modèle économique du football

L'application de la science remplace le travail productif en tant que force productive principale. Thèse selon laquelle la montée en puissance de la science comme force productive principale, détruirait les bases de la valorisation de la valeur.

Cette thèse identifie le fond du problème. En tant que système de valorisation de la valeur, le capitalisme footballistique bute effectivement contre sa limite. Mais il la contourne dans la mesure où il a muté vers un système reposant sur la capture anticipée de valeur.

Depuis 20 ans, l'industrie du football évolue vers la sphère financière qui représente le moteur de l'accumulation sous diverses formes de la part des clubs de football, comme :

- L'accumulation des capitaux
- L'accumulation des dettes
- L'accumulation des créances
- L'accumulation des investissements
- L'accumulation des actifs
- L'accumulation du Capital humain

La prétendue économie réelle s'accroît depuis les 20 dernières années, mais pas de manière autoentretenue. Elle fonctionne sous la perfusion de la création de capital fictif.

Depuis les années 2000, l'industrie financière du football joue le même rôle que dans l'industrie de base du capitalisme. La dimension que prend la multiplication des produits issus des marchés financiers, devient particulièrement évidente quand on analyse l'ensemble des produits issus des « *marchandises d'ordre 2* ». Il s'agit du secteur qui comprend les marchandises négociées sur les marchés de capitaux, comme les opérations de transferts de joueurs, la signature des contrats de sponsoring et les droits de diffusion des spectacles sportifs.

Le montant des indemnités de transferts sur les marchés de joueurs passe de 3 861 millions d'euros en 2013/20114 à 9 120 millions d'euros pour la période 2022/2023, soit multiplié par 2,36.

Indemnités de transfert (€ millions), bonus compris[49]

Saisons	Total : indemnités de transfert
2013/2104	3 861 millions d'euros
2014/2015	4 097 millions d'euros
2015/2016	5 545 millions d'euros
2016/2017	6 701 millions d'euros
2017/2018	8 275 millions d'euros
2018/2019	8 190 millions d'euros
2019/2020	9 702 millions d'euros
2020/2021	5 424 millions d'euros
2021/2023	6 410 millions d'euros
2022/2023	9 120 millions d'euros

L'industrie du football est portée par une inflation des prix qui évolue depuis la saison 2013/2015, sur une base de 1 vers 2,16 pour la saison 2022/2023, soit 116 % après avoir été jusqu'à 161 % pour la saison 2020/2021, juste avant la pandémie Covid 19.

L'accroissement des sommes engagées par les clubs s'explique aussi par une inflation des prix de transfert.

---

[49] - *https://football-observatory.com/L-inflation-sur-le-marche-des-transferts-des-footballeurs*

Inflation des prix de transfert[50]

Saisons	Valeur théorique indexée	Évolution en %
2013/2104	1	0 %
2014/2015	1,17	17 %
2015/2016	1,31	31 %
2016/2017	1,67	67 %
2017/2018	1,99	99 %
2018/2019	1,94	94 %
2019/2020	2,18	118 %
2020/2021	2,61	161 %
2021/2023	1,98	98 %
2022/2023	2,16	116 %

---

[50] - *https://football-observatory.com/L-inflation-sur-le-marche-des-transferts-des-footballeurs*

Balance des transferts de la Ligue 1 entre 2014 et 2024 – Millions d'euros[51]

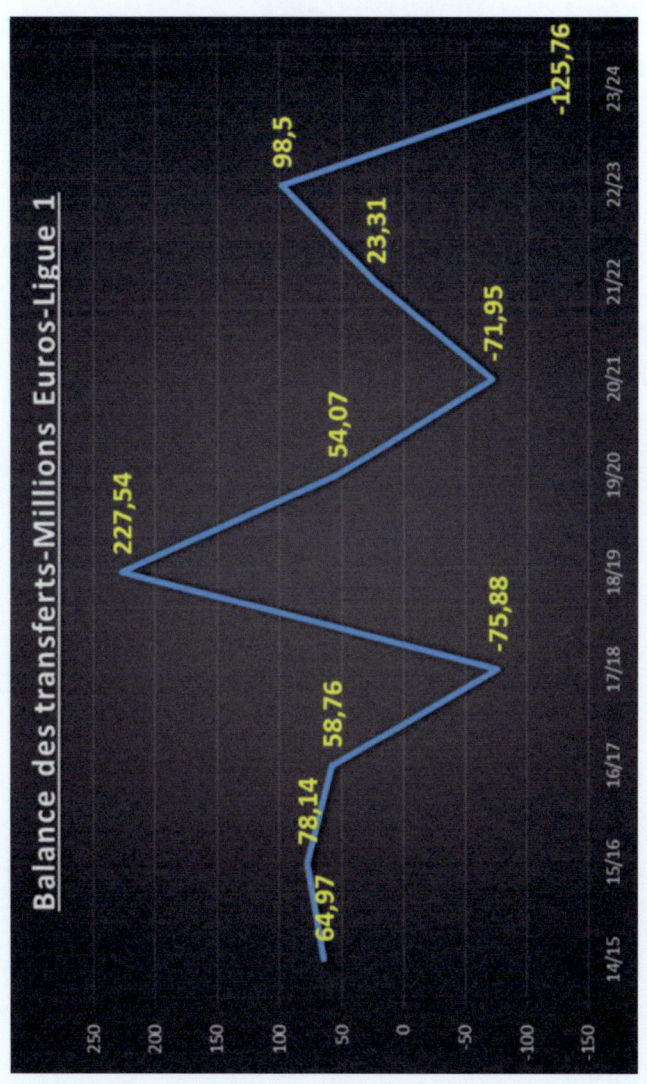

Les montants relatifs au marché des transferts des joueurs de football depuis la saison 2014/2015 montrent bien les phénomènes d'accumulation de la part des clubs de football français, sur un marché que l'on peut considérer comme un marché de capitaux.

La balance des opérations de transferts pour la Ligue 1 entre 2014 et 2024 traduit bien la volonté de l'ensemble des clubs de procéder à des investissements incorporels joueurs selon une croissance continue.

Évolution des investissements joueurs Ligue 1 entre 2012 et 2024 – Millions d'euros[52]

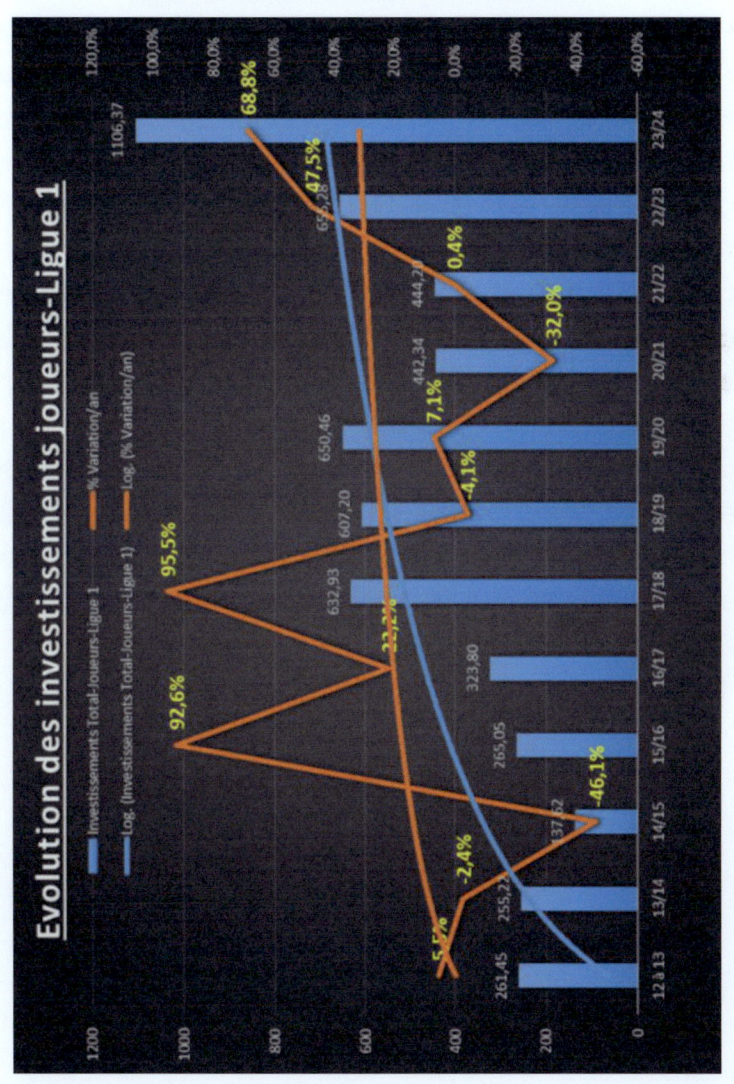

Le graphique ci-dessus traduit bien la politique de développement des clubs de Ligue 1 par des investissements de joueurs, selon une croissance régulière, altérée par la pandémie du Covid 19, sur les saisons 2020 et 2021, passant de 261 millions d'Euros en 2013, pour atteindre 1106 millions d'Euros en 2024soit une croissance moyenne annuelle proche de 40 %.

Suivant une logique financière identique, les revenus de la diffusion télévisée des matchs de football de Ligue 1 de 1998 à 2024, en millions d'euros, vendus par la Ligue de Football Professionnel (LFP) pour plusieurs saisons, évoluent de 106 millions d'euros en 1998/1999, puis une moyenne annuelle de 726 millions d'euros pour la période 2016-2020 et aboutir à 500 millions d'euros par saison pour la période 2024/2029.

Droits de diffusion des matchs de football de Ligue 1 – 1998-2029 – Millions d'euros/année[53]

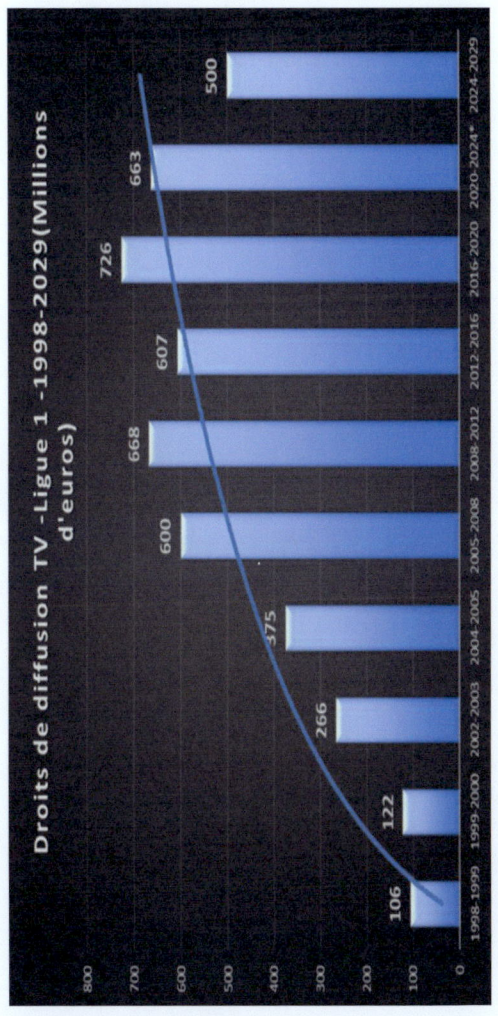

[53] - https://fr.statista.com/statistiques/491682/droits-diffusion-matchs-football-ligue-1-france/

Suivant la même évolution financière, les revenus de sponsoring des clubs de football de Ligue 1 de 2010 à 2023, passent de 177 millions d'euros pour approcher les 800 millions d'euros pour la saison 2022/2023.

Revenus sponsoring Ligue 1 – 2010-2023 – Millions d'euros/année

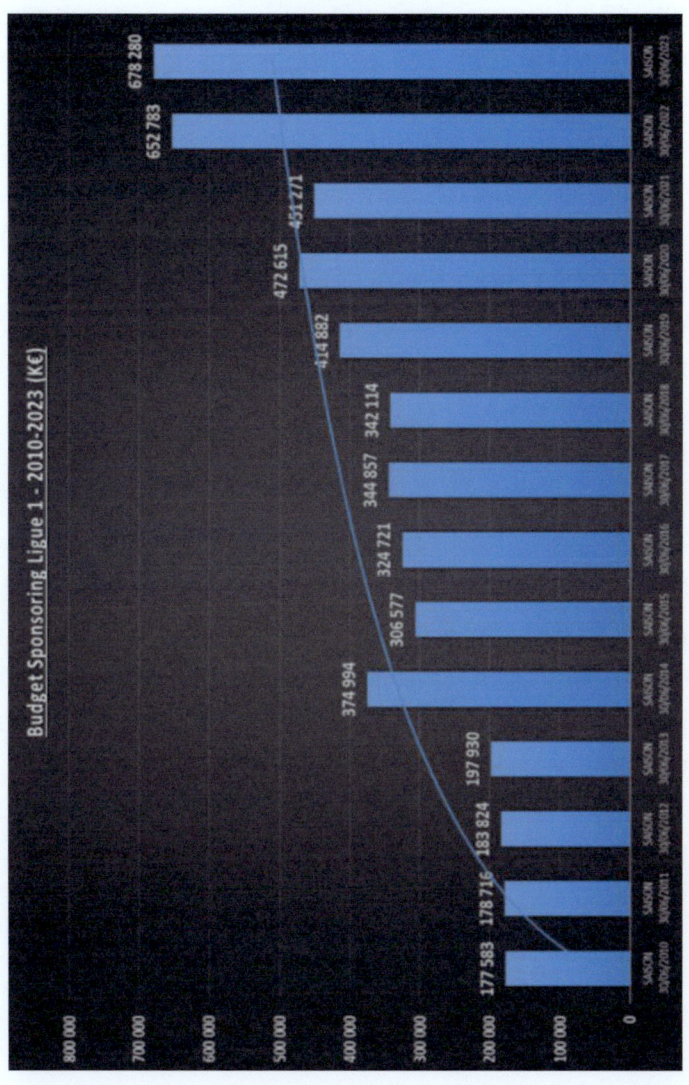

Ainsi, on peut noter que les 3 activités issues des ventes de « *marchandises d'ordre 2* », constituent bien les plus gros revenus réalisés par les clubs de Ligue 1 de football, qui se négocient sur les marchés de capitaux.

Dans les années 2000, ces produits de types dérivés représentaient des sommes très limitées. Depuis 2000, le montant total des 3 activités, droits audiovisuels, sponsoring et ventes de joueurs a été multiplié par près de 3. Ainsi, le montant total des ventes de ces produits paraît déconnecté de l'économie réelle, représentant plus de 81 % de la totalité des revenus des clubs de football de la Ligue 1, en 2023.

On a assisté à un déplacement du centre de gravité depuis les années 2000. Ce sont essentiellement les emprunts des clubs et leur endettement qui jouent un rôle central pour maintenir à flot la dynamique de création du capital fictif, associé à leur endettement croissant.

Endettement total des Clubs de Ligue 1 - 2010- 2010-2023 – K€

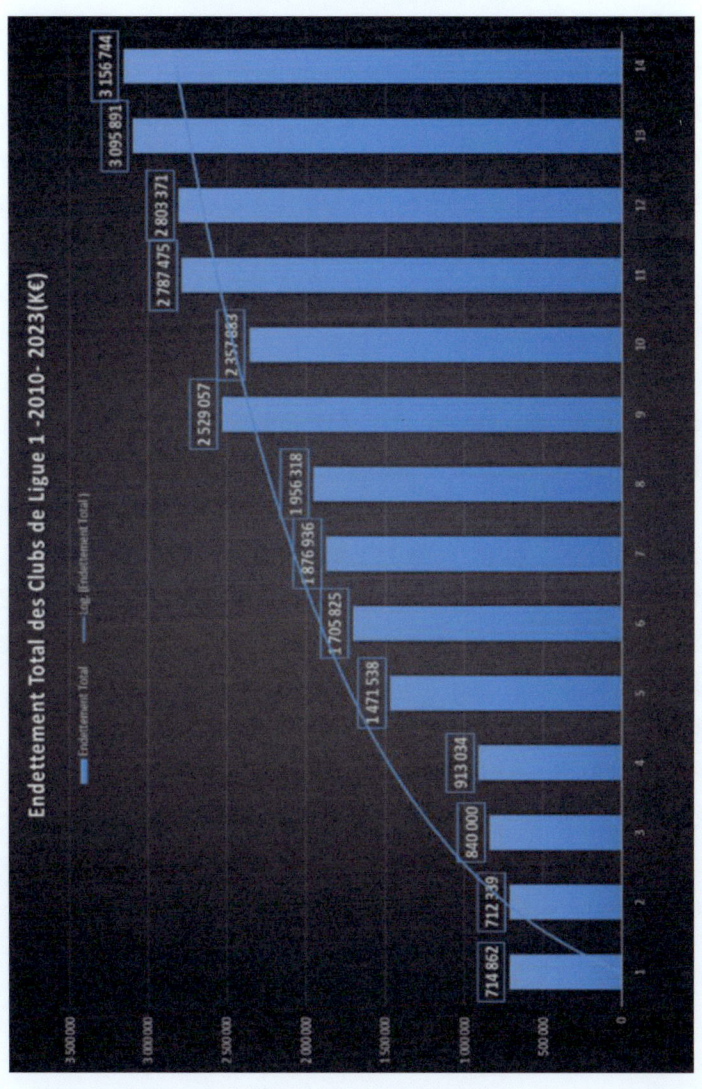

Celui-ci devient le moteur du développement des Clubs de football, passant de 715 millions d'euros en 2010 pour atteindre 3 157 millions d'euros en 2023, soit multiplié par 4,5 !

On assiste depuis les 20 dernières années à une augmentation rapide de la masse des actifs, surtout dans les phases où la production de « *marchandises d'ordre 1* », s'enraye. Mais au cours de cette période, l'industrie financière du football devient son véritable moteur.

À l'ère du capital fictif, il y a une chose qui saute aux yeux, le taux de croissance économique global de la Ligue 1 stagne depuis le début de sa financiarisation. Seul le volume de valeurs capturées par anticipation à travers la multiplication des « *marchandises d'ordre 2* » s'accroît beaucoup plus vite que la production de valeur.

Quelle en est la raison ?

Pourquoi un système dans lequel la croissance économique du football dépend de la multiplication des « *marchandises d'ordre 2* » adopte-t-il des décisions totalement absurdes ?

2.19. L'accumulation du capital dans l'économie du football

Pour répondre à cette question, il faut que nous nous rapprochions de la logique économique pour comprendre la différence fondamentale entre l'accumulation de capital à travers la multiplication de « *marchandises d'ordre 2* » et l'accumulation de capital par l'intermédiaire du capital qui contribue à la production des « *marchandises d'ordre 1* » pour les marchés des biens et des services.

Une multiplication de capital qui traduit une production réelle possède le grand avantage d'avoir un caractère durable, tant que le process de valorisation se poursuivra sans perturbation.

Le capital qui surgit à travers une valorisation productive ne disparaîtra pas. Certes, les installations employées s'usent, les biens et les services se voient consommés et les marchandises produites disparaissent également dans la consommation. Mais cette élimination ne concerne jamais que l'enveloppe matérielle des biens et des services. Leur valeur se transfère dès leur production réalisée et se transforme au moment de leur vente, en nouveau capital. La marchandise particulière disparaît, sa valeur reste.

La démonstration se présente tout à fait autrement du côté de l'accumulation de capital par capture anticipée de valeur. Chaque année, des actifs, des contrats et des dettes arrivent à échéance et des crédits doivent faire l'objet de remboursement. Ainsi du capital fictif se volatilise en permanence avant que l'industrie financière footballistique ne soit en mesure de contribuer à la multiplication du capital au service des clubs de football. Le modèle de l'économie capitaliste du football dépend de la transformation anticipée de valeur future en capital. Le fardeau des diverses composantes de l'économie du football et de son endettement, déjà consommées avant la production de nouveau profit, s'alourdit. Pour donner une idée de la dimension que ce fardeau représente, voici un seul chiffre qui montre que depuis, 2022, le montant total de la dette des 10 clubs de football les plus endettés dépasse les 5 179 millions d'euros. Pour la seule Ligue 1, sur la saison 2023, le total des dettes atteignait plus de 3 156 millions d'euros, soit une multiplication par 4,4 depuis 2010. L'ensemble des dettes rapporté au total des revenus commerciaux réalisés représentait 1,33 du total des produits.

Les 10 clubs les plus endettés auprès des banques[54], *10 février 2023 :*

1. Tottenham = 1,007 milliard d'euros
2. Real Madrid = 967 millions d'euros
3. Barcelone = 841 millions d'euros
4. Manchester United = 751 millions d'euros
5. Atletico Madrid = 536 millions d'euros
6. Inter = 390 millions d'euros
7. Rome = 271 millions d'euros
8. Juventus = 223 millions d'euros
9. Liverpool = 103 millions d'euros
10. PSG = 90 millions d'euros

Mais le capitalisme footballistique, porté par l'industrie finan**cière possède encore une autre faiblesse fondamentale.**
Certes, le capital peut s'accumuler à travers la multiplication de « *marchandises d'ordre 2* **», sans passer par une valorisation antérieure. Mais il devient ainsi dépendant des promesses réelles ou supposées quant à l'avenir de certains secteurs de l'économie réelle. Il n'y aura pas de**

---

[54] - *https://sportune.20minutes.fr/sport-business/football/psg-10e-les-10-clubs-les-plus-endettes-aupres-des-banques-300652*

croissance économique sur le marché du football sans l'espoir que l'activité productrice réalise un jour des profits conséquents.

Pour que les créances soient honorées sur les marchés financiers, la capacité de remboursement de la dette des clubs doit apparaître comme une garantie. Quand les porteurs d'espoir de l'économie du football n'accomplissent pas les attentes placées en eux, alors le revers devient inéluctable pour le système dans son ensemble. **Cela signifie que la multiplication accélérée des «** ***marchandises d'ordre 2*** **» ne peut continuer qu'aussi longtemps que l'économie réelle fournit suffisamment de porteurs d'espoir potentiels. En dernière instance, ils échouent et s'effondrent l'un après l'autre dans les domaines qui offraient des espoirs de gains futurs.**

Le système de création de capital fictif dans l'économie du football a connu son apogée entre les années 2010 et 2020. Quand en 2020-2021, la crise pandémique a transformé le modèle en place, le système transnational a commencé à vaciller et on assista de nouveau à un changement au niveau du porteur d'espoir principal, pour empêcher l'effondrement du système fondé sur l'anticipation de valeurs.

Les pouvoirs publics des principaux pays capitalistes sont intervenus et ont consenti d'urgence des prêts financiers garantis par les États. L'État a sauvé la création de capital fictif interne au secteur du football privé, en transférant sa propre crédibilité à des clubs en difficulté.

Par rapport aux crises antérieures, celle qui démarra en 2020 possédait une nouvelle qualité. Cette fois-ci, ce n'était pas un quelconque secteur de la production de « *marchandises d'ordre 2* » qui menaçait de s'effondrer, mais bien plus l'ensemble du système qui devenait extrêmement fragile. Cela débuta par le fait que le déplacement vers des crédits financiers garantis par les États, menaçait pour la première fois de saper le statut traditionnel des clubs, en tant qu'incarnation de débiteur crédible, qui perdrait l'auréole qui leur attribuait une capacité de remboursement au-dessus de tout soupçon.

Si la thèse de base s'avère juste, alors le capitalisme footballistique se confrontera à un problème indépassable. Avec la troisième révolution industrielle, le développement des forces productives atteint un point où le capital peut bien produire toujours plus de biens et de services, mais il ne dispose plus de la capacité de produire suffisamment de valeur, suffisamment de richesse capitaliste. Alors que la seule chose qui importe pour la production de marchandises, soumise à la logique capitaliste s'exprime par la transformation de valeur, en plus de valeur.

Le système capitaliste dans l'économie du football masque cette contradiction depuis deux décennies par le fait de produire toujours plus de « *marchandises d'ordre 2* », destinées aux marchés financiers, mettant ainsi la main sur la richesse capitaliste future. Il a muté ainsi en une espèce de système reposant sur une réaction en chaîne.

Évidemment, à long terme, un tel système financier ne peut pas fonctionner. Si l'on tire la conclusion que l'erreur fondamentale serait à chercher dans la superstructure financière de cette économie, il suffirait de rétablir la domination de l'économie réelle pour sauver l'économie de marché du football.

L'énorme croissance de la superstructure financière du football, ne devient pas la cause du malaise. Elle exprime en soi déjà, le symptôme d'une crise plus profonde, qui plonge ses racines dans l'économie réelle capitaliste. Notre société s'oppose au but misérable de la production capitaliste qui ne connaît comme finalité, que la reproduction et l'accumulation du capital.

Face aux indignations issues des comportements financiers, à l'immoralisme de leurs agents, possiblement des actes de corruption, il convient de les considérer comme des manifestations réelles.

Il nous appartient d'aller rechercher ce qu'il y a d'essentiel dans le fonctionnement et le dérèglement de l'économie financière du football qui produit la cupidité. Cela devient possible si l'on considère le but final du modèle économique sportif – maximiser la création de valeur pour s'approprier le capital.

La valeur ainsi capturée sur les espaces de la production, s'avère insuffisante aux yeux des dirigeants du football. Peu leur importe, ils vont s'accorder afin d'organiser des mécanismes, offrant toutes les possibilités pour augmenter l'univers économique du football et produire de la valeur proprement financière, en anticipant de la production future, au bénéfice des actionnaires et du secteur sportif. Cependant, ces dérives inflationnistes précipitent ce modèle économique vers des bulles financières qui représentent du capital fictif. Il devient de fait, l'origine d'instabilité financière chronique.

Plus néfaste encore, cette structure économique conduit invariablement vers une rentabilité décroissante, dans laquelle les revenus obtenus ne couvrent pas les remboursements des dettes contractées, ou seuls les intérêts peuvent être couverts. Apparaît ainsi une structure sous la forme d'une « *Pyramide de Ponzi*[55] », où la carence financière de quelques acteurs du football, induit l'écroulement du prix des actifs.

Finalement, il s'agit de poser les questions suivantes :

À qui bénéficie ce modèle économique ? Qui sont les gagnants et les perdants d'un tel modèle économique ?

Finalement, qui subit la grande dévalorisation du football ?

---

[55] - *https://fr.wikipedia.org/wiki/Syst%C3%A8me_de_Ponzi*

2.20. Les gagnants : Dérive inflationniste des salaires des sportifs et agents dans l'économie du football

La première analyse montre la comparaison entre l'évolution de la masse salariale dédiée au secteur sportif et celle relative à chacune des principales sources de revenus des clubs.

On peut constater que cette masse salariale progresse de +232 % depuis la saison 2009/2010, jusqu'à celle de 2022/2023.

Il est important d'effectuer les comparaisons sur les valeurs absolues, plus significatives des dérives salariales du secteur sportif, au regard de l'évolution des recettes.

Le montant de la masse salariale était de 697 M€, pour passer à 1 613 M€ lors de la saison 2022/2023, soit une variation de 916 M€.

Durant cette même période, les recettes issues de l'ensemble des revenus commerciaux (hors apport du contrat de CVC Capital Partners), soit des sponsors et de la publicité, des recettes matchs, de la billetterie, des hospitalités et des autres produits dont le merchandising) ont progressé de 821 M€ ; ce qui montre que la progression de salaire du sportif a absorbé la totalité de la croissance des activités commerciales.

En incluant les revenus des droits TV, le poids des salaires du secteur sportif a capturé jusqu'à 87 % de la totalité des produits de la Ligue 1, et est revenu à 68 %, laissant entre 13 % et 32 % de ceux-ci pour financer les importants besoins pour les autres services extérieurs, les autres charges externes, ainsi que les rémunérations de l'ensemble du personnel administratif.

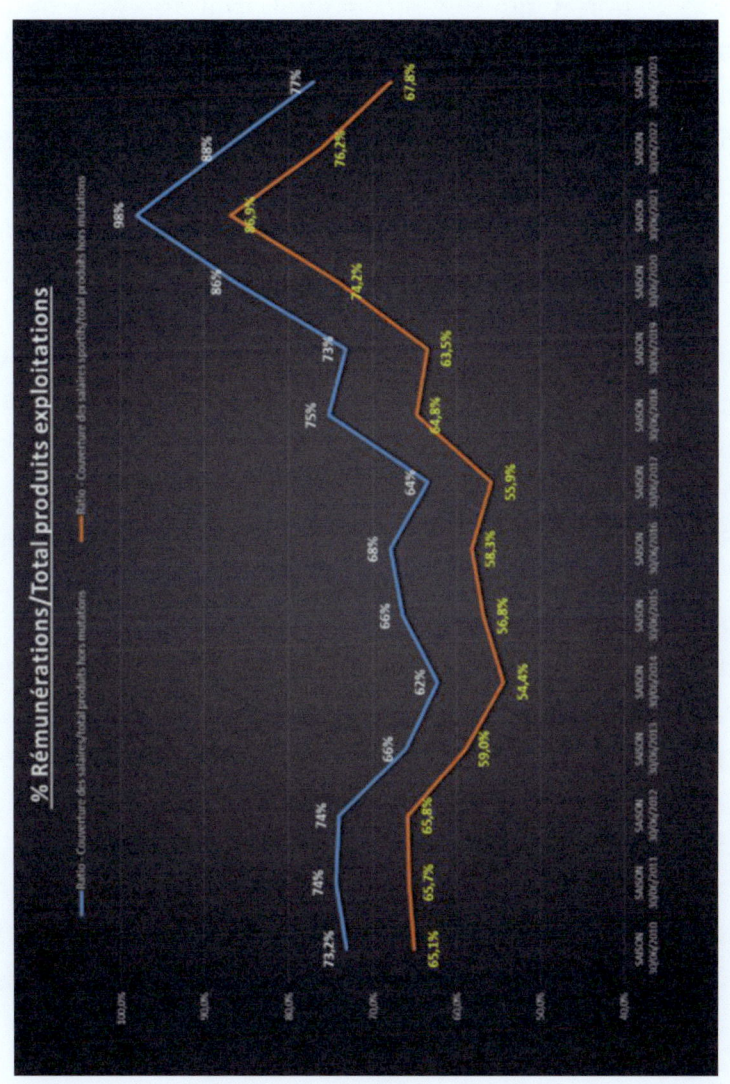

Le graphique ci-dessus montre une dérive régulière des salaires du secteur sportif, qui représente la partie variable du travail stocké, incorporé dans les capitaux.

Selon les graphiques ci-dessous, la masse salariale du secteur sportif capture 87 % du total des rémunérations, une proportion constante depuis plus de 10 saisons, et 111 % de la valeur ajoutée produite pour la saison 2022/2023.

Il est significatif de constater que cette part de salaire capturait entre 85 et 104 % de la valeur ajoutée (VA) produite entre 2010 et 2017, pour passer à plus de 110 % en 2018 et 2019 et atteindre près de 140 % sur les dernières saisons, ce qui illustre une appropriation supplémentaire de près de 50 % de la valeur ajoutée produite.

Il n'est pas inutile de prendre en compte les rémunérations des agents des joueurs sous forme d'honoraires pour mesurer le poids total des opérations rémunératrices pour le secteur sportif. Entre les saisons 2010 et 2023, leur valeur est passée de 40,6 M€ à 139,3 M€ soit un multiplicateur de près de 3,5, près de 10 % de la rémunération des joueurs et plus de 8 % du total des revenus commerciaux.

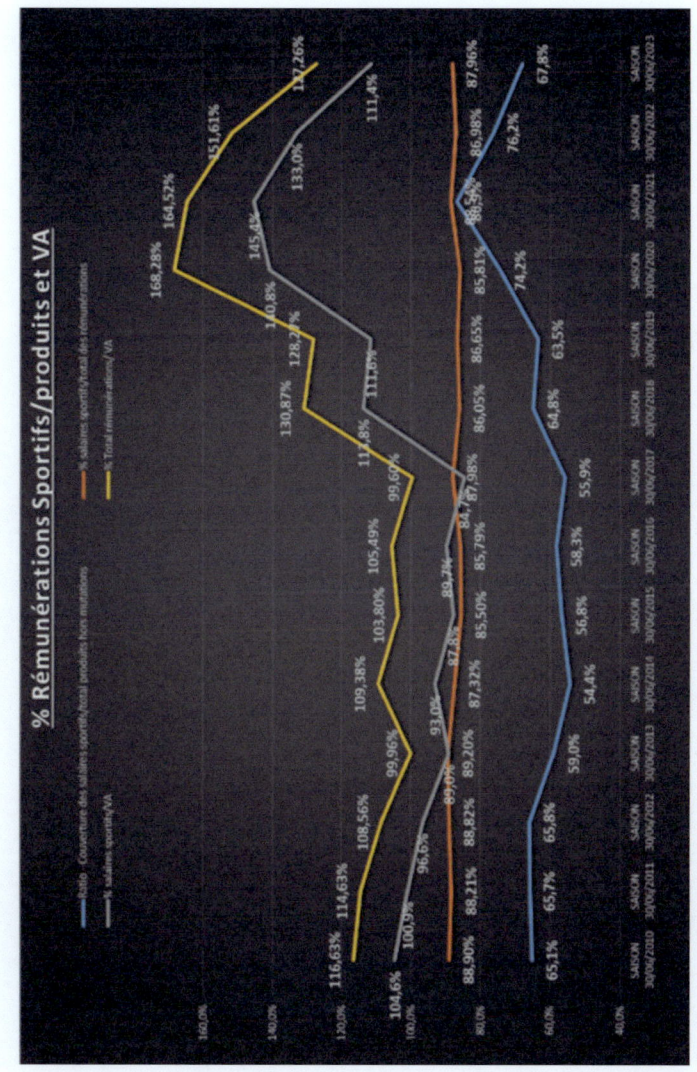

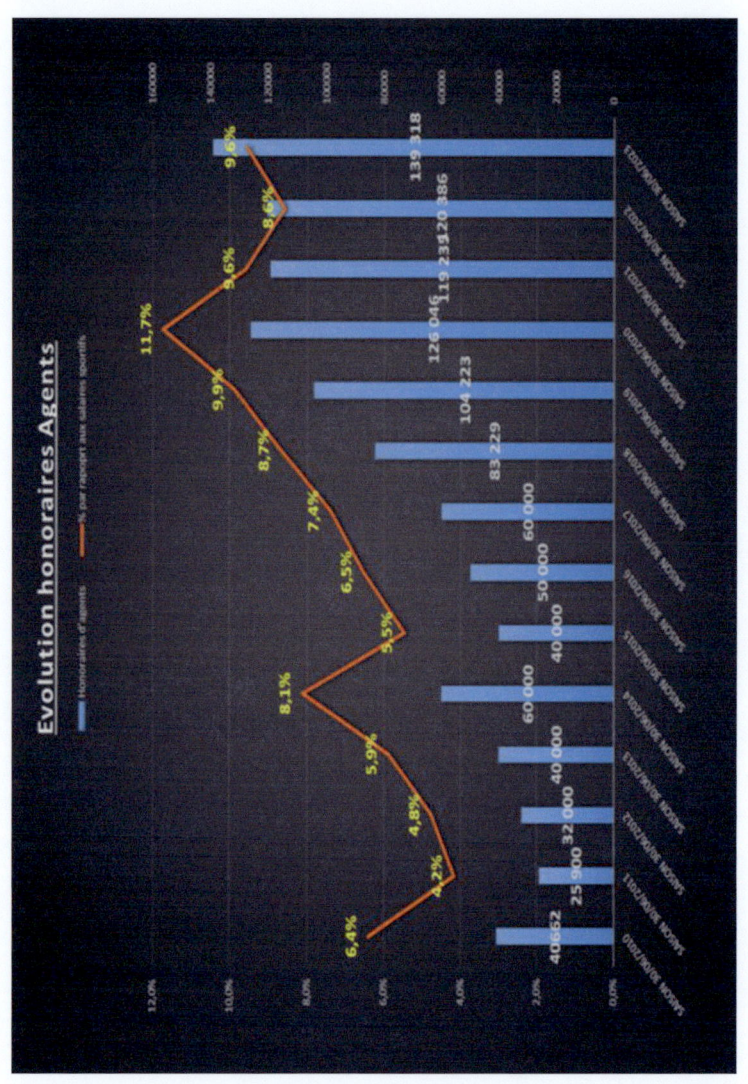

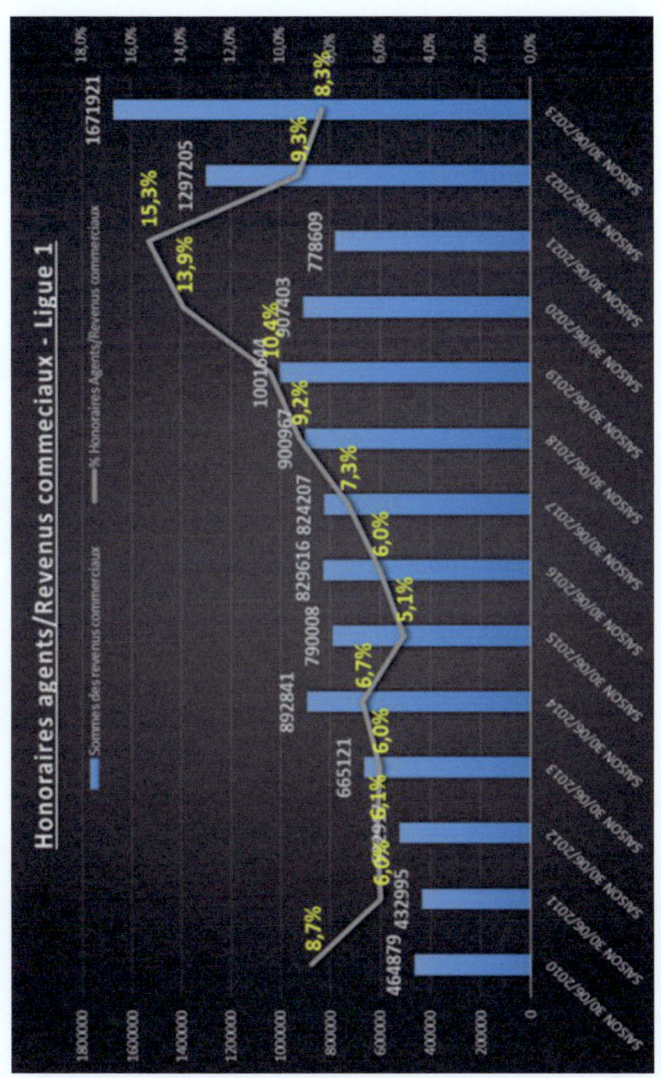

De même, le financement des salaires du sportif par les droits audiovisuels montre une dérive constante qui évolue de 115 % à 228 % pour la saison 2022-2023. Malgré un montant de droits TV, la part salariale dédiée au secteur sportif continue à s'accroître pour devenir insupportable pour les clubs sans le recours à des artifices financiers.

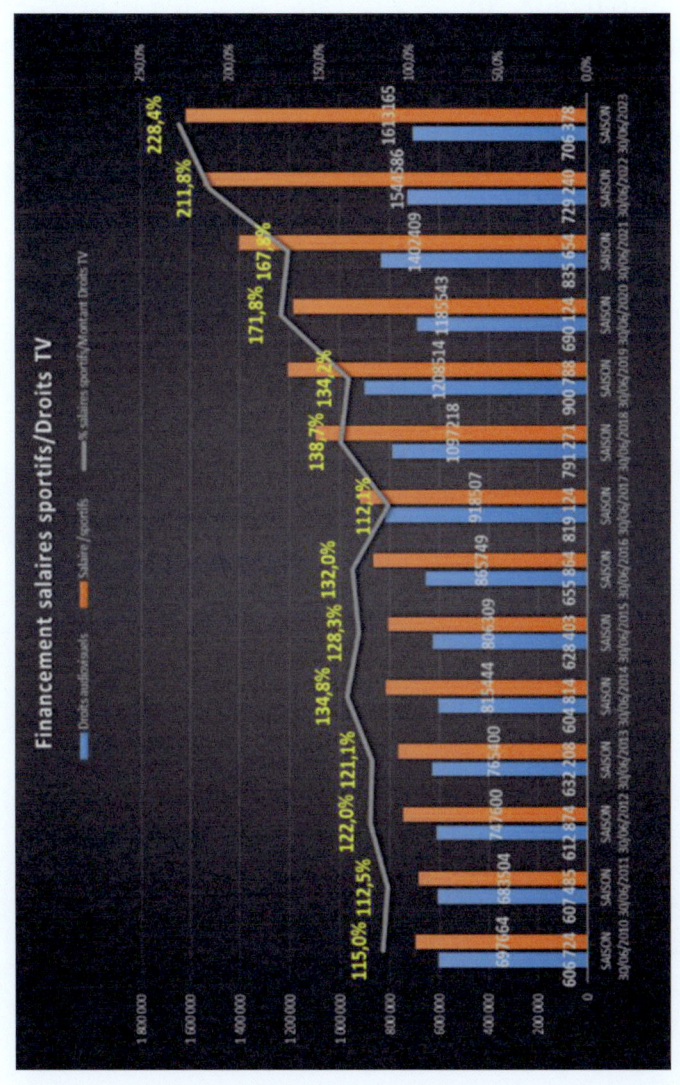

D'une manière identique, l'ensemble des revenus commerciaux ne suffit pas à couvrir la masse salariale dédiée au secteur sportif. Le ratio de couverture évolue de 150 %, pour atteindre jusqu'à 180 % et revenir à 96 % pour la dernière saison connue. Cependant, si l'on retire les 385 M€ apportés par le contrat CVC Partner, cette part des salaires se maintient à un niveau très élevé de 125 % pour la saison 2022-2023.

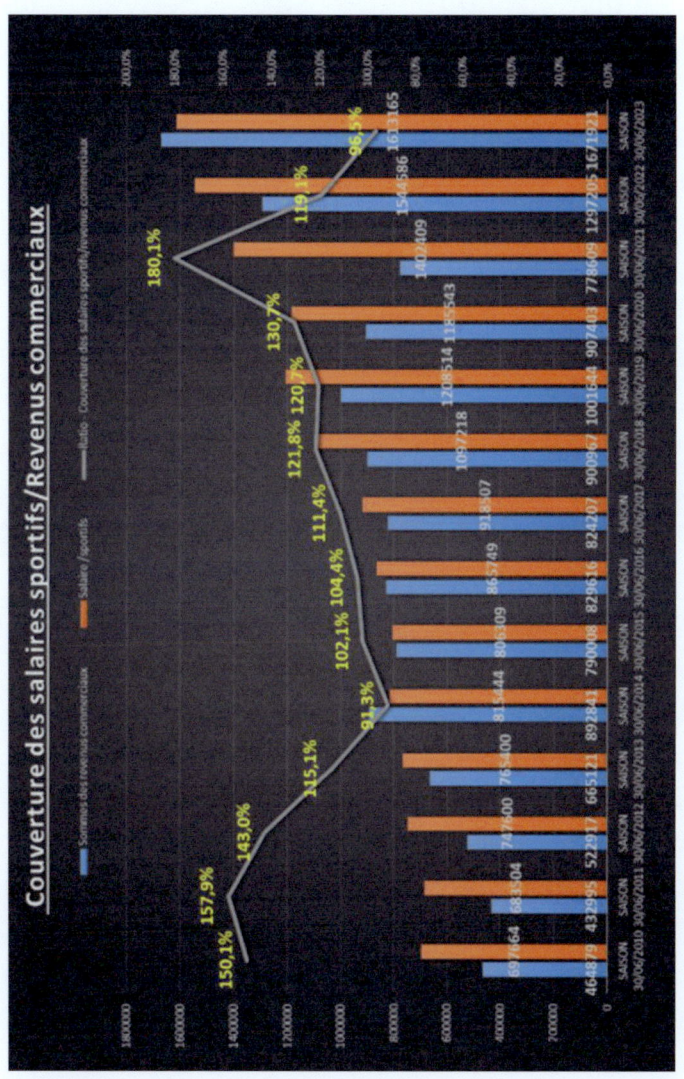

2.21. Les gagnants : Les propriétaires, les investisseurs et les dérives dans l'économie du football

L'argent des actionnaires, l'avidité des clubs jusqu'aux collusions, la corruption, le dopage, l'évasion fiscale, les pratiques douteuses et les intérêts particuliers représentent le lot quotidien des affaires dans l'économie du football.

Le football européen devient l'espace de jeu des fonds d'investissement.

Plus de 30 % des clubs des cinq grandes ligues européennes de football, appartiennent totalement ou partiellement à des acteurs financiers de capital-investissement.

Une des raisons tient au fait que l'économie du football s'inscrit dans des opérations de diversification des investisseurs financiers, dissociées des évolutions économiques. Cet environnement dispose de capacité de résistance face aux récessions, notamment par les contrats de diffusion et de sponsoring engagés sur plusieurs années. Ceux-ci offrent les possibilités d'affronter les éventuelles baisses des revenus commerciaux, issus des ventes de produits dérivés et des recettes des billetteries.

Des joueurs, convertis en produits spéculatifs, deviennent des investissements, des actifs au rendement financier virtuellement important. Depuis une dizaine d'années, cette dynamique s'accentue, jusqu'au détriment des objectifs sportifs des clubs. Certains fondent leur devenir en considérant la plus-value potentielle générée par la revente de jeunes joueurs, comparée au coût de leur formation ou à leur prix d'achat sur le marché, sans avoir contribué au projet sportif de leurs clubs.

Le marché des joueurs les assimile en actifs spéculatifs.

Contrairement à la théorie du modèle économique classique, la richesse des plus nantis ne ruisselle pas vers le bas. L'argent de l'économie du football adopte le chemin inverse, les clubs les plus argentés bénéficient du système en place, qui conduit à des écarts de plus en plus importants, entre les plus riches et les plus modestes. Ainsi, une aristocratie réduite, constituée de quelques clubs, accapare la plus grande part des revenus de sponsoring et des droits audiovisuels. En conséquence, les compétitions ne respectent, ni les principes d'une équité sportive, ni d'un équilibre sportif, susceptibles de rendre les championnats et les rencontres interclubs attractifs. De plus, à l'intérieur des clubs, apparaissent des inégalités sociales et économiques démesurées, entre les conditions salariales des joueurs les mieux rémunérés et ceux supportant des situations de seconde zone.

L'économie du football entre dans un nouveau cycle, celui de la multipropriété. Les fonds d'investissement, tenus par des fonds étrangers, ne rentrent pas dans les clubs de football pour faire du mécénat et se satisfont d'une absence de rentabilité. Le recours à la multipropriété leur permet d'entrer dans une logique d'économie de marché, qui répond au modèle de fusion-acquisition d'entreprises, porté par des schémas spéculatifs.

Lors de ces pratiques, les fonds d'investissement s'engagent auprès de divers clubs de niveau comparable, afin d'élargir leur assise d'investissement. Ainsi, cela les autorise à minimiser leurs coûts et à limiter les risques, dus éventuellement à un échec sportif, qui conduirait un club en division inférieure. Par ailleurs, les investisseurs entrent dans le capital d'un club renommé et riche, puis dans d'autres moins nantis. Il s'agit alors de recruter de nombreux jeunes joueurs de pays émergents, afin de les engager dans les clubs achetés, et contribuer au surgissement de leur potentialité sportive et économique.

Lors des opérations réalisées par les fonds d'investissement dans les clubs de football, les aspects fiscaux retiennent une part significative dans les prises de décision. Les schémas financiers mis en place intègrent les avantages fiscaux à en retirer. Les procédures relatives à l'optimisation fiscale questionnent les justifications de la multipropriété et des fonctionnements, pilotés par des structures sous forme de holding, qui regroupent sous une même entité, toutes les filiales. Le principe utilisé cherche à réduire les taux de la fiscalité supportée.

Par le biais des coûts de transferts, par la consolidation de l'ensemble des bénéfices et des pertes de chaque filiale, les holdings supportent des taux d'impôt très bas et réduisent ainsi leur base d'imposition. S'ajoute à ces phases de centralisation, la localisation des sièges des holdings, pour la plupart dans des zones à taux fiscal réduit, voire avec des règles d'imposition particulièrement avantageuses, ou adeptes de l'évasion fiscale.

Le principe de la multipropriété conduit à de multiples conflits d'intérêts, en dehors de toute éthique sportive. La majeure partie des championnats européens, dont la France, régulent la multipropriété au sein d'une même division. Cependant, pour les compétitions européennes, le règlement de l'UEFA (Union des associations européennes de football), prédit uniquement une disposition relative à l'incidence critique vis-à-vis des dirigeants des clubs, afin d'exclure un deuxième club, d'un même groupe à une participation européenne. Ainsi, il suffit de modifier l'organigramme des clubs visés pour échapper à cette clause particulière. Finalement, il apparaît des discriminations entre les clubs considérés comme majeurs et leurs filiales, qui répondent aux motivations des investisseurs, dont le seul objectif se limite à la maximisation des profits.

Cet environnement financier conduit à l'observation d'une concurrence mutilée, associée à la destruction de l'équité sportive et à la dispersion de l'équilibre sportif.

En 2010, pas un club de football professionnel français n'était contrôlé par un actionnaire étranger. En 2024, ils sont onze, dont cinq en Ligue 2. Au cours de la dernière décennie, une cinquantaine de clubs européens ont fait l'objet de changement de propriétaires, repris par des fonds d'investissement étrangers à leur pays.

Avec l'arrivée de capitaux étrangers dans les clubs, l'approfondissement des inégalités financières, l'arrivée d'un fonds d'investissement devient providentielle. Les actionnaires en place y perçoivent la possibilité de négocier leur participation à bon prix et les supporters espèrent que le nouvel actionnaire va contribuer au renouveau du club et les engager vers la voie du succès. Cependant, lorsque le club ne représente plus un bien partagé, commun à l'ensemble des parties prenantes, fixé dans un espace social, géographique et économique, enraciné dans son histoire, alors sa seule valeur se voit ramenée à celle du capital qu'exprime son nouvel actionnaire.

Ainsi, il s'expose à sa propre disparition, tant symbolique que réelle.

L'économie du football fascine tous les types d'investisseurs et les pratiques d'investissements pour de multiples motivations, allant des opportunités pour y faire des profits, de l'optimisation ou de l'évasion fiscale, à l'accumulation de capitaux et d'actifs, voire géopolitiques. Ces objectifs de courtermisme, comme des transferts de compétences, des régimes de filialisation, de quête d'influence, possiblement de corruption ou de blanchiment, ne répondent pas au développement d'un projet sportif et économique équilibré, et sous-estiment l'incertitude quant aux conséquences des aléas sportifs.

Le sport ne peut se réduire au profit d'une logique purement économique.

Le modèle économique du marché des joueurs conduit vers des opérations débridées de transferts, dont les montants dérivent constamment, et repose sur l'accumulation des recrutements, sur la recherche de la valorisation et sur la réalisation des plus-values suite aux reventes des joueurs les plus prometteurs, **aboutissant au caractère spéculatif du pilotage des clubs.** Les clubs plus avisés réussiront leurs projets de valorisation de leurs actifs. Cependant, quelle contrepartie offrent les clubs spécialisés dans le *« trading de joueurs »* afin de respecter l'histoire et la sensibilité de leurs supporters ?

Que représente un schéma explicitant l'organigramme des holdings financiers qui gravitent autour des clubs, au regard de l'ensemble des parties prenantes locales et régionales ?

Qu'expriment les investissements démesurés pour adapter stade et centre de formation selon les contraintes imposées par l'UEFA, financés par les impôts des citoyens, afin de créer des espaces d'expositions pour la domestication locale de futurs footballeurs, et surtout les perspectives de forte plus-value ?

Malgré des montants d'investissements colossaux, des stades modernisés, la qualité de la formation, la fréquentation qui progresse lentement, la Ligue 1 offre une attractivité limitée qui impacte la valeur des droits de diffusion, source de revenus critiques pour l'ensemble des clubs.

Face à cette situation, leur rentabilité se dégrade régulièrement, rendant tous les projets aventureux, dépendant des droits audiovisuels, des opportunités d'actifs de joueurs et de participation régulière à la Ligue des Champions ou aux autres coupes européennes.

Ainsi, face au renoncement de son propre destin, pour s'offrir aux mains d'actionnaires cupides, les clubs s'exposent aux risques de prédation de leurs nouveaux propriétaires, conditionnés par la recherche des profits à court terme, face à l'incertitude d'une croissance aléatoire concernant l'économie du football.

Le championnat allemand, la Bundesliga bénéficie d'un paravent avec l'interdiction de détenir plus de 49 % de capital des clubs par un seul actionnaire. Le modèle économique du football allemand respecte ses supporters, les clubs s'engagent envers eux, bénéficient de taux de remplissage proches de 100 %, restent ancrés dans leur histoire et leur espace géographique et appartiennent encore à une culture populaire revendiquée.

Le football serait-il en train de sombrer dans la grande criminalité ?

Argent sale, corruption, évasion fiscale, transferts douteux, détournements de fonds… Aujourd'hui le football vit au-dessus des lois. Ces pratiques sont de plus en plus connues, comme nous le rappellent les nombreux scandales financiers, qui ont éclaté ces dernières années.

Le marché du football semble donc régi par la loi de la jungle où prolifèrent les comportements mafieux.

De nombreux rapports dénoncent les dérives du foot business, sur les conditions de transfert des joueurs professionnels et le rôle des agents sportifs, qui mettent en lumière les pratiques frauduleuses et les comportements mafieux.

Dans les courriers adressés à l'ensemble des chefs d'État de l'Union européenne, l'UEFA réclame leur aide en vue de « *protéger le football d'un mercantilisme qui l'assaille de toutes parts* ». Ils soulignent « *qu'une grave menace plane sur le développement du football européen : l'omniprésence de l'argent* » et rappelle également que « *l'argent n'a jamais été le but ultime du football et que gagner des trophées reste l'objectif principal* ». L'Angleterre s'inquiète et fait l'état des lieux de la situation du football au Royaume-Uni.

Les conclusions sont sans appel : manque de transparence, dessous de table, blanchiment et de nombreux transferts douteux.

Comment expliquer ces dérapages ?

Le nerf de la corruption que constituent les transferts, implique de nombreux intermédiaires et manipule de grandes quantités d'argent. Ce qui favorise le développement de comportements frauduleux. De plus, le laxisme des pouvoirs publics laisse quasiment carte blanche à la grande criminalité, pour organiser des opérations de blanchiment et de noircissement de capitaux, dans un secteur économique encore trop peu surveillé.

À la suite des enquêtes qui aboutirent à la publication des « *Football Leaks*[56] », le lanceur d'alerte est toujours emprisonné. Pour les dirigeants des clubs, des Institutions Nationales ou Internationales, tant que leur équipe gagne, rien d'autre n'a d'importance pour tous les individus concernés, même s'ils reconnaissent les irrégularités, les délits commis et les problèmes systémiques du football.

Le football devient intouchable, et les autorités protègent le secteur simplement parce qu'il représente un levier politique, en dehors de tout intérêt public.

Les clubs, les institutions représentent une « *pieuvre* » qui influence l'élite des différents pays. Les clubs connectés avec la police, avec les procureurs et les dirigeants politiques, proposent

---

[56] - *https://fr.wikipedia.org/wiki/Football_Leaks*

régulièrement des billets VIP gratuits pour les matchs de gala. Peu se risquent à ouvrir des enquêtes face aux conflits d'intérêts évidents.

Pour une autre régulation dans le football, plus contraignante, nous avons besoin que la Commission européenne intervienne. Celle-ci a ajouté le football sur la liste des secteurs à surveiller en matière de blanchiment d'argent. Il y a beaucoup à faire.

2.22. Les perdants : La grande dévalorisation des salariés des administrations dans l'économie du football

L'analyse des données relatives aux rémunérations des salariés dédiés à l'administration, sur la même période, explique ce que je définis, comme une grande dévalorisation des personnes exerçant leurs responsabilités dans l'ensemble des fonctions support ou de « *back-office* » des clubs de football. Ce système présente la particularité d'accorder une faible considération pour les activités opérationnelles, menées par les employés concernés.

Il ressort aussi une perception désagréable, à propos des informations relatives à la masse des salaires, pour l'ensemble des personnes travaillant dans les différents clubs :

La part de ces salaires alloués aux personnels administratifs est dérisoire au regard des effectifs exerçant dans les organisations du football.

En effet, si l'on peut poser comme hypothèse une quasi-stabilité observée des effectifs relatifs au secteur sportif, sur la période concernée d'une décennie, il n'en va pas de même pour les effectifs administratifs qui progressent en lien avec le développement des activités commerciales.

Cela signifie que la dérive des salaires du sportif se concentre sur les joueurs et les membres des staffs sportifs à titre individuel, lorsque les rémunérations des salariés de l'administration progressent proportionnellement aux nombres de personnes concernées.

Autrement dit, on peut en déduire que les sportifs de l'ensemble des clubs se sont partagé les 916 M€ de dérives de salaires, pendant que les augmentations des salaires de l'administration sont réparties sur des effectifs en progression de l'ordre de 50 à 100 % sur plus de 10 ans, selon les clubs.

Quelle conclusion peut-on en tirer ?

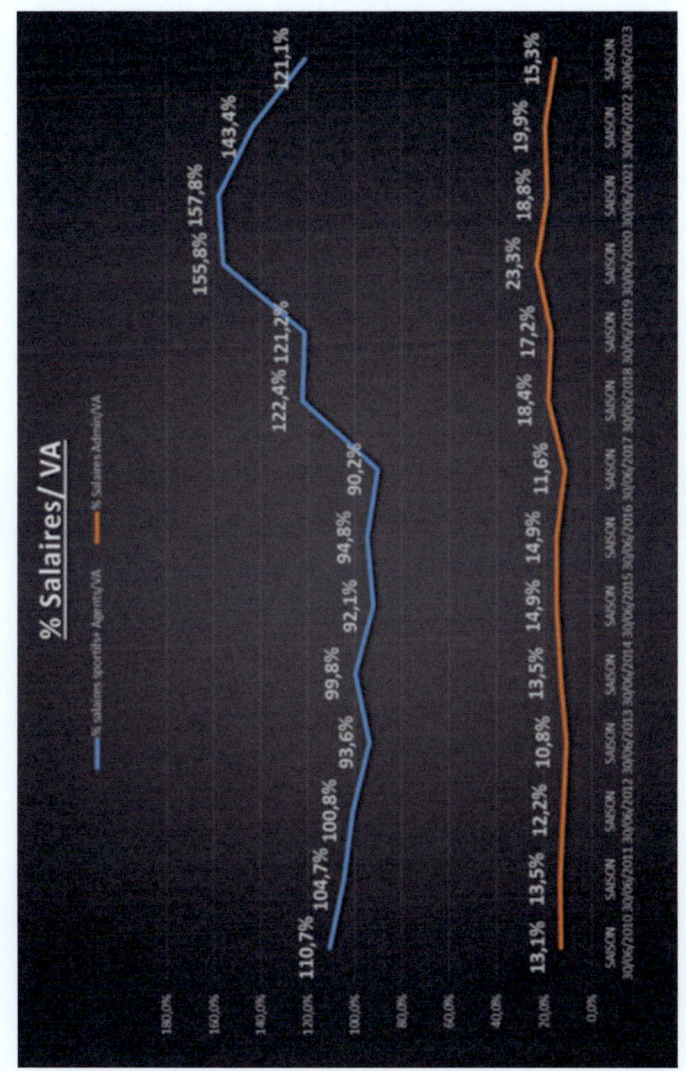

À partir du graphique ci-dessus, il ressort que la part des rémunérations consacrée aux personnels des fonctions support des clubs de Ligue 1 évolue beaucoup plus lentement que celle du secteur sportif.

La progression constatée provient de l'augmentation du nombre des effectifs dans les fonctions de « *back-office* ». L'on peut vérifier que la part des salaires du secteur sportif montre une capture de la valeur ajoutée autour de 100 % pour tendre jusqu'à plus de 150 %.

Pendant la même période, la part des salaires destinée au secteur administratif progresse beaucoup plus lentement, se situant à moins de 20 %.

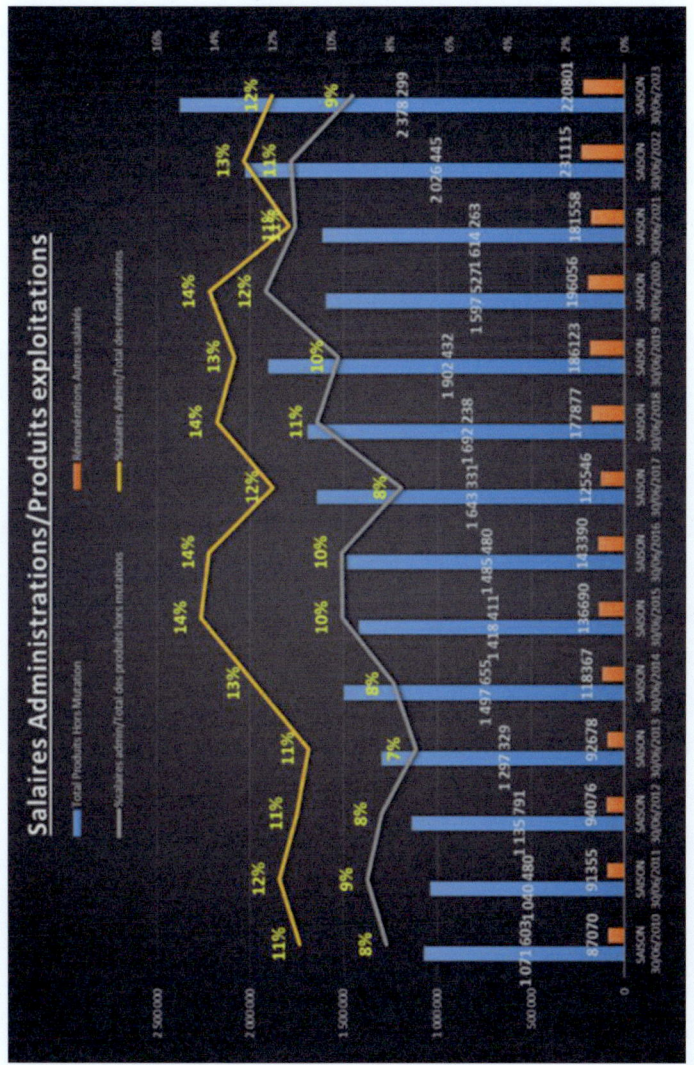

Avec une inflation des prix de l'ordre de 22 % depuis 2011[57], et une progression des effectifs comprise entre 3 % et 5 % par an, sur la même période, ce qui semble réaliste, on constate que la variation de la masse salariale administrative a été absorbée par l'inflation et par l'augmentation des effectifs. Cela revient à dire que les salaires perçus par les fonctions support des clubs ont été maintenus constants, à titre individuel.

S'ajoute la part des primes pour les sportifs qui s'élèvent à 12 %, 2 % pour le staff, contre 1 % pour les administratifs, sur un total de 15 % de masse salariale variable.

Le graphique ci-dessus illustre le poids de la masse salariale des salariés des fonctions support des clubs de Ligue 1qui représente 12 % du total des rémunérations pour la saison 2022-2023.

Par ailleurs, les salaires des fonctions support des clubs de football absorbent 9 % du total des revenus commerciaux de la même saison.

---

[57] - *https://www.insee.fr/fr/statistiques/2122401*

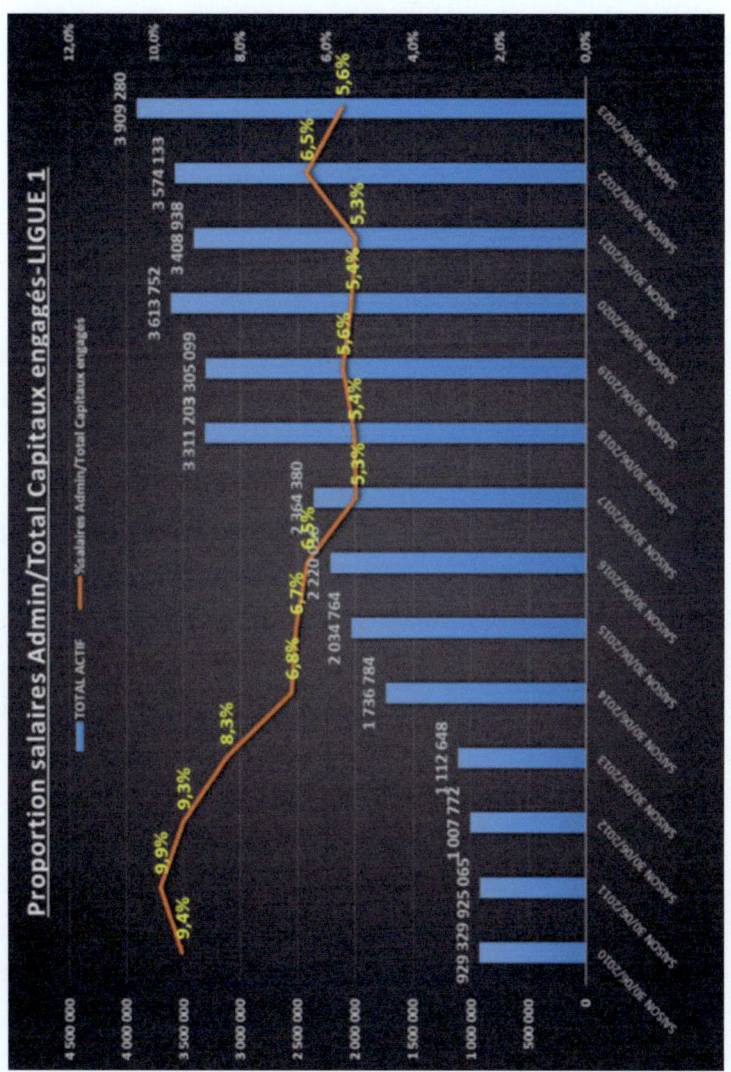

Une autre approche peut mettre en évidence la considération apportée aux fonctions support des clubs de football de la Ligue 1. Si l'on considère que le montant total des actifs des clubs représente leurs moyens matériels et immatériels en vue d'assurer leur production de valeur, par le biais du développement des activités commerciales, il semble naturel que les fonctions support s'inscrivent dans la mobilisation de ces actifs.

Ainsi, le graphique ci-dessus permet de rapprocher le montant de leurs rémunérations au total des actifs considérés, et voir que la proportion de leurs salaires passe de près de 10 % à 5,6 % pour la saison 2022-2023. Cet indicateur, vu sous un aspect plus financier, exprime la volonté des clubs pour une accumulation croissante des actifs, au regard de la reconnaissance apportée aux salariés des fonctions support, qui se traduit par une dégradation de leur ressource financière.

L'environnement mercantile s'inscrit dans la recherche de la rentabilité et de la performance, dans un secteur concurrentiel, comme celui de l'économie du football. Les métiers exercés dans les fonctions administratives, guidés par la passion dans les organisations du sport, entrent en contradiction avec les objectifs économiques, source de posture problématique et d'une ambiguïté des rôles.

L'ambivalence du travail salarié dans les organisations du sport établit un paradoxe entre le champ des responsabilités et la passion, ressort de leur engagement.

La financiarisation influe sur les relations de travail, produisant des inégalités sociales qui transforment les organisations sportives du football. L'ambivalence et l'engagement du travail, porté par la passion, finissent par désigner les travailleurs de l'administration comme les perdants de la société du sport.

2.23. La notion de « travail démarchandisé » dans l'économie

À quand le « *travail démarchandisé* » ? Autrement conçu comme un travail gratuit et jusqu'à la fin de vie !
Le travail démarchandisé ou penser le travail sans le salaire !
L'analyse du concept de « *travail démarchandisé* » selon Leigh Claire La Berge[58] désigne la transformation du travail, issue des politiques financières et démontre une contradiction sociale :
La toute-présence du travail et la volatilisation des salaires. Nous sommes accablés par le travail tout en travaillant sans salaire !
Il s'agit de la description de pratiques qui impliquent un travail peu rémunéré, voire pas du tout, pour illustrer le « *travail démarchandisé* », dont les exemples se propagent, des conditions de travail

---

[58] - *Leigh Claire La Berge est l'auteure de nombreux ouvrages de critique économique, parmi lesquels Scandals and Abstraction : Financial Fiction of the Long 1980s (2014), Wages Against Artwork : Decommodified Labor and the Claims of Socially Engaged Art (2019) ainsi que Reading Capitalist Realism (2014), qu'elle a co-édité. Elle est professeure agrégée d'anglais au Borough of Manhattan Community College de la City University of New York et travaille présentement sur un nouveau livre portant sur l'histoire économique, l'art et l'animalité : Marx for Cats : À Radical Bestiary.*

dans l'industrie du numérique, des pratiques dans les métiers des organisations du sport, des missions d'aides aux personnes, en passant par les universités et les écoles de commerce.

Décrire le lien de causalité entre le capital et le travail, suppose d'appréhender et d'exposer cette expansion des pratiques non rémunérées de travail, qui, loin de s'épuiser, illustre la capacité d'appropriation du modèle économique dans l'environnement du sport.

Selon la conception marxiste, le travail « *démarchandisé* », renvoie à l'épuisement du rapport salarial qui continue, malgré tout, à structurer nos vies.

Il ressort que le « *travail démarchandisé* », propose actuellement une démarche destinée à isoler la notion de travail, avec sa propre relation au salaire.

Qu'il soit catégorisé comme tel ou non, nous rencontrons quotidiennement « *le travail démarchandisé* », dans les métiers du sport, dans les métiers autour de l'aide à la personne, dans la production culturelle, tout au long des parcours universitaires, dans les pratiques de bénévolat, avec comme support juridique, tout un ensemble de dispositifs précaires.

Nous savons, à l'issue de décennies de recherches sociologiques, que l'emploi tend à devenir davantage axé sur les services, précaires et à bas salaires, excédentaires par rapport à la demande de main-d'œuvre.

On peut définir la notion de travail, comme une action produite dans laquelle nous nous engageons, pour rendre notre vie, à la fois significative et possible, mobilisant notre force de travail, comme un potentiel à notre disposition, pour être finalement vendu en échange d'une rémunération, puis utilisé pour produire de la plus-value capitalistique.

Ce que je souhaite décrire par le sens du « *travail démarchandisé* » constitue la condition d'un « *travail* » non rémunéré.

Je souhaite démontrer que le « *travail démarchandisé* », fournit à la fois un vocabulaire et une méthode pour penser le travail dans notre système économique présent. Le « *travail démarchandisé* », considère l'accroissement des conditions de sous-rémunération ou de non-rémunération, en présence de deux situations paradoxales, qui caractérisent les modèles de stagnation économique et la recherche éperdue de captation de la valeur créée.

Karl Polanyi dans son livre « *La grande transformation*[59] » introduit la notion « *d'encastrement* », pour expliciter la relation existante, entre les enjeux économiques et les institutions sociales. Si la marchandisation au sens de Karl Marx caractérise la vente d'un produit ou d'un service sur le marché, la « *démarchandisation* » suppose d'en restreindre le commerce.

L'économie ne se réduit pas au seul marché. Elle correspond à l'ensemble des conditions, qui assurent la subsistance des hommes et qui favorisent l'unité et la stabilité de l'économie, encastrées dans une structure sociale, qui coordonne la distribution et les échanges de biens et de services.

Les pays scandinaves constituent un exemple de restriction des forces du marché, relatif aux soins de santé, à l'éducation et au logement, affirmant une traduction de la « *démarchandisation* » de services, qui présente une plus grande préservation individuelle, face à l'arbitraire des marchés.

La notion de « *travail démarchandisé* », invoque une extension des possibilités d'extraction de valeur, au sein de la relation de travail. Une telle amplification

---

[59] - *Karl Polanyi - La Grande Transformation : Aux origines politiques et économiques de notre temps (Poche), 24 avril 2009.*

apparaît et coexiste avec le marché du travail salarié, malgré l'absence de salaire ou de rémunération. Nous sommes témoins de la faculté du capital d'extirper de la plus-value d'une disposition, que nous considérons comme du travail manifeste – remplir sa mission de travailleur, répondre aux contraintes des patrons d'entreprises et exercer ses responsabilités professionnelles.

Avec les pratiques du « *travail démarchandisé* », nous constatons de nouvelles conditions de l'extraction de la valeur, avec des formes de rémunérations réduites ou insignifiantes, tout en maintenant un système de production du travail, ses mesures, ses relations et ses propres versions qui perdurent. Comme le « *travail marchandisé* », le « *travail démarchandisé* » produit à la fois des libertés et des contraintes.

Les exemples de « *travail démarchandisé* » abondent et la multiplication des pratiques de « *travail démarchandisé* », comme le statut des autoentrepreneurs, comme les stages pour les étudiants, les contrats d'apprentissage et d'alternance, les projets non rémunérés effectués dans le cadre d'une candidature, le service national universel, le service civique, les expériences de volontariat international au sein du Corps européen de solidarité, les activités obligatoires dans le cadre du contrat d'engagement jeune et les travaux exercés par des bénévoles traduisent les expériences sociales, utilisées par cette forme de travail, pour des rémunérations de 600 € mensuels en moyenne. Les jeunes femmes et hommes acceptent ce principe d'activité, comme l'espérance d'un retour sur investissement.

Pour plus de précisions :

- 2,5 millions d'autoentrepreneurs, au salaire moyen de 590 €/mois.

- 1,6 million estimé de stagiaires en France, « *estimé* » puisqu'il n'existe aucune ressource comptabilisant le nombre exact.

- 1,1 million de personnes sont en alternance (dont 87 % en contrat d'apprentissage).

- Depuis 2010, plus d'un demi-million de jeunes de 16 à 25 ans ont pu effectuer une mission de service civique. En 2020, 132.00 jeunes engagés ont pu effectuer leurs missions.

- En 2023, le Service National Universel propose plus de 50 000 places.

L'autre exemple concerne les dérives de l'économie numérique, qui incarne de manière très parlante un écosystème technologique où la mobilité et l'exploitation algorithmique vont de pair. Désormais, cette étiquette désigne un ensemble de réalités de marché, fondées sur la mise en relation d'acheteurs et de vendeurs, ou de personnes prêtes à partager les bénéfices de cette nouvelle économie. Le cœur de métier de ces nouvelles entreprises, repose sur l'exploitation algorithmique des données personnelles et leur consommation par les utilisateurs.

En fait, le célèbre dicton du Web « si c'est gratuit, c'est que tu es le produit » pourrait aussi s'énoncer « si c'est gratuit, c'est que tu y travailles[60] ».

Le brouillage des frontières entre travail et non-travail, entre production et consommation, concerne de plus en plus de contextes économiques, dans lesquels la consommation d'un produit ou l'accès à un service, participent de la réalisation de tâches progressivement plus nombreuses, dans lesquelles le consommateur n'achète pas un produit ou un service à proprement parler, mais a le privilège de le mettre en œuvre lui-même. L'histoire sociale développa toujours l'approche du « *travail démarchandisé* » pour l'accélérer, l'interrompre ou le désorganiser, afin de le rendre rentable, tout comme elle s'appuya sur la déqualification, et la désindustrialisation. La valeur humaine, en tant que

---

[60] - Sandra Enlart et Olivier Charbonnier - *La société digitale : Comment rester humain ?*, Dunod, 2018.

processus social, contient nécessairement en elle, la possibilité d'une dévalorisation du travail.

À titre d'exemple de « *travail démarchandisé* », on peut évoquer les 45 000 bénévoles, objet d'un parcours de recrutement pour contribuer à l'organisation des Jeux olympiques de Paris 2024, non logés, non défrayés pour les transports, sauf pour aller sur les lieux des Jeux, non rémunérés puisque bénévoles et ne bénéficiant d'aucun avantage particulier pour assister aux épreuves. À l'évidence, la limite entre ce que l'on demande de faire, la façon dont on les recrute, dont on les embauche et un travail salarié classique, devient vraiment ténue.

En réalité, les organisateurs des Jeux proposent deux catégories différentes de bénévoles, l'une constituée d'une majorité de volontaires, comme tâcherons, affectés à des missions sans qualification, s'organisant sur leur temps de congé ou d'emploi, s'offrant le coût de leur transport et cherchant un lieu d'hébergement en région parisienne, sans pouvoir bénéficier de la possibilité de voir une épreuve. L'autre, une petite élite, formée de salariés travaillant pour les entreprises sponsors des Jeux, qui disposeront de leur hébergement, de leur transport et d'une partie de leur temps de travail, assumés par leurs employeurs durant le temps des Jeux.

L'exemple du géant pharmaceutique Sanofi montre qu'avec 2 024 volontaires sélectionnés, soit la plus importante contribution pour une seule et même entreprise, parmi les 45 000 volontaires, il représente 5 % du total des bénévoles.

Il me paraît indécent face à un événement aussi lucratif, de fonctionner avec autant de bénévoles, alors qu'il existe une organisation très profitable pour les opérateurs et les différentes parties prenantes, comme si une grande entreprise se proposait d'exercer son activité, seulement avec des bénévoles. Dans un département parmi les plus pauvres de France, ils ne bénéficieront d'aucune retombée économique, au-delà des emplois créés, des emplois précaires.

Les fiches de poste des bénévoles des Jeux olympiques de Paris 2024, présentent les caractéristiques du contrat de travail, des horaires de travail de 10 heures par jour et 48 heures par semaine, soumis aux ordres des supérieurs et bénéficiant d'une formation préalable.

N'importe quel juriste en droit du travail requalifierait ces missions de bénévolat en contrat de travail dissimulé !

Ce qui caractérise un contrat de travail, porte sur la notion de subordination, les bénévoles dépendent des chefs de service, donc il y a bien une subordination, cela représente bien un contrat de travail.

Ce que les organisateurs des Jeux définissent dans leur charte de bénévolat, illustre bien des contrats de travail, requalifiables !

Rémunérer les bénévoles au SMIC aurait représenter seulement 1 % du budget des Jeux olympiques de Paris 2024 !

Dédommager les 45 000 personnes selon la durée légale du travail, pendant un mois, au montant du SMIC représenterait moins de 100 millions d'euros, soit 1 % du budget des JO.

À titre d'exemple, sur les 76 fiches de postes décrites et prévues pour les bénévoles, quatre illustrent le fonctionnement du bénévolat et se réfèrent à une entreprise privée, un fabricant d'horlogerie de luxe, en tant que sponsor mondial des Jeux, qui affichera sa marque en permanence et partout comme « *chronométreur officiel* ».

Ainsi, selon la charte encadrant le bénévolat durant les Jeux olympiques et paralympiques (JOP), des recrues non rémunérées, devront travailler « *sous la supervision des équipes d'Omega* », comme « *opérateur de tableau d'affichage* », « *statisticien* »,

« *opérateur chronométrage et notation* » ou encore « *équipier chronométrage et notation* ».

Dans ce cas-là, il s'agit bien de contrat de travail, non payé, autrement dit du « *travail démarchandisé* », selon l'analyse de ce concept par Leigh Claire La Berge[61]. Le « *travail démarchandisé* » s'inscrit dans l'évolution du « *travail* », marqué des politiques ayant recours à la financiarisation de l'économie, qui démontre une contradiction sociale.

---

[61] - *Leigh Claire La Berge est l'auteure de nombreux ouvrages de critique économique, parmi lesquels* Scandals and Abstraction : Financial Fiction of the Long 1980s *(2014),* Wages Against Artwork : Decommodified Labor and the Claims of Socially Engaged Art *(2019) ainsi que* Reading Capitalist Realism *(2014), qu'elle a co-édité. Elle est professeure agrégée d'anglais au Borough of Manhattan Community College de la City University of New York et travaille présentement sur un nouveau livre portant sur l'histoire économique, l'art et l'animalité :* Marx for Cats : A Radical Bestiary.

2.24. Les caractéristiques du « travail démarchandisé » dans l'économie du football

Dans cette situation, la concurrence impose l'ordonnancement des travailleurs, dans les fonctions support des clubs de football, afin de répondre au besoin réel des organisations sportives, pour maintenir leur capacité à produire de la performance, au service de la rentabilité. Des indices complémentaires contribuent à renforcer le choix du monde mercantile comme convenant le mieux à la situation, selon la grammaire de Luc Boltanski et Laurent Thévenot : « *L'ordonnance du monde industriel repose sur l'efficacité des êtres, leur performance, leur productivité, leur capacité à assurer une fonction normale, à répondre utilement aux besoins.* »[62] Dans le monde mercantile, l'équilibre n'est pas statique, mais dynamique qui conduit à une expansion des activités. Les objectifs de rentabilité et de performance sont partagés par 88 % des répondants, dans un environnement concurrentiel pour 42 % d'entre eux[63].

---

[62] - *Luc Boltanski et Laurent Thévenot - De la justification. Les économies de la grandeur*, 1991, p. 254.
[63] - *Étude socio-statistique sur les métiers du sport – Mars 2024 – Sportagogie et Sciences Po Toulouse.*

De même, dans les organisations du sport, 55 % des travailleurs des fonctions support, ressentent une pression de leur hiérarchie, simultanément avec une réduction des dépenses pour 68 % d'entre eux, et 39 % pensent qu'il existe une volonté d'externalisation de leurs fonctions.

Je peux élargir l'analyse des conditions de travail des salariés des fonctions support des clubs de football en intégrant des facteurs sociologiques. Il ressort que 41 % d'entre eux ne bénéficient pas d'actions de formation continue, ce qui limite leur capacité d'adaptation professionnelle, face aux objectifs de rentabilité exigés, alors que 88 % des participants pensent que l'apprentissage continu, répond au besoin de montée en compétences, dans leur parcours professionnel.

De plus, la pratique de contrat à durée déterminée de courte période, à des missions d'intérim, le recours à des alternants, à des stagiaires, à des apprentis ou à des bénévoles traduit une orientation centrée sur la précarité des salariés. L'usage de ces formes d'employabilité, s'oppose au progrès social et professionnel des salariés, et exprime un mépris quant au rôle de ces métiers.

On note 22 % en CDI (contrat à durée indéterminée), 57 % en alternance ou stagiaires, 7 % bénévoles et même 9 %, sans contrat.

La durée des contrats s'établit pour 33 % à moins de 1 an, pour 39 % entre 1 et 2 ans et seulement 28 % à plus de 2 ans.

Simultanément, le nombre d'heures de travail par semaine représente moins de 20 heures pour 15 % des salariés, 35 heures pour 47 % d'entre eux, et plus de 35 heures pour 38 %.

Les heures supplémentaires sont rémunérées pour 14 % et non rémunérées pour 86 % des salariés.

Enfin, le niveau des rémunérations s'établit pour 52 % d'entre eux inférieur au SMIC horaire de 11,65 € brut, pour 9,23 € net (après déduction des cotisations salariales). Un tiers des effectifs perçoit entre le SMIC et 15 €, pour seulement 12 % des salariés qui gagnent plus de 15 €/heure. Enfin, seuls 17 % des travailleurs des fonctions support, bénéficient de primes sur les résultats.

La perception de la qualité du travail pour les salariés des fonctions administratives des clubs de football nous permet de mieux définir l'environnement de celui-ci. Sur une échelle de 1 à 5, la notion de performance et de productivité se situe à 3,5/5, traduisant la très forte sensibilité et l'exigence de ces deux facteurs pour les clubs de sport. On peut essayer de comprendre l'attitude des salariés et leur degré de consentement au regard de ces deux contraintes. Sur la même échelle, leur appréciation se situe à 3,3/5, qui exprime l'engagement consenti des travailleurs dans ces missions de back-office.

Simultanément, 76 % des participants ressentent les objectifs d'efficacité et de productivité, prégnants dans les organisations du sport, alors que le management impose une acquisition des capacités, afin d'assumer leur mission, pour près de la moitié des effectifs.

Si les dirigeants et les managers reconnaissent la juste valeur des métiers exercés dans les organisations du sport, comme indispensable au bon fonctionnement des clubs de sport, près de 80 % des effectifs expriment une insuffisance de leur visibilité, quant aux résultats produits, qui traduit un écart entre la perception de la vision du sport et le travail au quotidien exercé par les salariés des fonctions support.

Alors que le monde du sport est considéré comme un espace qui valorise la créativité, l'originalité et l'innovation par 83 % des répondants, 45 % considèrent le manque de reconnaissance, comme un obstacle à leur capacité d'innovation et 64 % estiment que le manque de moyens financiers, réduit leur espace de créativité.

L'analyse des facteurs de reconnaissance, rencontrés dans l'environnement des clubs de sport, exprime divers déficits tels qu'une redistribution insuffisante de la valeur produite, une justice sociale considérée comme inéquitable, un manque de respect de la dignité individuelle, des conditions de la participation aux décisions restreintes, une autonomie professionnelle réductrice, des pratiques professionnelles dévalorisées, une absence de sécurisation des parcours professionnels et très peu d'avantages sociaux[64].

Dans cette situation, nous constatons un avancement des pratiques professionnelles, qui commande une transformation des relations sociales dans les clubs de sport. Le principe supérieur commun de la performance et de la rentabilité, remet en question l'ordre historique des grandeurs dans ces organisations et interpelle les travailleurs et les managers dans le contenu de leurs missions. Il est attendu de tous, un engagement et une coordination entre les divers acteurs et leur responsabilité afin de créer, d'innover et de performer.

L'analyse des situations professionnelles des salariés travaillant dans les fonctions support ou de back-office des organisations du sport traduit bien une grande dévalorisation des emplois exercés.

---

[64] - *Étude socio-statistique sur les métiers du sport – Mars 2024 – Sportagogie et Sciences Po Toulouse.*

Par grande dévalorisation, on peut entendre une exhaustivité de facteurs qui justifie la présente proposition.

Par la dévalorisation des diplômes, et celle des compétences, les salariés des fonctions support des clubs de sport se voient relégués à des missions de tâcheron pour la production de services.

De fait, ils affrontent une dévalorisation de leur travail, de leur projet et de leur carrière professionnelle. Ils perçoivent ainsi une autre dévalorisation issue de leurs différents parcours de formation et des apprentissages, qui ne répondent pas aux objectifs et aux attentes des organisations sportives. Au final, on assiste à une dévalorisation sociale de ces métiers, dans l'environnement économique du sport.

Les politiques sociales des organisations sportives impactent la qualité des emplois de plusieurs manières, confirmées par les résultats de l'enquête socio-statistique.

D'un côté, se polarisant seulement sur les dépenses des services proposées, elles confortent l'idée de métiers dans les fonctions support insuffisamment qualifiés, peu reconnus, sans besoin de formation continue et invisibles, qui ne « *vaudraient pas le prix* ».

À travers les pratiques de recrutement de salariés fondées sur des contrats de courte durée et précaires, elles contribuent à des formes d'emploi dans lesquelles le travail salarié propose peu de parcours professionnels, associés à de faibles protections sociales. Par ailleurs, les clubs de sport n'assurent pas des conditions de travail et de rémunérations décentes, attendues par les travailleurs de ces organisations.

Afin de pourvoir à une revalorisation de ces emplois dans les fonctions support des clubs de sport, il conviendrait d'offrir plus de chances de mobilité professionnelle pour les travailleurs, qui engagerait vers des contrats de longue durée et plus stable, d'assurer une protection sociale et des parcours professionnels pour les métiers concernés, enfin d'organiser une déspécialisation en vue de réinternaliser des prestations externalisées, et favoriser le développement de la polyvalence au sein des organisations sportives.

On ne soutient pas l'emploi en dévalorisant les métiers !

Symbolisation de la dévalorisation dans les métiers des organisations du sport

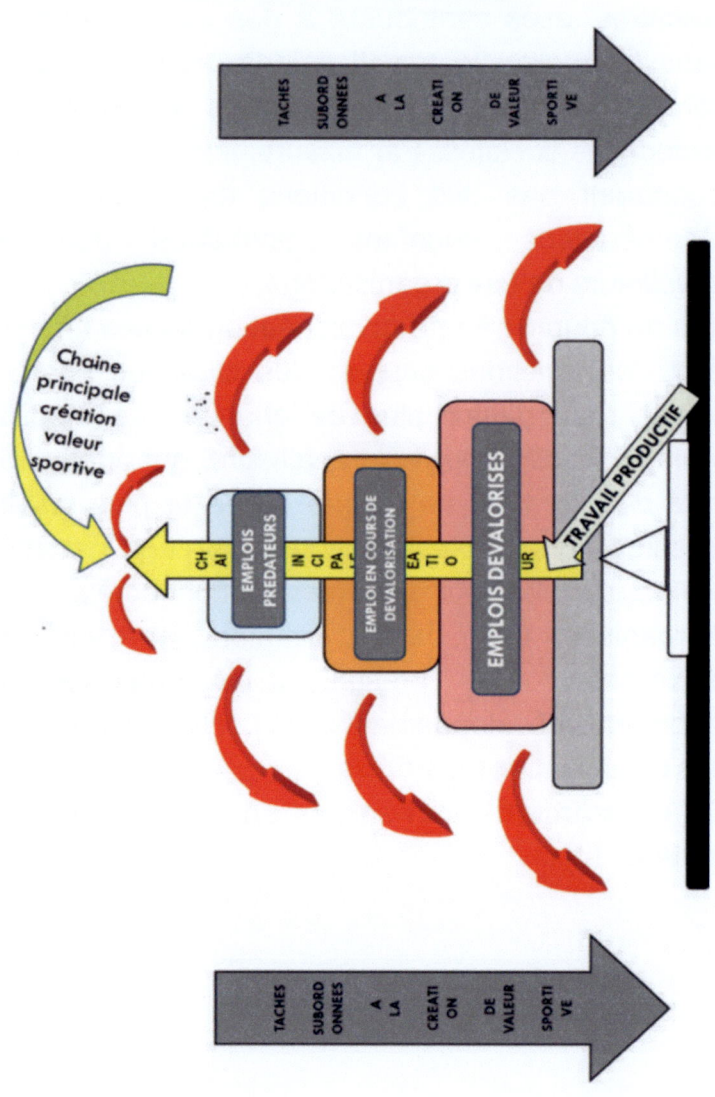

Ainsi, le travail productif contribue à la création et à la production de valeur au service des organisations du sport.

La succession de crises, économique, sociale et pandémique fonctionne comme une représentation des agencements défaillants du marché du travail. Cette tendance s'ajoute à une répartition structurelle des métiers d'avenir, qui perpétue les écarts de salaire significatifs.

Dans les parcours d'ingénieurs, les hommes composent 71 % des inscrits, alors que les femmes constituent seulement un tiers des emplois occupés dans les secteurs de l'ingénierie, de l'informatique et du numérique, et ce principalement dans les fonctions support, comme les ressources humaines, l'administration, les services marketing, le secteur commercial et la communication, dans des secteurs d'activités considérées comme « *non-qualifiées* », d'où des conditions de rémunérations inférieures. Cette représentation s'affiche selon un modèle identique dans les organisations du sport.

Les métiers des fonctions support dans les organisations du sport dont les femmes assument souvent l'animation, se voient confrontés à leur automatisation, à l'extension et à la rationalisation du travail à distance et convoque une orientation du marché du travail futur notablement inquiétante.

L'accumulation de ces situations de travail conduit vers une dévalorisation des emplois productifs.

Ainsi, la chaîne principale à la source de la création de valeur sportive, se réduit aux emplois les plus qualifiés, pourvus par des postes de dirigeants, de managers et de cadres, dans des positions de prédation du travail, le mieux rémunéré et reconnu.

Les métiers intermédiaires voient leur périmètre d'activité rétréci par les orientations sociales pratiquées et par la volonté d'externalisation des tâches les plus dispendieuses. À l'avenir, ces fonctions support de milieu de hiérarchie, en cours de dévalorisation, rejoindront la cohorte d'emplois déjà dévalorisés.

Enfin, la plupart des acteurs questionnés dans les métiers des fonctions supports ou de back-office des organisations du sport, éprouve le sentiment d'une dévalorisation résultant d'un ensemble de facteurs comme :

- **La dévalorisation des diplômes**
- **La dévalorisation des savoirs et des connaissances**
- **La dévalorisation des compétences**
- **La dévalorisation des qualifications**
- **La dévalorisation des responsabilités**
- **La dévalorisation de la reconnaissance**

- **La dévalorisation des parcours professionnels**
- **La dévalorisation des rémunérations**
- **La dévalorisation écologique**
- **La dévalorisation sociale**

La dévalorisation des métiers contraste avec leur importance dans les organisations du sport. En effet, les métiers des fonctions support et de l'administration du sport vont avoir vocation à se développer, dans une société globale, de plus en plus complexe et vulnérable.

Les besoins de prestations de services de loisirs et sportifs s'accélèrent dans un environnement social de plus en plus dégradé. Cela impacte tous les secteurs d'activités, en particulier dans la manière de redéfinir la façon de faire société, comme dans les loisirs, l'alimentation, la santé, l'habitat collectif, le tourisme et le sport. Le développement de ces métiers prendra logiquement une part considérable dans la prospérité économique des organisations et des clubs de sport.

Une politique sociale ambitieuse pour accompagner les évolutions et la reconnaissance de ces métiers, permettrait de rééquilibrer ces inégalités et cette dévalorisation persistante.

3
ALTERNATIVES PROPOSÉES FACE AU FOOTBALL BUSINESS

3.1. Fondement théorique

Pour énoncer des propositions alternatives au modèle économique de l'éco-système du football français, en particulier, mais plus généralement à l'économie du sport, je retiendrais le modèle d'évolution de l'organisation sociale mondiale, proposée par Michel Feher dans son livre : « Le temps des investis. Essai sur la nouvelle question sociale[65] ».

Michel Feher, en tant que philosophe et économiste, se désigne comme un producteur d'argumentations critiques **destinées à mieux appréhender l'évolution de la société**
Que nous soyons un individu en demande de prestations sociales, une entreprise en quête de financement, ou un État au bord de la faillite, nous serions tous devenus des « investis », c'est-à-dire « des projets qui tentent de se faire apprécier »[66], **afin d'attirer les bonnes grâces d'investisseurs devenus tout-puissants.**
Il soutient la thèse selon laquelle « la question de l'accréditation, soit de l'évaluation du capital, du

---

[65] - *Michel Feher - Le temps des investis. Essai sur la nouvelle question sociale, 2017.*
[66] - *Michel Feher - Le temps des investis. Essai sur la nouvelle question sociale, 2017, p. 38.*

mérite et de la reconnaissance doit être appréhendée pour elle-même, et non pas seulement au travers de ses conséquences sur le plan de la distribution, c'est-à-dire de la répartition des revenus[67] ».

À l'heure où les managers, choisis par les actionnaires, où les bailleurs de fonds jouent un rôle important dans le choix des dirigeants politiques, il importe de décrire la société autrement, au-delà des seules catégories héritées de l'analyse marxiste, le travail, le capital, l'exploitation et la plus-value.

La genèse de mes réflexions s'appuie sur les interrogations émanant de personnes, issues de milieux aussi divers que des militants syndicaux, des militants pour les droits humains et pour une écologie plus réaliste, au minimum, pour une transformation de l'organisation productive, fondée sur les énergies fossiles.

Comment concevoir que tous ces militants d'horizons divers, perçoivent la nécessité de s'intéresser à ce qui se passe dans les marchés financiers et pourquoi cette question devient centrale ?

---

[67] - *Michel Feher - Le temps des investis. Essai sur la nouvelle question sociale, 2017, p. 31.*

La rencontre de la philosophie, de l'anthropologie, de la sociologie et de l'économie nous conduit vers des espaces de réflexions plus ouverts, plus intéressants, parce cela nous amène à solliciter une autre vision, qui sort du cadre strict des disciplines habituellement mobilisées, pour aborder les marchés financiers, dans une perspective de transformation sociale.

L'on peut vérifier depuis un certain temps, que la gravité de la finance et de la financiarisation d'un côté, et la question sociale de l'autre, se confrontent rarement, voire jamais dans les débats actuels.

Un premier angle, un premier axe de la critique, constitue celui du néolibéralisme depuis plus de 30 ans, un régime néolibéral dans lequel nous vivons, essentiellement un mode de gouvernement, théorisé dès la fin des années 40, autour d'une société qui rassemblait Frédéric Hayek, Milton Friedman et les économistes de l'école de Chicago.

Mais un autre angle de la critique apparaît, celui du capitalisme financier ou plus exactement de l'hégémonie du capitalisme financier, ce que l'on définit comme la financiarisation du capitalisme, contemporaine de l'émergence du mode de gouvernement néolibéral.

Finalement, nous sommes confrontés à deux cas de figures, dans lesquelles les critiques qui s'occupent du néolibéralisme d'un côté et de la financiarisation de l'autre, ne se rencontrent jamais. Certes, il existe des livres de critiques de la financiarisation, qui ne parlent pas de néolibéralisme et quelques-uns, critique du néolibéralisme qui ne parlent pas ou peu de la financiarisation.

Souvent, les auteurs économiques estiment que la financiarisation découle du néolibéralisme. Alors que, la financiarisation ne désigne pas un mode de gouvernement, mais plutôt un modèle d'accumulation du capital. Il ne s'agit pas exactement de la même chose, mais l'intérêt de la question provient de la manière dont ces deux modalités économiques s'articulent de façon parfaite.

Un dernier angle, toujours vis-à-vis de la financiarisation du capitalisme, doit nous interroger sur les implications au niveau de la question sociale, tant dans les conflits sociaux engendrés, que l'axe de ce qui prendrait une résistance à ce capitalisme financiarisé.

Les désaccords rencontrés, concernent l'idée que la financiarisation du capitalisme, conduirait vers une détérioration, une détérioration des conditions sociales, mais aussi des conditions environnementales.

D'une part, une espèce de creusement des inégalités sans précédent, d'autre part, une ponction absolument terrible des ressources financières, qui iraient vers la spéculation, au lieu d'aller dans l'économie réelle.

Une critique très forte, très fondée et très radicale, en particulier depuis la crise financière de 2008. Seulement, il semble que l'horizon de ces critiques passe toujours par une forme de de retour en arrière. Ce système, non seulement monstrueux, mais insoutenable, se fonde sur le court-termisme, ce qui veut dire qu'il ne peut pas durer longtemps, alors que pourtant le court terme peut perdurer longtemps.

Par conséquent, le premier pas d'une victoire contre ce capitalisme financiarisé consisterait à éliminer cette monstruosité pour voir revenir le capitalisme d'avant. On assiste, dans les mouvements sociaux, dans la critique intellectuelle de ce capitalisme financiarisé, à la proposition avec comme premier horizon à atteindre, un retour des politiques keynésiennes, fondées sur l'état nation, qui conduisirent à la fin du capitalisme fordiste.

Cela semble problématique et fondé sur une certaine lecture de la critique marxiste. En effet, lorsque Karl Marx développe sa critique du capitalisme, il montre qu'effectivement le capitalisme, l'exploitation capitaliste, s'érige sur la marchandisation du travail.

Elle repose même sur la constitution d'un nouveau type de sujet, décrit comme le travailleur libre.

Ce travailleur libre, constitué comme un commerçant, possède une marchandise, une seule, représentée par sa force de travail, qu'il essaie de vendre au meilleur prix. Pour Karl Marx, il s'agit du fondement même de l'exploitation capitaliste, puisque celle-ci repose sur la différence entre la valeur créée par l'activité du travailleur et le prix auquel il se voit rémunéré, son salaire.

L'objectif de la critique marxiste ne peut se référer à un retour d'avant, ni un retour aux guildes de corporations, ni aux paysans libres, ni à l'artisanat. Il s'agit au contraire de s'emparer de cette nouvelle condition de travailleur libre. Autrement dit, s'approprier cette condition de vendeur de sa force de travail au meilleur prix, qui devient la condition de son aliénation et de son exploitation de travailleur, non pas pour porter la contestation de ce régime capitaliste et produire un retour en arrière, mais pour en projeter un nouveau régime économique et social. Alors qu'il me semble que l'avènement du capitalisme financiarisé, nous renvoie vers un changement de régime, soutenue par une transformation radicale. Ce qui signifie, une différence fondamentale avec le capitalisme industriel, au-delà duquel, il convient de s'approprier la nouvelle problématique générée, pour proposer d'autres alternatives.

3.2. La financiarisation

Qu'entend-ton par la financiarisation ?
Il existe plusieurs manières de mesurer l'hégémonie du capitalisme financier ou la financiarisation du capitalisme.
La première, représente la croissance du secteur financier par rapport aux autres secteurs économiques.
La deuxième, s'évalue par l'importance des profits financiers de ce secteur d'activité, l'importance de la croissance de ces profits, par rapport au profit des secteurs différents.
La troisième, peut-être la plus importante encore, montre l'évolution du rapport entre les revenus financiers des entreprises financières et leur cash-flow commercial. A savoir, quelle part d'argent, quelle part de profit provient :
- De la spéculation
- Des investissements financiers dans les entreprises non financières
- Quelle part revient à la vente des marchandises qu'elles produisent.

Avec toutes ces mesures, avec tous ces critères, on arrive effectivement à mesurer et à accréditer l'idée que l'économie exerce ses activités dans un capitalisme financiarisé. Avec cette caractéristique de ressources financières qui, à la place de s'investir dans l'économie réelle, demeure dans les cercles spéculatifs de la finance.

Le sport, la culture, l'art, la santé, aucun secteur d'activité n'échappe à ce mouvement. Dans l'éducation, le désengagement des États dans le secteur public, s'accompagne d'une croissance forte du secteur privé, dont une partie devient fortement financiarisée. Des groupes multinationaux de l'édu-business ouvrent des écoles « low-cost » où l'enseignant devient un exécutant, peu diplômé, qui applique le programme fourni par les groupes financiers de l'éducation, afin de délivrer des diplômes dévalorisés, financés par les étudiants qui s'endettent durant les périodes universitaires.

Bien sûr, tout cela est exact, mais il me semble que cela masque le pouvoir essentiel de la finance, ou pour les appeler par leur nom « des investisseurs » au sens large du terme. Plus encore que de ponctionner des ressources dans l'économie réelle pour les amener dans le ciel spéculatif de la finance, ce que réalisent « les investisseurs », exprime leur pouvoir de choisir ce qui mérite d'être produit dans la production réelle.

L'essentiel du pouvoir de l'investisseur devient un pouvoir de sélection !

Il s'agit de sélectionner les initiatives qui méritent d'être entreprises et d'être menées à bien.

Avant 1980, le capitalisme gravitait essentiellement autour d'un autre type d'acteur, non pas l'investisseur, mais celui qui représentait l'employeur, en particulier les gros employeurs d'entreprises industrielles fordistes et transnationales, dénommées multinationales, au cœur du système capitaliste international.

Depuis, on assiste à un déplacement depuis ces entreprises transnationales vers les marchés et les institutions financières. Ce mouvement du centre de gravité du capitalisme s'accompagne d'un déplacement de l'acteur principal, protagoniste du centre du pouvoir du nouveau système capitaliste.

On passe, ainsi, du pouvoir de l'employeur au pouvoir de l'investisseur.

Cela ne veut pas dire qu'il ne reste pas des investisseurs, en tant qu'employeurs et des employeurs, comme des investisseurs.

Cependant, du point de vue de la fonction, la financiarisation du capitalisme marque une espèce de basculement du centre de gravité du capitalisme, de l'entreprise transnationale et des employeurs vers les marchés financiers, donc vers les investisseurs.

Je rappelle le pouvoir essentiel de l'investisseur, celui de sélection. Il sélectionne ce qui mérite d'être produit !

3.3. Les employeurs

Dans la vision marxiste de l'employeur, celui-ci, comme employeur capitaliste, s'approprie une part de la production réalisée.

D'un côté, un investisseur qui choisit ce qui mérite d'être produit. De l'autre côté, un employeur qui s'accapare une part de la plus-value, une part de ce qui a été produit aux dépens des travailleurs.

Du côté de l'employeur, un pouvoir d'extorsion, du côté de l'investisseur, un pouvoir de sélection !
Comment se constitue ce pouvoir ?

Ce pouvoir s'exerce en fabriquant l'acteur sur lequel il s'exerce. Pour l'employeur, l'exploitation se fait en organisant les travailleurs, en travailleurs librement employés. En commerçant sa force de travail, permis par la constitution de l'employé en propriétaire de sa force de travail, l'exploitation peut avoir lieu. Avec l'avantage de s'opérer, dans un climat d'égalité formelle, puisqu'après tout, l'employeur et l'employé constituent tous les deux, des commerçants, qui essayent de vendre au meilleur prix et d'acheter au meilleur coût, ce dont ils ont besoin.

L'employeur achète de la force de travail aux vendeurs de la force de travail que propose le travailleur, le travailleur achète les marchandises produites par le capitaliste. Tout se passe sur des marchés, marché du travail d'un côté, marché des biens et des services de l'autre, considérés comme équivalents en droit, faisant de tous les acteurs égaux, puisque tous essaient de vendre ce qu'il possède au meilleur prix pour en retirer un maximum de bénéfice.

Fondé sur cette espèce d'anthropologie, non seulement dans un cadre légal, mais une anthropologie qui fait de nous tous des commerçants, essayant de vendre aux meilleurs prix ce que nous possédons. Certains d'entre nous bénéficient de l'avantage d'avoir du capital, ce qui permet de vendre des marchandises autres que la force de travail, d'autres ne possèdent que leur force de travail.

Mais nous sommes tous dans un état d'égalité formelle en tant que commerçants, ce qui veut dire que les capitalistes, en tant qu'employeurs, ne voient que des commerçants.

3.4. Les investisseurs

Un investisseur ne voit pas de commerçants en face de lui. Un investisseur ne voit rien d'autre que des projets, des projets en quête d'investissement.

Une entreprise, mais aussi un État qui essaie de financer sa dette publique, un individu qui sollicite un emprunt, représentent des projets dont il s'agit d'évaluer la valeur pour savoir s'il mérite d'être approuvé.

Apparait, ainsi un nouveau couple, différent de celui employeur-employé, définie en tant qu'investisseurs-investis, ou plus exactement le couple entre l'investisseur et le projet en quête d'investissement.

Ce qui traduit le pouvoir de l'investisseur, s'exprime par la possibilité de choisir quel projet mérite un investissement, qui représente ce nouveau rapport.

Mais que représente ce projet en quête d'investissement ? Est-Il capable de résistance au pouvoir des investisseurs ?

Si effectivement, l'employeur et l'employé forment un couple différent du couple investisseur-investi, ce qui les relie ne compose pas le même rapport, le pouvoir d'extorsion d'un côté, de sélection de l'autre. Cela signifie que la lutte de l'investi contre l'investisseur ne va pas ressembler à la lutte de l'employé contre l'employeur.

Il s'agit de préciser que la lutte entre l'employeur et l'employé se fonde, essentiellement sur le partage du résultat issu de la production. Elle constitue un différent pour savoir, qui du travailleur ou de l'employeur, récoltera les revenus du développement du procès productif.

Ainsi, la confrontation se déroule autour de la répartition et de la distribution des revenus.

Alors que le rapport de lutte entre l'investisseur et l'investi ne se joue pas autour de la distribution des revenus, mais plutôt dans la représentation de la valeur du capital, plus exactement du projet comme capital. La relation entre l'investisseur et l'investi ne s'établit pas sur l'attribution de part du projet réalisé, mais déterminera quel projet présentera le plus de crédibilité, afin de recevoir le crédit suffisant pour sa concrétisation.

Ainsi, l'espace d'opposition entre les différents partenaires ne se conçoit plus sur la distribution des profits ou leur répartition, mais bien sur l'allocation du crédit.

La question ultime devient, quel projet mérite crédit. Il ne s'agit plus d'un affrontement contre l'exploitation, mais d'un contexte très différent, celui d'un combat pour ou autour de l'accréditation.

La financiarisation ne se réduit pas à la précarisation des travailleurs en les transformant en investis. La financiarisation concerne, finalement tous les acteurs sociaux en recherche d'investissement. Que ce soit, une entreprise, un État ou un individu sous la coupe du capitalisme financier, tous cherchent à favoriser le développement de leur activité et de leurs affaires.

Tous, deviennent ainsi des sujets porteurs de projets, en quête d'investissement et donc des projets en quête de crédit.

3.5. Des employeurs aux investisseurs

Alors comment est-on passé d'employeur à investisseur ?

Tout commence à la fin des années 60 et au début des années 70, avec précisément la crise du grand modèle fordiste précédent, cette crise qui se manifeste notamment par l'inflation puis par une stagflation.

Elle exprime le résultat d'un certain mode de gouvernement ou de gouvernance au niveau des entreprises, comme au niveau des États. L'art de gouverner jusqu'à la fin des années 1970, se fonde essentiellement sur la recherche de compromis entre les classes possédantes et les classes salariales.

D'une part, il s'agit de donner suffisamment de possibilités de rémunération du capital aux classes possédantes, afin d'assurer la continuité du système. D'autre part, il convient de donner décemment, des augmentations de salaires aux travailleurs salariés afin de sécuriser la production, sans l'apparition de grève ou de révolte. L'objectif visait à maintenir la paix sociale, en trouvant une espèce de compromis entre ces deux classes, mais surtout, expliquer aux uns et aux autres, qu'il ne devait pas être rapidement trop gourmand, puisque l'essentiel constituait, d'abord la croissance, destinée à multiplier les potentialités de dividendes et de revenus salariaux.

De plus, cet art de gouverner par le compromis fordiste, se retrouve dans la gouvernance du management d'entreprise. Ainsi, les managers et les chefs d'entreprise, doivent convaincre, d'un côté leurs salariés et d'un autre, leurs actionnaires, de ne pas être trop exigeant, puisque l'entreprise doit continuer d'investir, de s'agrandir et de se développer, sans cesse.

La croissance pour l'entreprise devient le véritable objectif.

Mais il existe notamment une raison, qui me semble importante et qui explique pourquoi l'idée d'un horizon des luttes, comme le retour au statut d'avant, se révélerait néfaste, pour entrer dans le sens d'une évolution sociale recherchée.

Il s'agit bien de la première grande crise du système fordiste, qui prend son origine, avec l'arrivée des femmes, des minorités et des migrants sur le marché du travail, afin de bénéficier de l'état providence et prendre part à cette espèce de compromis social, ce que David Graeber appelle une crise d'inclusion du modèle économique après-fordiste.

A la suite de cette crise, les dirigeants économiques et politiques appellent les néolibéraux, qui, en tant que fourriers de ce changement de régime, vont intervenir en confirmant les tensions de ce modèle économique, irréparable face à l'avenir.

Leur premier angle d'attaque s'oriente vers les entreprises, le premier grand adversaire, qui va amener les promoteurs de la finance vers la financiarisation de l'économie.

Axée sur la grande entreprise multinationale, le système managérial des dirigeants et des managers, tous formés dans les mêmes « business school » ou dans les écoles de management, formatés selon les principes économiques de l'École de Chicago, justifierons les raisons de la crise économique des années 70.

Il faut rappeler que les Présidents de ces grandes entreprises exercent leurs responsabilités en tant que salariés, dont la rémunération se décide en Conseil d'administration de leur société. De fait, si ces dirigeants salariés, au lieu de rechercher à maximiser les profits pour les actionnaires, ne s'occupent que de compromis social et d'arrangement avec l'État, pour bénéficier de situation de marché plus favorable, cela leur offre les possibilités de renforcer et d'augmenter leur propre pouvoir.

Il devient impératif de leur arracher ce pouvoir, non seulement abusif, mais aussi la cause de la

soudaine perte de productivité de l'économie occidentale.

Comment procède-t-on pour leur arracher leur pouvoir ?

Il s'agit donc de leur arracher ce pouvoir en créant un nouveau type de concurrence. Une concurrence libérale, comme la mise en compétition des producteurs pour les consommateurs, ou bien une lutte des entreprises pour les clients. On va organiser un système, défini par les économistes comme « un market for control » ou un marché du contrôle des entreprises.

Pour les investisseurs, il convient d'installer une concurrence entre les dirigeants afin de les transformer en missionnaire de la rentabilité, et d'offrir aux actionnaires la capacité de se prononcer sur le meilleur recrutement des équipes de managers, selon les performances financières attendues. Le marché du contrôle des entreprises dessine le projet de la financiarisation économique, afin d'amplifier l'efficacité des règles de gouvernance d'entreprise et engager une plus grande responsabilité des dirigeants et des managers envers leurs investisseurs.

Afin de permettre au capital financier de se déplacer vers les entreprises qui produisent le maximum de profit, il s'agit de libéraliser les marchés financiers, afin de permettre aux capitaux de traverser les frontières, d'aller vers de nouvelles institutions financières, mais aussi laisser les capitaux proliférer, en libéralisant l'ingénierie financière et la constitution de produits dérivés. Au-delà de légaliser toutes les formes de prise de contrôle plus ou moins hostiles des entreprises, il s'agit bien de mettre les managers en tension, afin de comprendre que leur seule responsabilité, repose sur la rentabilité financière de leur société.

Une bonne manière de convaincre les dirigeants et les managers que leur mission devient la maximisation de la valeur actionnariale de leur entreprise, consiste à les transformer, eux-mêmes, en actionnaires, en créant « les stocks options ». Dès lors qu'une partie de la rémunération des dirigeants et des managers dépend de l'évolution financière de l'entreprise, ils se sentent beaucoup plus sensible aux demandes des actionnaires. La conséquence tout à fait extraordinaire, permise par les transformations du système économique et financier, dont l'objectif déterminant devient la création de valeur actionnariale, signifie essentiellement, une mutation pour attirer les investisseurs.

Comment mesure-t-on l'attractivité pour les investisseurs ?

Cela ne se mesure, ni au profit, ni aux revenus, mais à la valeur de l'action, comme la boussole du manager. Il ne s'agit plus du profit au sens commercial du terme, autrement dit, la différence entre les revenus et les coûts, mais le crédit, qui s'exprime par la valeur que la communauté des investisseurs, soit le marché des actions, va accorder au titre de l'entreprise, impliquant un changement de métier pour les dirigeants et les managers.

Leur nouvel objectif s'inscrit dans l'augmentation du crédit de leur entreprise, par l'évolution de la valeur de son action et non plus pour assurer le développement et agrandir les capacités de production.

Cela traduit un changement de priorité, l'entreprise ne vaut plus par ses profits, mais par son crédit. Elle se valorise par l'image que lui offre la communauté des investisseurs et qui s'exprime par la valeur de l'action et implique des changements de stratégie.

Lorsque les grandes entreprises font des bénéfices, leurs premières réactions, ne conduit évidemment pas à augmenter, ni les salaires, ni à de nouveaux investissements, mais plutôt à distribuer des dividendes, et surtout à racheter leurs propres actions, évidemment absurde du point de vue industriel et commercial, mais parfaitement sensé, dès lors que le seul objectif devient de faire monter le prix de l'action.

Ce changement de personnalité, induit des changements de stratégie des entreprises qui deviennent donc des « investis », porteuses de projets en quête d'investisseurs.

Ensuite, cela va s'étendre aux États. Dès lors que cette recherche de la valeur actionnariale maximale devient la stratégie des entreprises, les États, pour soutenir leurs entreprises nationales vont faire en sorte d'offrir aux investisseurs un territoire aussi attractif que possible.

Alors qu'est-ce que cela signifie ?

Pour offrir aux investisseurs, un territoire attractif, nous devons prendre en compte les conditions dans lesquelles ceux-ci sont disposés à investir. Ces acteurs économiques présentent l'avantage d'être des individus assez simples, aux goûts stables et constants. Trois impératifs les animent pour choisir leurs projets :

- **Des coûts du travail très bas.**
- **Un système d'impôt avantageux, essentiellement une baisse de l'impôt sur les sociétés et sur le capital et un climat favorable aux affaires.**

- **Des droits de propriété, en particulier le droit de propriété intellectuelle, particulièrement bien garantis**.

Commence alors la compétition entre les États.

Dès lors que les entreprises veulent essentiellement attirer les investisseurs, dès lors que les pays veulent le bien de leurs entreprises et veulent attirer des investisseurs sur leur territoire, s'élabore une compétition entre les États pour être le plus attractif possible.

Tout cela présente un coût, un coût, face à un marché du travail plus flexible, à une baisse des impôts pour les plus riches, pour les entreprises et sur le capital, à des droits de propriété intellectuelle mieux garantis, le résultat se traduit par des rentrées fiscales de plus en plus faibles.

Comment faire pour ne pas sacrifier les électeurs ou l'attractivité du pays auprès des investisseurs ?

Il convient donc de compenser ce que l'on ne peut plus récolter par l'impôt, en empruntant sur ces mêmes marchés financiers, qui illustre le passage de l'État fiscal à l'Etat endetté. Autrement dit, l'idée de financer l'essentiel des fonctions de l'État social, par la dette négociée sur le marché financier.

Les prêteurs deviennent très contents de prêter, puisque cela répond à leur métier, mais évidemment, pas sans conditions et toujours les mêmes.

Un marché du travail encore plus flexible, un système de taxation encore plus favorable aux affaires, des droits de propriété intellectuelle encore mieux protégé, qui conduit vers un système qui s'essouffle, puisque si on offre toutes ces conditions aux investisseurs, même en empruntant, on ne parvient plus à compenser ce que l'État accordait à ses concitoyens.

Malgré tout, si les États continuaient à essayer d'offrir ce qu'ils proposaient avant à leurs concitoyens, les prêteurs ne voudraient plus tellement prêter, car, face à des États de plus en plus en déficit, les taux d'intérêt sur les bons et les obligations du trésor deviendraient insupportables, ou ne pourraient plus emprunter sur les marchés.

Ainsi, pour les États, cela devient aussi leur objectif et leur boussole principale. Contrairement à l'époque fordiste de la croissance, seule la valeur de la dette publique sur le marché obligataire représente leur finalité pour la recherche du crédit.

Que peut-on faire ?

Puisque l'on ne peut pas se mettre d'augmenter les salaires, sinon les investisseurs ne viendront plus dans les entreprises nationales.

Là aussi, il s'agira de convaincre ses propres concitoyens de faire la même chose, à savoir, emprunter pour leur propre compte, qui conduit au développement de l'emprunt privé et de la dette privée.

Cette troisième phase conduit à l'apparition des « investis », au niveau individuel, dans la mesure ou apparait un grand développement de l'accès et de l'accessibilité aux crédits privés.

Ce qui se traduit, dans un système de critère d'attractivité, de ne plus offrir ou de ne plus concevoir de projet de carrière, ni d'emplois stables, ni une progression des revenus, ni de bénéficier de transferts sociaux, particulièrement importants.

La seule manière pour les citoyens de maintenir, plus ou moins, leur qualité de vie, passe par le recours à l'emprunt. Seulement, quand on emprunte pour son propre compte, surtout si l'on dispose de peu de moyen financier, de peu de capital, alors, on cède en garantie sa propre maison ou tout autre bien, selon la valeur que l'on pense retirer du bien sur le marché immobilier.

De même, un étudiant, astreint à la nécessité d'emprunter pour poursuivre ses études, s'engage à estimer la valeur du diplôme qu'il prétend obtenir, afin d'apprécier sa propre capacité de remboursement.

Ainsi, du point de vue de l'emprunteur, ce qui représente le potentiel d'endettement, se réduit à ce que tous les pays utilisent, le « crédit-score ».

De fait, le « rating » de la vertu d'un emprunteur, s'exprime par sa valeur à honorer le remboursement des emprunts précédents, à se conduire à la manière d'un emprunteur respectable, qui privilégie, en priorité le remboursement de ses dette financières, avant tout autre dépense.

Ce qui illustre, du point de vue de l'emprunteur, des individus qui vivent encore moins, de la progression de leurs revenus salariaux directs et indirects, ou des transferts sociaux, mais vivent de plus en plus, de la valeur de leur capital.

Par exemple, de la valeur du capital peut être mobiliser comme garantie, pour emprunter, comme une maison, des biens immobiliers, du capital financier, éventuellement de l'épargne personnelle, des relations, un carnet d'adresse, un membre de la famille, qui contribuent à soutenir les projets individuels.

Le financement des études supérieures exprime bien cette dépendance au « rating étudiant », car il s'agit bien de mettre en avant ses compétences acquises à l'issu d'un parcours universitaire, ce qui leur ouvre les portes de leur « crédit-score ».

Enfin, si les individus ne possèdent rien de tout cela, ils offrent leur disponibilité et leur flexibilité absolue, le fait de travailler 15 h ou 18 h par jour, sans demander, ni bénéficier de la moindre garantie sociale de l'emploi, ce qui leur procure du « crédit-score ».

D'une certaine façon, les travailleurs pauvres, illustrent un système, similaire à celui des obligations financières, dans lequel leur valeur nominale augmente en proportion inverse de l'intérêt qu'il présente sur le marché du travail.

Ainsi, les travailleurs deviennent d'autant plus valeureux qu'ils demandent moins de revenus, qu'ils demandent moins de salaires.

D'une manière générale, les individus constituent des portefeuilles d'actifs, qui leur permettent de survivre, de bénéficier de financement, garantie par le crédit qu'ils parviennent à composer, à partir des capacités et des compétences qui les caractérisent.

Les choses s'aggravent encore dès lors qu'apparait ce que l'on appelle « le capitalisme de plateforme ». Ce processus, présenté comme la libération des tâches, conduit vers un travail de plus en plus précaire. Une certaine tendance devient possible par le développement des plateformes, afin de sortir de la condition salariale, de la condition d'emploi, fut-il précaire, pour se constituer en pourvoyeur de services, ou en en vendeur de tâches à l'unité.

On se constitue en pourvoyeur indépendant de tâches, qui se développe, en France, avec le statut d'auto-entrepreneur, dont le nombre augmente fortement, appelé aussi, les « contingent- workers », des travailleurs contingents, sans emploi fixe.

Pour ces travailleurs indépendants, présentés comme des entrepreneurs d'eux-mêmes ou auto-entrepreneurs, leurs conditions sociales se résument à vivre beaucoup moins du produit de leur esprit d'entreprise et de leur travail, qu'ils ne vivent de leur réputation. Parce que, dès lors que l'on opère sur une plateforme, pour y vendre des tâches, ce qui va permettre de réussir à survivre, dépend de la condition pour parvenir à se constituer un réseau de clients, de sponsors, d'amis qui attesteront de la qualité de sa personnalité, avenant, sympathique et très impliqué.

Ce qui signifie que, même pour les individus, tant pour leur capacité d'emprunt, que pour leur travail, le facteur primordial, repose sur le crédit que l'on parvient se constituer.

Il me semble que cette mutation d'ordre anthropologique, pour le dire avec des grands mots, s'étend au niveau des entreprises, au niveau des États et au niveau des individus. La quête du crédit pour l'accréditation, désigné comme « le capital réputation », devient l'enjeu principal, dès lors que l'on ne bénéficie plus d'une progression régulière des revenus du travail.

La survie et la prospérité se déplace du revenu vers le capital, c'est à dire le crédit que représente le portefeuille d'actifs qui nous constituent, nous aussi, considérés comme des capitaux humains. Nous constituons des capitaux humains qui essayons de nous apprécier, de nous faire apprécier et de nous apprécier, par le fait que l'on se sait apprécier.

Il ne s'agit plus de la même subjectivité que la subjectivité utilitariste du commerçant, qui possède un ensemble de biens dont il détient la propriété, pour les transformer en achetant d'autres marchandises au meilleur coût et de les vendre au meilleur prix.

3.6. Application de l'accréditation

La financiarisation du capitalisme pose la question d'une mutation partielle de celui-ci. Celle-ci implique une certaine inflexion dans laquelle l'essentiel du point de vue du capital, ne s'arrête plus seulement à la recherche du profit, mais aussi, à celui du crédit, qui conduit à sa transformation. Le procès d'analyse soulève la différence entre une entreprise en recherche d'investissement, comme la condition et le profit comme l'objectif, afin de produire des marchandises pour les vendre en maximisant son profit, mais plutôt d'y voir des procédés destinés à gérer son activité, le type de produit à fabriquer et leur contenu avec l'objectif d'attirer des investisseurs par la maximisation de son crédit, de son attractivité au regard des attentes des investisseurs potentiels. Il s'agit bien d'une inversion du management d'entreprise. Chaque acteur veille à son crédit pour se valoriser, autant qu'il devient possible, l'essentiel étant de demeurer toujours prometteur, afin de susciter des promesses, pour attirer des partenaires, motivés par les espoirs créés.
Cette subjectivité du capitalisme financiarisé transforme totalement la subjectivité de

l'individualisme possessif[68], comme celui du travailleur, propriétaire de sa force de travail qu'il s'agit de vendre au meilleur prix, pour maximiser son propre profit.

Dans le capitalisme financier la notion de marchandisation se révèle moins prégnante, même si elle ne disparait pas, que dans la garantie que procure sa propre existence, puisqu'il s'agit de créer des actifs valorisables, sur lesquels on peut spéculer durant toute sa réalité sociale, afin d'optimiser son attractivité. Les mouvements de liberté actuels jouent sur le crédit et la spéculation. Il ne s'agit pas de dire - toutes les vies se valent - il ne s'agit pas d'une démarche humaniste dans laquelle il n'existerait pas de différence entre les individus, mais d'une proposition spéculative qui consiste à dire – nos vies comptent -.

Ces mouvements nous engagent à « compter » nos vies, c'est-à-dire, à rendre notre visibilité, notre valeur, une valeur sans limite, sur laquelle, nous devons spéculer pour la valorisation de nos propres vies.

---

[68] - Pierre Crétois - Le Renversement de l'individualisme possessif - de Hobbes à l'État social, 2014.

Ce mouvement de demande de crédit nous importe, tout simplement parce que sommes discrédités.
Ce crédit peut être tout à la fois, le crédit moral et le crédit économique. La question devient sa convertibilité ou non, traduisible selon des critères capitalistiques, mais il constitue, surtout, une conjuration du discrédit existant. D'autres mouvements peuvent avoir pour vocation à discréditer les comportements toxiques émanant des dirigeants. Dans ces cas-là, il s'agit de rendre quasi invendables les produits ou les services proposés, inacceptables, répulsifs, de telle manière que l'on se récuse à leur achat ou utilisation.
Des mouvements écologiques développent l'idée de dire – si vous continuez ainsi – notre vie « d'humain », se voit détruite pour l'avenir, donc vous nous discréditez si vous perdurez dans vos pratiques néfastes pour l'environnement et vous enlever toute valeur projective à notre existence.
Les trois grandes catégories potentielles, que sont les entreprises, les États et les individus nous offrent la possibilité d'envisager l'application du principe d'accréditation.
Du côté des entreprises, dès lors que celles-ci se financent sur les marchés, dès lors que leur objectif devient l'augmentation permanente du cours des

actions, cela signifie que le partage social, le conflit social au sein de l'entreprise se modifie.

Dans l'entreprise financiarisée, les deux classes qui me semblent pertinentes, représentent, d'un côté, les « Shareholders », définis comme les actionnaires, de l'autre, ce qu'on appelle les « Stakeholders », définis comme, les parties prenantes, constitués des travailleurs, des consommateurs, des collectivités et des acteurs économiques dont l'environnement se voit impacté par l'activité de l'entreprise, mais aussi les contribuables, qui participent au financement des infrastructures sur laquelle les sociétés opèrent.

Dès lors que l'objectif unique de l'entreprise devient la recherche de l'augmentation perpétuelle de la valeur pour les actionnaires, cela ne peut se faire qu'aux dépens des parties prenantes, ce qui conduit vers une nouvelle conscience de classe à constituer, non pas une conscience de classe des travailleurs, mais une conscience de classe des parties prenantes.

Il s'agit bien de faire comprendre les ravages de la gouvernance actionnariale sur les conditions environnementales, sur la santé des consommateurs, sur les conditions de travail, sur l'éthique financière, sur les conditions fiscales et sociales et sur les finances publiques.

Face à la gouvernance entrepreneuriale telle qu'elle se pratique, le discours des managers dont, le seul objectif porte sur l'augmentation de la valeur de l'entreprise pour les actionnaires, se voit confronter, en même temps, à leur position vis-à-vis des parties prenantes. Leurs performances financières dépendent aussi des relations avec leurs parties prenantes. De fait, le discours managérial, fondé sur la responsabilité principale vis à vis des actionnaires, dont ils doivent faire augmenter la valeur de l'action, ne doit pas les conduire au désintéressement des parties prenantes, puisque, rien ne représente plus de valeur, que la responsabilité sociale et environnementale de l'entreprise.

Pour tout bon manager et être humain conscient, avec un bon cœur et citoyen responsable, il importe de considérer la responsabilité sociale et environnementale de l'entreprise, qui représente une partie essentielle de son crédit, mais aussi une partie essentielle de son capital réputation. Il s'agit bien de prendre en compte les parties prenantes, parce que cela devient essentiel dans l'objectif principal de contribuer à l'augmentation de la valeur de l'action, puisque la responsabilité sociale de l'entreprise, constitue une dimension de cette valeur actionnariale.

3.7. L'accréditation

Mais alors, qui va être habilité à juger de la responsabilité sociale de l'entreprise ?
Cela ne peut être de la responsabilité de l'État puisque cette responsabilité sociale, dépend des managers.
Cela ne peut être de la responsabilité des parties prenantes, elles-mêmes, ayant de moins en moins voient au chapitre.
En réalité, ceux qui vont juger de la responsabilité sociale de l'entreprise, ce sont les investisseurs, eux-mêmes.
Pour les managers, tant que le cours de l'action ne baisse pas, parce qu'ils auraient pris des décisions socialement irresponsables, ils peuvent s'affirmer socialement responsables.
Ainsi, apparait le côté incrédule et la perplexité face à ce système !
Malgré tout, la responsabilité sociale constitue bien un élément de la valorisation de l'entreprise, dont il s'agit de s'emparer du système de notation.
Il s'agit de ne pas la laisser, ni aux managers eux-mêmes, ni à l'assentiment des investisseurs. Il s'agit précisément de constituer cette nouvelle conscience de classe des parties prenantes, dans un projet de consortium d'expertise sociale, environnementale,

sanitaire, financière et éthique, pour essayer de véritablement noter la responsabilité ou l'irresponsabilité sociale de l'entreprise.

Ce qui va commander, du point de vue des entreprises, de se trouver dans un nouveau cas de figure ou le militantisme doit s'inspirer d'un nouvel adversaire, je veux dire par là, un nouveau mouvement syndical.

Le modèle existant du syndicat, inspiré du cartel patronal, les conduit à agir comme ces ententes, pour s'organiser ensemble, afin d'augmenter la valeur de la marchandise qu'ils produisent, c'est-à-dire, la vente de la force de travail collective, afin de mener le combat pour la répartition des revenus.

Cependant, aujourd'hui, dans le cas de la lutte pour l'attribution du crédit, il me semble que l'institution dont il faut s'inspirer ne provient plus du cartel patronal, mais plutôt des agences de notation.

Les agences de notation produisent les notes, qui donnent les valeurs. Il s'agit donc de se constituer en agence de notation alternative. Non pas sur le modèle existant, financé par les entreprises dont elles assurent l'évaluation, avec comme seul véritable objectif, de donner, à peu de frais, une bonne conscience aux investisseurs qui souhaite se risquer dans le social et l'environnemental.

Tout autre serait une agence de notation organisée sous un statut d'ONG, une institution constituée par des syndicats, des associations écologistes, des associations de consommateurs, des regroupements de parties prenantes, des collectivités, dont l'objectif deviendrait véritablement de vérifier les engagements et les pratiques, en termes de responsabilité sociale et environnementale.

Confronté aux effets de préemption du pouvoir des investisseurs sur les autres acteurs économiques et sociaux, le véritable enjeu devient l'organisation d'un activisme des parties prenantes, d'entrer dans le temps des investisseurs, pour inventer une forme de militantisme continue.

3.8. Conditions d'exploitations du football-business français

Avant de proposer quelques alternatives à la situation économique du modèle du football-business français, je voudrais montrer, comment des réflexions sur l'écosystème de ce sport, conduisent à produire une analyse des conditions d'organisations du football.

A partir des deux modèles théoriques analysés, je considérerais le rôle des quatre acteurs majeurs à l'intérieur de l'économie du football, que sont :
- Les investisseurs et les dirigeants.
- L'État et les institutions nationales, européennes et internationales.
- Les parties prenantes aux Clubs et organisations sportives.
- Les consommateurs et les supporters des Clubs de football.

- <u>Les investisseurs et les dirigeants :</u>

Dans les différentes analyses proposées, les investisseurs dans le secteur d'activité du football, recherchent les conditions les plus favorables pour s'approprier un Club.

Ainsi, les dirigeants historiques des Clubs se mettent en quête de maximiser l'attractivité de leur organisation, en procédant à des opérations économiques visant à augmenter leur « rating » footballistique.

Des investissements dans les structures sportives, stade, centre de formation et des espaces d'évènementiels, financés par des emprunts démesurés et des contributions de la part des collectivités, conduisent l'ensemble des clubs de football à l'endettement au-delà de leur capacité financière afin de renforcer leur attractivité capitalistique.

S'ajoute les achats de joueurs à des coûts exorbitants pour renforcer le potentiel sportif, mais surtout, espérer réaliser des plus -value conséquentes, au bénéfice des investisseurs.

L'ensemble de ces opérations conduit à la dégradation de la performance économique, ce qui nécessite de faire appel aux aides de l'État et à l'arrivée de nouveaux investisseurs.

Les dits nouveaux investisseurs ayant rapidement le besoin de réaliser des profits, engagent alors des opérations de transferts de joueurs afin de concrétiser les plus-values espérées.

Les pratiques managériales en place conduisent vers l'appauvrissement des salariés des fonctions supports, afin de limiter les coûts salariaux et réduire les budgets de formation continue. Par le recours permanent et pléthorique d'emplois précaires, stagiaires, alternants, bénévoles et des contrats à durée déterminée de courte durée, les dirigeants des clubs privilégient l'attractivité sportive, plutôt que les conditions économiques et sociales des salariés, hors du périmètre sportif.

De plus, la recherche d'exonérations sociales et fiscales traduit la volonté de sortir du champs salarial et fiscal conventionnel, encouragé par les institutions du football national ou international.

- <u>L'État et les institutions nationales, européennes et internationales.</u>

Les États, confrontés aux institutions nationales, européennes et internationales, s'engagent à procurer des faveurs sociales et fiscales aux différents clubs de football, ainsi qu'aux organisateurs de grands évènements footballistiques, comme les Championnat d'Europe et les Coupes du monde.

Les exonérations fiscales sur les bénéfices lors de ces évènements, acceptées et votées à l'Assemblée nationale pour renforcer l'attractivité de la France, afin d'accueillir ces grands moments de sport collectifs contribuent aux diminutions de recettes fiscales, au détriment des actions destinées à renforcer les ressources requises pour l'éducation, la santé et le secteur social.

Par ailleurs, les conditions d'obtentions de ces compétitions internationales n'offrent pas toutes les garanties d'impartialité et se traduisent par un faible nombre de candidature, ce qui permet d'offrir ces évènements aux seuls pays candidats, qui imposent leurs conditions d'organisations, au détriment de toute légalité sociale, fiscale et environnementale.
Au-delà, la multitude d'investissements réalisés par les Clubs de football avec la contribution de l'État et des collectivités conduit à des conséquences régulièrement constatées. Parmi lesquelles, on note :

- Des dépenses inconséquentes en finances publiques sur la construction d'équipements surdimensionnés ou sous-utilisés, mal conçus, mal placés ou réduits, engagées sur des périodes de très long terme, de 30 à 40 ans.

- Des engagements permanents de la part de l'État ou des collectivités, afin de compenser les pertes d'exploitations des Clubs, sous formes de subventions ou de de financement garanties, plus ou moins remboursés.

- Le recours permanent à des Conventions du types PPP, soit Partenariat Public privé, ou des Délégation de Service Public, comme DSP, qui engage les collectivités dans des garanties sur des durées de 30/40 ans, avec les impôts des citoyens en dernière solution.

- Toutes ces actions, décidées sans concertation aucune, ponctionnent les finances publiques, au détriment des besoins primaires des populations, comme, la santé, l'éducation et les transferts sociaux.

- <u>Les parties prenantes aux Clubs et aux organisations sportives.</u>

Les fournisseurs, équipementiers, agences de sécurité, prestataires de services (médias, marketing, outils numériques) des Clubs de football supportent, à leurs risques, l'arrêt des compétitions et les difficultés du secteur. Par manque de prévisibilité et d'anticipation, des PME et des TPE pour la plupart, risquent de disparaître du paysage sportif, de mettre de nombreux emplois en péril, voire perdus dans un écosystème en danger.

Les dysfonctionnements successifs des Clubs de football assombrit l'avenir de ces fournisseurs, dont la survie est souvent liée à celle des Clubs. Ceux-ci représentent une partie des économies régionales. Environ 30.000 emplois indirects concernent ces activités dans le secteur du football professionnel.

Mais au-delà des conséquences sur cet écosystème, le secteur d'activité sportif fait aussi et principalement appel à de nombreux vacataires, bénévoles, auto-entrepreneurs et micro-sociétés pour des rémunérations, sous forme de compléments de revenus réguliers pour les acteurs concernés, ou des pertes de chiffre d'affaires. Cela conduit à une perte importante des rémunérations mensuelles des salariés pouvant aller jusqu'à la suppression des emplois.

Lorsque l'on prend en compte les répercussions sur la totalité de la chaîne de production liée aux activités sportives, se profile derrière les aléas économiques, une crise sociale qui impacte en priorité les salariés précaires, les auto-entrepreneurs à activité aléatoire, les TPE et les PME dépendantes du secteur.

Indépendamment des contrecoups dus aux aléas sportifs, il s'agit de préciser certains aspects qui représentent des comportements irrationnels, pour ne pas dire des actions de prédation de la part des Clubs, fragilisant tout l'écosystème des fournisseurs et des prestataires de services dans ce secteur d'activité.

Par des pratiques datant du siècle passé, l'analyse des dettes auprès de l'ensemble des fournisseurs doit nous laisser interdit. Le montant de la totalité des dettes d'exploitation, représente près 1 an de crédit fournisseur !

À partir de cette observation, on peut en déduire que les Clubs se « font » de la trésorerie sur le « dos » des fournisseurs et des prestataires, fragilisant à nouveau ce secteur d'activité.

Les collectivités locales et régionales aident les Clubs en investissant dans des équipements sportifs, en achetant des prestations de services et en subventionnant une partie de la formation, cruciale, pour l'ensemble des Clubs. Cette même formation, s'appuyant sur un tissu économique important, constitue une autre source de revenu par les transferts de joueurs formés localement, avec une partie de l'argent public.

À l'opposé, de lourdes charges pour les villes, confirmées par les rapports cinglants des chambres régionales des comptes pour Nice, Marseille et Lens. Les partenariats public-privé sont étrillés. Les rapporteurs établissent l'ampleur des dépassements et du coût final pour les finances publiques, au profit des parties privées.

À Marseille, la charge nette pour la ville s'élèvera au total à près de 500 M€ - un lourd tribut.

Le stade Vélodrome, temple du sport marseillais, en raison de son coût élevé pour la commune, confirmé par la réalisation d'un audit, soulignant la situation financière « catastrophique » de la ville, fait l'objet d'un projet de cession.

« *Le stade, je veux le vendre parce qu'il nous coûte trop d'argent. Je veux le vendre parce que c'est une gabegie financière, niet, terminé. 15 millions d'euros de la poche des Marseillaises et des Marseillais pendant 30 ans, terminé* », selon le témoignage des responsables de la municipalité marseillaise.

À Lens, ce sont les collectivités qui ont dû prendre en charge la quasi-totalité de la rénovation de Bollaert, à hauteur de 70 M€, le Club ayant été dans l'incapacité d'assurer sa propre contribution. Y compris le Stade 100% privé de Lyon, qui a permis aux acteurs publics lyonnais de se défaire du risque financier. Ils engagent malgré tout, une contribution publique à hauteur de 202 M€, sur un coût total de 632 M€, soit tout de même 32% du budget à la charge du secteur public.

Résumons : des stades chers et surdimensionnés, des investissements publics faramineux, un modèle de gestion inchangé, de nouveaux risques de gestion pour les villes et pour les citoyens.

Les magistrats de la Cour des comptes regrettent par ailleurs que l'occasion n'ait pas été saisie de « changer le modèle français de propriété et d'exploitation publiques des stades » dans le but de « *soustraire les collectivités locales aux risques de gestion et d'aléas sportifs* ». Alors que ces aléas ont suscité des factures exorbitantes pour les collectivités à Grenoble, au Mans, ou à Bordeaux, les municipalités dont les enceintes ont été construites ou rénovées, risquent encore de payer la note.

La société qui portait le Club des Chamois niortais, Club de football de Niort, endetté de plus de 4 millions d'euros, a été liquidée en septembre 2024.

Il existe un autre motif de préoccupation non visible : celui des redevances d'occupation des stades, dues par les Clubs utilisateurs auprès des collectivités, qui sont dans leur « *quasi-totalité inférieures, et parfois dans des proportions importantes, au niveau requis* ». Cet état de fait alourdit la charge des villes et les expose à des sanctions de la Commission européenne, qui y voit des aides d'État déguisées.

À Lille et Bordeaux, les contentieux entre les opérateurs exploitants du stade, les collectivités et les contrats de Partenariat-Privé-Public (PPP) contestés, confirment les travers de ces contrats. Pour quasiment tous les stades, les revenus d'exploitation attendus de la billetterie, de l'accueil de manifestations culturelles ou du Naming s'avèrent bien en-deçà des promesses et des prévisions.

Le diagnostic m'amène à encapsuler ce phénomène par la formule courante, énonçant que *l'État, la FFF et les institutions régionales ont « socialisé les pertes »*, à la charge des citoyens

et « *privatisé les profits* » au bénéfice des investisseurs et des institutions internationales.
- Les consommateurs ou les supporters des Clubs de football.

Que retiennent finalement les citoyens locaux et régionaux de cette chaîne de valeur intégrée ?

Sans surprise, lors des grands évènements sportifs, les tarifs de la plupart des hôtelleries, restaurations, transports, services de prestations, tous s'envolent au rythme des annonces. La loi de l'offre et de la demande est impitoyable, surtout pour les consommateurs, mais généreuse pour les opérateurs et les institutions internationales.

Dans l'univers du stade, bière, sandwiches et autres denrées se vendent à des tarifs prohibitifs au vue de la qualité des produits.

Pour la Ligue 1, le coût moyen varie entre 20 et 30 euros de dépense par supporter.

À cette somme, il faudra ajouter le coût du déplacement au stade, les transports en commun et le parking.

Après être arrivé au stade, il faudra débourser, en plus les coûts des parkings, forfaits transport, compris entre 3 € et 15 €. Pour l'achat d'un éventuel maillot, il faudra ajouter entre 70 € et 100 €.

Voir comment un match devient un produit de luxe !

Nous savons que ce ne sont pas les seules dépenses.

Or, le montant droits audiovisuels, en augmentation, ou même en diminution, vont lésés en premier lieu les téléspectateurs. Les chaînes, pour assurer leur rentabilité, accroîtront leur tarif d'abonnement. De fait, le citoyen deviendra la « vache à lait » des diffuseurs. L'explosion des droits génère des effets pervers pour les chaînes et pour les consommateurs, mouvement qui modifient le modèle économique.

En effet, l'inflation du montant des dépenses audiovisuelles engagées, astreint les canaux de diffusion payants à revoir à la hausse leurs tarifs, pour tenter de rentabiliser leurs investissements. L'arrivée de nouveaux acteurs contraint les téléspectateurs à multiplier les abonnements, grevant le budget des familles.

J'ai produit dans mon précédent livre, une étude de marché des droits audio-visuels du football européen, selon une « Modélisation du marché - Droits de diffusion pour le football professionnel[69] »

---

[69] - *Bulit Guy - Mythes sur l'économie du football français : du mercantilisme au « hold-up » dans le football professionnel, Amazon, 2021.*

qui permet d'établir la valorisation des principaux championnats en Europe.

La question porte avant tout sur la somme que les supporters devront débourser pour suivre la Ligue 1.

Suite à l'accord entre la Ligue 1, BeIN Sports et DAZN, le prix qu'il faudra acquitter pour regarder la Ligue 1, sur la saison 2024-2025, met en colère le monde des supporters.

Afin de voir l'intégralité des matchs de Ligue 1, les supporters et les futurs abonnés, devront s'acquitter de 30 € mensuels avec engagement, ou de 40 €, sans engagement de 12 mois pour DAZN, auxquels s'ajouteront 15 € pour BeIN Sports, afin de bénéficier de toutes les affiches hebdomadaires.

Dans le domaine d'une bulle spéculative des droits sportifs, le consommateur payeur, devient « l'idiot utile » de la chaîne de valeur intégrée, poussant celui-ci vers des alternatives légales ou illégales de manière à contourner cette injonction médiatique.

3.9. Alternatives au modèle organisationnel du football-business français

- <u>Établir des partenariats équilibrés et durables avec toutes les parties prenantes.</u>

Pour offrir aux différents clients, spectateurs, supporters, sponsors et diffuseurs une expérience évènementielle homogène et convaincante, la chaîne de valeur intégrée des Clubs doit fonctionner comme une seule et même entité. L'intégration de toutes les parties prenantes dans les processus des divers métiers, jouera un rôle essentiel dans la maximisation de revenus et se retrouve au cœur de la chaîne de valeur intégrée.

La situation d'incertitude, consubstantielle aux résultats des compétitions, constitue le fondement du secteur sportif : sa réalité, ses aléas, son imprévisibilité, son indétermination et son mystère. Mais il compose aussi la ferveur, la passion, les émotions, qui exaltent l'intérêt du sport spectacle.

Aujourd'hui, bien que corrélés avec les budgets et le potentiel économique régional, les résultats économiques, sportifs et le classement du championnat doivent intégrer de multiples dimensions, auxquelles toutes les parties prenantes doivent contribuer. Si le plaisir d'un supporter dépend de la qualité technique d'un match et de l'incertitude quant au résultat, il est de notre capacité d'explorer d'autres horizons, afin de restaurer un spectacle sportif plus ambitieux, plus large et plus attractif.

S'il est essentiel de recréer des situations d'incertitude tout au long de compétitions attirantes pour les spectateurs et les téléspectateurs, il est aussi de notre responsabilité de limiter les risques substantiellement liés aux aléas sportifs - et à leurs conséquences. L'obligation des Clubs doit être d'intégrer les imprévus, les aléas sportifs et les incertitudes dans leurs modèles économiques ; et en même temps, de ne pas participer à l'inflation des investissements lors des transferts et sur la spéculation salariale des joueurs. Ce dernier participe à l'ajout de risques, aux périls sportifs, déjà identifiés. Il ne s'agit pas d'imiter les concurrents sportifs, mais de concevoir des scénarios, des alternatives et d'en évaluer les enjeux à long terme.

Ainsi l'état du football professionnel renvoie au système économique capitaliste, déployé depuis deux siècles. C'est la façon dont a été favorisé le développement du système de production de spectacle sportif, qui a autorisé des comportements de prédation au nom du profit, niant au passage toutes les parties prenantes, qui conduisent à cette dégradation.

Dans les circonstances actuelles, l'examen de la transition économique, sociale et environnementale s'impose avec une urgence plus grande encore et invite à des formes d'arrangements intelligents entre les engagements de court terme et les orientations à long terme.

Des choix urgents, de « court terme », devront être mis en œuvre pour lutter contre l'effondrement de l'économie du football professionnel. Pourtant, relancer le même modèle économique aux conditions identiques devient plus que jamais un non-sens. Bien plus que « relancer » l'économie footballistique, il faut la transformer et la reconstruire. Ou pour le dire plus justement, les réorientations engagées constitueront les conditions de la transformation et de la reconstruction. Cela implique une conversion radicale, une sorte de désapprentissage des décisions politiques et économiques pour imaginer toutes les alternatives possibles.

Dans l'immédiat, la continuité de la production du spectacle football nous assigne à la survie de tous les acteurs de la chaîne de valeur, à la protection des salariés, des travailleurs individuels, des indépendants, des auto-entrepreneurs, des micro-entreprises, des TPE et des PME. Ils survivent tous, confrontés aux fortes dépendances coagulées dans l'activité footballistique. Ils sont tous en situation de précarité, notamment tous ceux qui ne bénéficient pas d'une protection sociale ou de garanties suffisantes. La recherche de l'unanimité sur l'ensemble de ces dimensions sociales instaurera les conditions du changement du modèle économique et des projets sportifs.

Pour ma part, les changements politiques des Clubs n'ont de sens que s'ils incluent déjà des perspectives de long terme et engagent les réorientations indispensables à l'écosystème du football. Selon moi, il nous faut commencer à repenser les politiques et les orientations économiques des institutions et des Clubs, les organiser et les partager différemment, autour de pôles d'activités essentiels pour tous les acteurs de la chaîne de la valeur, comme : se divertir, participer à des spectacles sportifs, rechercher du sens à nos loisirs, se déplacer sobrement, se nourrir sainement, préserver l'environnement et le climat, rencontrer les acteurs sportifs, partager leurs passions, faire partie d'un groupe social référent, promouvoir une identité singulière, être acteur des projets et consommer en citoyen responsable.

Pourquoi penser en pôles d'activités ? D'abord parce la notion de secteurs économiques produit des résultats issus de simples conventions, oubliant l'essentiel. C'est-à-dire ce qu'il nous faut préserver, développer et transformer pour participer. Ces regroupements autour de grands pôles autorisent à repenser les prestations de services, de redéfinir leurs limites, de définir et d'inclure l'ensemble des activités à proposer au marché, toutes ces activités répondant aux attentes des citoyens.

En pensant en termes de grands pôles d'activités essentiels, on redonne du sens à l'action politique, sportive et sociale comme à l'activité économique en général. Aspect fondamental, il faut en finir avec l'idée que toute activité économique, quelle qu'elle soit, n'ait comme seul but « de créer de la valeur financière ».

Il faut revenir au substrat principal, à ce qui doit être au centre des politiques sportives des instances et des Clubs, à l'intérieur des pôles - la recherche du bien commun et du bien à partager.

Penser par grands pôles d'animations où se retrouvent des activités qui relèvent de toutes les parties prenantes publiques ou privées, d'entités propres et singulières (comme les coopératives, les associations, les entreprises à but non lucratif), permet aussi de promouvoir et de gérer la transition économique, sociale et environnementale dans de nouvelles conditions améliorées.

S'engager dans cette transition implique qu'une partie des activités jugées socialement et écologiquement bénéfiques vont augmenter, tandis que d'autres seront appelées à diminuer. En les associant dans des mêmes pôles, on se donne des marges de manœuvre par des effets de compensation.

Dans le même temps, pour élaborer des choix politiques et économiques, on ne peut plus s'en tenir aux anciennes bases et compromis qui fondaient la création de richesse des organisations par la mesure de la seule production financière et de sa valeur ajoutée.

Après ces périodes d'instabilité et de fortes turbulences, ces notions purement économiques ont perdu leur efficience, eu égard aux fourvoiements dans lesquels leur adoption infiltre les instances et l'ensemble des Clubs.

Comprendre l'économie des Clubs de football conduit à la transformation du système actuel. Considérer que les opérations de transferts de joueurs constituent des revenus qui augmentent la valeur ajoutée, malgré leur caractère d'exception, et d'incertitude doit ouvrir les yeux de tous les acteurs concernés. Les transferts spéculatifs, sans relation aucune avec les réalités économiques dopent la valeur ajoutée, les droits audiovisuels, inflationnistes, supportés par les abonnés, amplifient la valeur ajoutée.

Quand les Clubs utilisent plusieurs dizaines de tarifs pour fixer le paiement des places de spectateurs, au lieu de faire en sorte que chacun paye le maximum de ce qu'il peut payer, sommes-nous encore dans un projet responsable, sociétal et durable ?

Je crois au courage pour remettre une gouvernance citoyenne au sein des institutions et des Clubs et inverser les schémas décisionnels, non plus du haut vers le bas, mais des citoyens, associés au Club vers les Institutions.

Je crois au courage pour repenser leur projet sportif et économique, pour renflammer leur vocation à être au service de tous, au service de tous les acteurs de la chaîne de valeur intégrée, des plus importants aux plus démunis.

L'ensemble des Clubs doivent déconstruire leur propre modèle économique, afin d'en imaginer un autre, fondé sur des recettes et des ressources plus stables, plus récurrentes et plus larges, dont l'objectif sera de réduire le degré d'incertitude afin d'abaisser les risques inhérents aux activités sportives.

Mais pour compléter cette approche, j'ajoute qu'il faudra intégrer une autre dimension, celle de la valeur sociale créée. Pour cela, il faudra bien isoler les mécanismes créateurs de valeur économique, des mécanismes créateurs de valeur sociale. Nous devons considérer que créer de la valeur sociale, revient à ne pas capturer une valeur économique ou une utilité créée.

En d'autres termes, la création de services bénéfiques, reconnus comme valorisables et propices par un Club, consiste à faire des propositions de valeur aux sportifs, aux salariés, aux supporters, aux prestataires de services, aux fournisseurs, aux sponsors, aux diffuseurs et aux citoyens - in fine à toutes les parties prenantes, sans chercher à maximiser la capture de la valeur créée.

C'est ce que nous devrons imaginer. Tout sera différent lorsqu'un Club acceptera de rémunérer équitablement l'ensemble des parties prenantes, mettra son pouvoir de négociation au service d'un projet responsable, sociétal et durable. Ou lorsqu'il interdira à une ou autre des parties prenantes de capturer la plus grande part de la valeur, créée par l'activité sportive.

Ainsi, la création d'une conscience de classe des parties prenantes doit s'engager à ne plus soutenir des actions contraires aux besoins de cette classe d'acteurs économiques au service du football. Des consortiums d'expertise sociale, environnementale, sanitaire, financière et éthique représenteront les collectifs ainsi constitués.

Pour les collectivités locales ou territoriales, les fournisseurs, les équipementiers, les agences de sécurité, les prestataires de services dans les médias, le marketing, les outils numériques, les services d'hospitalités, les auto-entrepreneurs, les artisans et les commerçants, tous doivent acquérir cette conscience de classe afin de porter ensemble les conditions de partenariats équilibrées et durables.

L'appropriation des discours des investisseurs et des directions managériales conduira à l'invention de nouvelles formes de réflexions. Seule l'appropriation de la condition libérale des travailleurs libres a permis de penser des utopies novatrices. Malheureusement les projets d'innovations alternatifs ne foisonnent plus et nous engagent dans une remise en cause des structures sociales existantes, afin de raisonner avec les parties prenantes, dans une chaine de la valeur intégrée.

Il s'agit bien d'adresser le coût des disparités sociales, économiques et environnementales aux actionnaires et aux investisseurs. Au-delà des opérations de boycott qui s'adressent aux consommateurs en montrant l'irresponsabilité des entreprises et des clubs de sport, avec des résultats limités, il s'agit plutôt de viser les investisseurs, ce qui me parait plus efficace. Cette inversion de la responsabilité devient essentielle, en particulier face à des tarifications de prestations et de services inacceptables.

Il s'agit aussi de mener des enquêtes et d'investiguer les typologies des sponsors dans le sport, dans les banques, parmi les investisseurs et de faire pression sur les responsables politiques locaux ou nationaux pour provoquer une prise de conscience de leurs relations au regard de leur affichage médiatique.

Les mouvements sociaux les plus récents ne demandent, ni des droits nouveaux, ni une meilleure répartition des richesses, du moins directement, mais essentiellement, il s'agit d'un militantisme pour le crédit, afin d'accréditer ou de discréditer des conduites inacceptables, des manières de se comporter intolérables, ainsi que des activités néfastes pour l'environnement.

Par exemple, publier les listes de financeurs de programmes, de sponsors ou d'investisseurs suffirait à questionner les pratiques des entreprises ou des Clubs de sport quant à leurs actions avec des partenaires irresponsables. Cela nous ramène à la notion d'attractivité ou de non-attractivité.

L'organisation en collectif militant de cette conscience de classe deviendra la condition opérationnelle pour inciter les investisseurs et l'État à la transformation du modèle économique,

social et environnemental du football. En refusant cette transformation, ils s'exposeront aux sanctions des parties prenantes par la dévalorisation de leur Club.

Leur capacité d'association doit conduire vers des actions collectives afin de menacer le « crédit-score » des Clubs de football ou de sport, en général, ce qui nuirait à leur valorisation, puisque cela constitue leur principal objectif.

Ainsi, les amener à intégrer les différentes parties prenantes, au-delà des discours convenus.

- La création de valeur sociale

Le champ sportif présente un certain nombre de singularités qui caractérisent les acteurs salariés des Clubs sportifs. On peut identifier des causes structurelles spécifiques qui peuvent être mobilisées, pour expliquer les limites du développement des formes d'emploi dans les Clubs de football, associées à la persistance d'un taux très élevé de bénévoles dans les missions assurées par les organisations sportives. Le développement du travail rémunéré dans les Clubs sportifs devient une réalité de plus en plus prégnante.

Les acteurs salariés des Clubs de football, employés, assistants, collaborateurs, managers, cadres, dirigeants administratifs exercent leurs responsabilités professionnelles, soumis à des injonctions ambivalentes. Recrutés au regard de leurs compétences professionnelles spécifiques, attestées par les formations diplômantes, ils assurent les fonctions pour des rémunérations indignes.

Au-delà de leurs capacités techniques et managériales, les attentes des dirigeants et employeurs se focalisent sur les motivations des salariés à faire la preuve d'un savoir-être en termes de disponibilité et d'engagement au service de leur Club sportif. On ne peut renoncer à mettre en relation les caractéristiques du champ sportif et celles du capital sportif nécessaire pour exister dans cet environnement. Plus précisément, les trajectoires des salariés des Clubs de football expriment des dispositions acquises singulières pour exister dans un espace à la fois soumis à la « passion du sport », à la prégnance des valeurs et de l'idéologie sportive. L'environnement du football présente la particularité, d'être à la fois marqué par une progression significative de l'emploi salarié et par une persistance à proposer des statuts de bénévoles, de stagiaires, des contrats d'alternances, des contrats à durée déterminée et des contrats à durée indéterminée, mais à temps très partiel. En clair, les Clubs de football s'appuient sur des salariés en situation de précarité.

Confrontées à la concurrence d'autres pratiques sportives, ou de loisirs, les organisations du sport recrutent un nombre croissant de salariés, pour répondre à une demande en compétences de qualité, afin de proposer de nouveaux développements marketing, médiatiques et commerciaux. Malgré ce développement économique qui s'inscrit dans un contexte général de « salarisation » des activités sportives, il se révèle ne représenter qu'une part limitée du secteur, dans lequel, les Clubs demeurent le refuge des valeurs du sport dites originelles, comme le « désintéressement », la « gratuité du geste sportif » et le « don de soi », qui constituent le socle historique des « vraies » valeurs du sport.

Les Clubs sportifs enregistrent un accroissement du volume de l'emploi salarié au niveau du management technique et administratif, avec pour corollaire une dispersion des activités relatives au sport dans les différentes activités économiques et professionnelles.

Les valeurs et le modèle du sport de haut niveau exercent un effet de séduction sur les salariés en recherche de postes à pourvoir dans les Clubs, même modestes, qui nécessitent un besoin croissant en compétences qualifiées pour les divers métiers. Les Clubs de football, considérés comme une forme d'élite sportive régionale et nationale, objectivent la recherche des résultats sportifs comme la première mission des Clubs. Il apparaît clairement que le développement de la compétitivité sportive des Clubs demeure au cœur de leur identité.

L'un des aspects du travail dans un Club sportif consiste donc en l'effacement des frontières entre le travail bénévole et le travail salarié dans le sens où, quel que soit le statut, cet impératif du « don » s'impose de fait à tous. Les « règles » du travail salarié, définies à l'aune des valeurs sportives et des modes de fonctionnement bénévole, s'appliquent indépendamment de l'existence d'un cadre législatif. Il convient de mettre en évidence les dysfonctionnements qui concernent cette catégorie de salariés administratifs, au regard d'indicateurs tels que le volume horaire réalisé, le niveau de rémunération, la valorisation et la reconnaissance ou bien encore, les faibles perspectives d'évolution de carrière. Les employés, les techniciens et les managers des Clubs de football, souvent sous-payés, qui travaillent très fréquemment bien au-delà du volume horaire contractualisé, soumis à une précarisation forte de l'emploi, ne bénéficient quasiment d'aucune perspective d'évolution de leur carrière. Conscients de l'inévitable précarité de leur travail rémunéré dans les Clubs sportifs, les salariés se considèrent responsables de la pérennité de leur emploi et donc s'engagent sans réserve au service du Club pour préserver leur poste.

Simultanément, les salariés traduisent leur satisfaction du travailler dans le domaine sportif, de contribuer au développement de leur Club et reprennent à leur compte la posture de l'engagement, de la disponibilité, du désintéressement et du dévouement : toutes les caractéristiques dominantes des valeurs portées par le sport.

Cette ambivalence peut se comprendre au regard des travaux de Norbert Alter, dans sa « Théorie du don et sociologie du monde du travail[70] », autour de la relation de réciprocité. Si les salariés des Clubs de football « donnent » de leur temps et de leur personne, c'est parce qu'ils se sentent gratifiés par une relation de réciprocité qui apporte une légitimité et un sens au « don » qui les caractérise. Car « ce qui se joue dans l'échange social n'est pas une partie, un enjeu, un avantage économique ou même symbolique. C'est, bien plus fondamentalement, la

---

[70] - *Norbert Alter - Théorie du don et sociologie du monde du travail, La Découverte / revue du MAUSS, 2002-n° 20.*

relation même qui unit les partenaires de l'échange, l'existence de la relation, et non l'avantage que l'on en retire. Cela explique les raisons pour lesquelles, pour préserver la qualité d'une relation, bon nombre d'acteurs acceptent de ne pas tirer avantage de leur situation, ou de leur pouvoir », explique le sociologue.

Si l'effacement de la frontière entre les bénévoles et les salariés est au principe même d'une propension à définir le métier comme un « engagement », l'appartenance au champ sportif structure chez les salariés une disposition très marquée à effacer l'idée de « métier » derrière celle de « passion ». Car les salariés évoluent dans un espace qui valorise fortement un continuum, dans un environnement sportif pour lequel ils s'investissent dans l'emploi occupé. Plus précisément, le recours à la « passion » est souvent mobilisé pour justifier l'adhésion à une entière disponibilité au sein des Clubs, parfois au détriment de la vie privée.

Malgré ces « sacrifices » pleinement acceptés, ils n'évoquent ni, une oppression, ni même une contrainte, mais plutôt, une des conditions permettant d'évoluer dans un univers socialement convoité.

La définition du métier comme « passion » renvoie au fait que le salarié ancre son discours et la représentation de son activité professionnelle, dans l'imaginaire de l'univers sportif. Les salariés associent pleinement les valeurs du sport à leur métier, en soulignant à la fois l'importance du rôle social, voire éducatif, du Club et de leur mission.

L'analyse des dispositions sociales, notamment du « capital métier » démontre un rapport entre le volume de compétences, de capacités et les stratégies d'émancipation, associées à une moindre dépendance aux dirigeants des Clubs. Plus un salarié, un technicien ou un manager peut se prévaloir d'un niveau de compétences et d'expertises présent ou passé, plus ses possibilités de négociation, et donc d'échange, avec les dirigeants des Clubs deviennent élevées.

Il peut mettre en jeu ses facilités pour trouver un emploi dans un autre Club, dans le cas où ses conditions ne seraient pas considérées. Il peut revendiquer un salaire qui corresponde à ses responsabilités et plus d'autonomie dans son environnement professionnel. En effet, la valeur de son « capital métier » lui confère une expertise reconnue qui lui donne un pouvoir en matière de capacité et d'investissement dans son Club et la possibilité de négocier favorablement ses propres conditions, auprès des dirigeants.

Le Bureau de l'OIT (Organisation International du Travail), célèbre le 7 octobre de chaque année, la journée mondiale du travail décent. Je considère cet évènement comme une justification d'évoquer les notions de travail décent, de travail vital dans un contexte où le nombre de salariés précaires augmente. Le travail décent permet de garantir un revenu afin de subvenir aux besoins quotidiens d'un salarié et de sa famille, qui constitue un salaire vital. Un consensus simple s'impose, celui de la Déclaration Universelle des Droits de l'Homme, qui stipule dans l'article 23, que « Quiconque travaille, a droit à une rémunération équitable et satisfaisante, lui assurant ainsi qu'à sa famille, une existence conforme à la dignité humaine, et complétée, s'il y a lieu, par tous autres moyens de protection sociale [71] ».

Les principes directeurs relatifs aux organisations sportives, en particulier aux droits de l'Homme, mettent les sociétés en face de leurs responsabilités. Face au moindre risque de non-respect d'un droit de l'Homme, où qu'il se présente, dans les organisations concernées, dans leur chaîne de valeur, au travers des relations avec les partenaires

---

[71] - *https://www.un.org/fr/universal-declaration-human-rights/#:~:text=Article%2023,%C3%A9gal%20pour%20un%20travail%20%C3%A9gal*

commerciaux ou institutionnels, les organisations se doivent de prendre les mesures adéquates pour traiter le risque, et disposer de procédures pour vérifier que les décisions adoptées produisent les effets escomptés.

Garantir un travail décent et un salaire vital conditionne le respect des droits de l'Homme. Cela répond à la problématique de gestion du risque de conformité légale en matière de salaire minimum. Cela garantit contre l'absence de qualification et le de risque de travail forcé.

Au regard des rémunérations versées aux salariés des fonctions supports des Clubs de football, il existe de nombreuses pistes permettant d'améliorer concrètement le pouvoir d'achat, la question du salaire vital et le travail décent pour les salariés administratifs.

D'une part, les Clubs disposent d'une réelle responsabilité à encourager leurs salariés, auto-entrepreneurs, sous-traitants et autres partenaires commerciaux à travailler souvent, sous contrainte d'heures supplémentaires.

Quelques règles clarifieraient les comportements des Clubs en matière d'organisation et de planning des activités, afin de limiter les débordements d'horaires :

- Embarquer les partenaires pour exiger une simplification des systèmes de calcul des heures à payer et des heures à récupérer,
- Améliorer la formation des managers de proximité des salariés, afin de mieux définir les limites de leurs responsabilités.

Au-delà, la question du salaire décent ne doit pas uniquement être un sujet posé aux partenaires, mais doit intégrer le développement d'une catégorie inquiétante de salariés pauvres, exerçant leurs métiers dans l'environnement du sport, dans un contexte de coût de la vie élevée, et de paupérisation grandissante d'une frange de la population.

Dans tous les cas, les départements de ressources humaines et les directions générales ne doivent pas avancer seules sur ces questions. La réussite, pour créer un consensus sur les enjeux et les hypothèses autour du travail et d'un salaire décent, doit s'inscrire dans une réflexion, intégrant les dimensions suivantes :

- Donner la voix aux salariés concernés.
- Réfléchir avec une vision socio-économique plus large pour comprendre les besoins en fonction des populations de salariés : niveau, origine, âge, spécificités socioculturelles, expertise et environnement social.

- Intégrer tous les acteurs en charge du développement et de l'attractivité des Clubs et de toutes les activités sportives.
- Remettre « l'Homme » au cœur du système socioéconomique des Clubs.

La question du travail décent et du salaire vital offre la possibilité de stimuler les Clubs à changer de perspective. Au lieu de voir les salariés comme des charges et les salaires comme des coûts, la question du salaire vital incite les organisations sportives à voir les employés, les techniciens et les managers, avant tout comme des actifs de connaissances, de capacités et de compétences, disponibles pour prendre les décisions adéquates aux intérêts des Clubs.

Au lieu de voir les Clubs dans leur seul écosystème, comme une zone d'activité dénuée d'humanité, le travail décent et le salaire vital ouvrent une réflexion sur les organisations du sport, comme des acteurs investissant et produisant dans des espaces territoriaux dont les externalités constituent des facteurs d'attractivité, de reconnaissance, de compétitivité et de productivité.

Au lieu de voir les salariés comme de simples préposés au travail, on peut aussi y voir des consommateurs, des supporters et des collaborateurs, attachés à l'identité des Club.

Je souhaite compléter mon analyse sur la recherche d'un travail décent, d'un salaire vital pour les salariés de l'administration par le développement d'une maximisation des compétences et des capacités au service de l'ensemble des métiers du sport, afin de construire un projet sportif qui reposera sur de nouvelles perspectives de responsabilité sociétale, durable et équitable.

Reconnaissant l'existence d'un projet partagé, une telle démonstration permettra de ne pas opposer la valeur sociale et la valeur économique. Il ne s'agit pas d'opposer la création de valeur sociale et la recherche du profit, mais de considérer que la performance sociale devient la condition de la performance sportive et économique. Nous devons démontrer que la création de valeur peut être appréhendée en intégrant les contraintes de production et de partage de la richesse créée afin de produire une performance économique subsidiaire.

La performance sociale caractérise les orientations stratégiques des Clubs quant à leur forme de reconnaissance vis-à-vis de toutes les parties prenantes, qui se traduisent par les bénéfices répartis auprès de différents acteurs. Ce nouveau modèle exclut la capture de la valeur par une classe sociale au détriment des autres et répond à une ambition sociétale de légitimation des salariés de l'administration des Clubs.

Il s'agit de déterminer une courbe de distribution de la valeur créée, au profit de toutes les parties concernées par les projets de développement des Clubs. Cela passe par une politique contraignante des institutions du football et des dirigeants des Clubs afin d'initier et de consolider une transformation sociale et économique, qui s'intègre dans des aspirations et des utopies sportives, portées par la responsabilité sociale, durable et environnementale.

De même que la création d'une conscience de classe des parties prenantes, l'ensemble des acteurs salariés de l'administration des Clubs de football doit s'engager à ne plus soutenir des actions contraires à leurs besoins de salaire vital et de travail décent.

Pour les acteurs salariés, en contrat déterminés ou indéterminés, pour les bénévoles exerçant dans ce secteur d'activité, pour tous les employés en situation de précarité, stagiaires, alternants ou intérimaires, tous doivent acquérir cette conscience de classe des salariés des administrations sportives, afin de porter ensemble, les conditions de travail décentes, équilibrées et durables. Des consortiums d'expertise sociale, environnementale, sanitaire, financière et éthique représenteront les collectifs ainsi constitués.

En s'appropriant le discours des mangers et des investisseurs, ces collectifs proposeront des alternatives sociales et environnementales, pour penser de nouvelles utopies novatrices. Même si les projets d'innovations alternatifs ne foisonnent pas dans l'environnement du sport, il devient fondamental que les salariés des administrations sportives s'engagent dans une transformation des structures sociales.

Il s'agira bien d'adresser le coût des iniquités sociales et environnementales aux investisseurs et actionnaires. Comme les mouvements de boycott qui s'adressaient aux consommateurs en montrant l'irresponsabilité des entreprises et des Clubs ne produisent pas les résultats attendus, il s'agira plutôt de confondre les investisseurs, ce qui me parait plus efficace. Ce renversement de la responsabilité devient central, en particulier face aux conditions de travail proposées et inacceptables.

Une organisation en collectif, en partenariat avec un consortium d'experts en sciences sociales, en finance et en responsabilité environnementale, s'engagerait à mener des enquêtes et des investigations sur les pratiques déployées dans les organisations du sport. Ces collectifs adresseraient leurs résultats et les conséquences sociales, économiques et environnementales aux investisseurs, au instances représentatives et aux dirigeants afin de provoquer une prise de conscience, pour transformer les pratiques managériales déployées.

L'organisation en collectif militant de cette conscience de classe deviendra la condition opérationnelle pour inciter les investisseurs et les dirigeants dans les Clubs à la transformation du modèle économique, social et environnemental du football. En refusant cette transformation, ils s'exposeront aux sanctions portées par les collectifs de salariés administratifs, conduisant à la dévalorisation de leur Club.

Leur capacité d'association doit conduire vers des actions collectives afin de menacer le « crédit-score » de chaque Club de football ou de sport en général, ce qui nuirait à leur valorisation, puisque cela constitue leur principal objectif.

Les actions collectives contemporaines ne réclament, ni des droits nouveaux, ni une meilleure répartition des richesses, du moins directement, mais essentiellement, il s'agit d'un activisme pour la recherche de crédit, afin d'accréditer ou de discréditer des configurations managériales délétères, des pratiques sociales inacceptables et des comportements discriminants. Par exemple, publier les résultats des enquêtes menées, relatives aux conditions du travail, des rémunérations, du temps de travail, des prismes versées, des formes de reconnaissance, de la formation continue et de l'évolution professionnelle des salariés suffirait à questionner les pratiques des entreprises ou des Clubs de sport quant à leur engagement responsable, vis-à-vis des acteurs des administrations sportives.

Diverses actions, porteuses de sens, conduiraient à dénoncer des pratiques sociales dépassées, la démarchandisation du travail, les profondes inégalités salariales, des comportement irresponsables quant aux décisions prises par les dirigeants, des attitudes contraires à l'éthique sportive et sociale, des engagements des collectivités pris aux détriments des citoyens, des investissements inutiles et dispendieux, offrant ainsi à cette conscience de classe les moyens de participer à des projets sportif partagés, durables et responsables.

Il s'agit de ne plus accepter les différentes formes de dévalorisation que sont :

- **La dévalorisation des diplômes**

- **La dévalorisation des savoirs et des connaissances**
- **La dévalorisation des compétences**
- **La dévalorisation des qualifications**
- **La dévalorisation des responsabilités**
- **La dévalorisation de la reconnaissance**
- **La dévalorisation des parcours professionnels**
- **La dévalorisation des rémunérations**
- **La dévalorisation écologique**
- **La dévalorisation sociale**

Les hommes naissent et demeurent libres et égaux en droits. Les distinctions sociales ne peuvent être fondées que sur l'utilité commune » (article 1er de la Déclaration de 1789).

4
CONCLUSION

Que faire ? À quoi peut bien ressembler une sortie émancipatrice de cette dévalorisation dans les organisations du sport ?

Au niveau fondamental, la réponse se trouve dans le diagnostic développé, elle est au fond assez simple, mais néanmoins radicale. On ne surmontera cette situation dévalorisante, que si le modèle de richesse capitaliste sportive, autrement dit la domination de la marchandise et de l'argent, s'écrit au tréfonds de l'histoire du sport.

Dans l'enquête socio-statistique réalisée[72], les participants considèrent la production de la liberté et de la dignité sociale, comme le fondement d'un projet sportif, basé sur un monde de la concorde, fait de réciprocité, de respect et d'intégrité pour un destin commun. Les objectifs environnementaux devraient être au centre de tous les projets envisagés, en privilégiant le respect de tous les êtres vivants, organisés autour de formes de gouvernance équitables.

Il s'agirait de réinventer le monde du sport, comme initiateur d'un nouvel ordre responsable, social et écologique, en reconnaissant les inégalités inhérentes au sport, pour construire une collectivité

---

[72] - *Étude socio-statistique sur les métiers du sport – Mars 2024 – Sportagogie et Sciences Po Toulouse.*

sportive, dans un respect de l'environnement et soutenue par la transformation des institutions internationales, afin de garantir ce nouveau modèle de sport.

Les évolutions dans les organisations du sport pourraient devenir des motifs d'inquiétude et transformer les pratiques professionnelles dans cet environnement. L'accélération des rythmes de travail, l'accentuation de la précarité dans l'emploi, le remplacement des salariés par des solutions automatisées, la surcharge informationnelle, le manque de visibilité à long terme et la recherche effrénée de la compétitivité sur les marchés, traduisent les principales formes d'incertitude et d'anxiété, ressenties par les salariés des fonctions support des clubs de sport.

Enfin, une nouvelle vision pourrait être envisagée, à partir d'une reconnaissance vis-à-vis de toutes les parties prenantes, la garantie d'un travail décent et d'un salaire vital, la sécurisation de l'emploi des salariés des fonctions tertiaires, des pratiques sociales visant des relations stables, durables et productrices de sens, associées à une juste politique de répartition des rémunérations.

La dévalorisation des compétences des salariés des fonctions administratives conduit à des pertes de productivité. Celles-ci dépendent du rapport entre la valeur nouvelle créée durant un cycle de production, et le nombre de travailleurs salariés. La productivité provient de l'utilisation de moyens de production plus performants, par l'amélioration des compétences et des qualifications.

Au-delà du travail, l'ensemble des facteurs, tels que les connaissances, les compétences, l'organisation sociale et les conditions naturelles contribuent à la production de marchandises utiles. La valeur s'actualise, portée par les êtres humains, lorsque ceux-ci sollicitent leurs connaissances et leurs compétences, afin d'interagir avec la marchandise pour engager un processus d'action, selon les situations et les aptitudes des individus, qui viennent enrichir les multitudes d'expérimentations.

Cette pratique organisationnelle propose une solution efficace face à la globalisation, dans laquelle de nouveaux savoirs au service de l'innovation et de nouvelles compétences émergent.

Les salaires versés aux salariés des fonctions administratives ou supports des clubs, représentent un facteur de reconnaissance professionnelle et d'attractivité pour attirer de nouvelles compétences et de nouveaux talents, ce qui engendrerait des changements organisationnels fondamentaux, pour répondre à l'évolution du commerce et de l'économie du sport.

Le Capital Humain, comme le résultat de l'éducation et de la formation, conduit vers de nouvelles compétences acquises, au service du développement de nouvelles activités et de nouvelles stratégies marketing.

Les compétences, comme composantes du Capital Humain, acquises et développées par l'ensemble des salariés des organisations sportives, représentent les conditions du progrès technique, évalué selon la PGF ou selon la Productivité Globale des Facteurs de production. Alors que la dévalorisation des diplômes, associée à celle des compétences des salariés des fonctions support des clubs de sport, les relègue à des missions laborieuses pour la production de service. Ainsi, ils s'exposent à la dévalorisation de leur travail et de leur projet professionnel.

Ils mesurent aussi une autre dévalorisation quant à leur parcours de formation, qui n'offre pas les apprentissages requis, pour répondre aux objectifs et aux attentes des organisations sportives. L'ensemble des pratiques professionnelles analysées dans l'environnement du sport, conduit vers une dévalorisation sociale de ces métiers.

Nous devons transformer la société du sport de telle sorte que la logique mercantile s'élimine progressivement. Nous devons choisir un modèle économique qui désigne la production de richesse d'après la question de savoir, comprendre et proposer le nécessaire aux hommes pour satisfaire leurs besoins de loisirs.

Une société qui ne connaîtra plus que la richesse sensible et ignorera la richesse marchande.

Fondée en 1998, l'Association Attac[73], qui milite pour la justice sociale et environnementale, et conteste le pouvoir pris par la finance sur les peuples et la nature, prononçait le slogan « *Le monde n'est pas une marchandise* ».

Il s'agit bien du point central. L'on pourrait paraphraser en désignant « ***Le sport ne sera plus une marchandise*** **» !**

Du point de vue de la raison sensible, le capitalisme sportif représente, depuis la fin du vingtième siècle, un système déraisonnable et détourné. La production de prestations sportives, pour satisfaire les besoins des individus, ne caractérise pas l'objectif de la création de richesse, mais plutôt la déperdition d'une valorisation réussie.

Depuis les années 2000, sous la contrainte des institutions sportives nationales, européennes et internationales, ce système faussé, s'est déplacé

---

[73] - *Attac : Association pour la taxation des transactions financières et pour l'action citoyenne – Attac France – Un autre monde est possible.*

vers une économie détournée à plusieurs niveaux, afin de maintenir les individus dans une logique d'hégémonie sportive et de satisfaire leur besoin de fantasme.

L'économie réelle du sport devait être maintenue à flot, pour que la financiarisation capitaliste du sport soit en capacité de se perpétuer. L'industrie financière sportive pervertie, doit continuer à fonctionner et par conséquent, les institutions politiques sportives doivent orienter les flux de ressources dans ce sens.

Cependant, il conviendrait d'adopter une orientation contraire.

Une autre programmation, consciente, épurée et sociale, qui transformerait la vision d'une société sportive. Les acteurs, en situation difficile, se verraient octroyer de nouvelles ressources sociales mobilisées, afin de se renforcer et de satisfaire les besoins des citoyens en demande. Mais une telle réorientation pose une difficulté fondamentale et renvoie vers une contradiction avec la situation historique, relative aux marges de manœuvre objectives, et aux limites à son déploiement.

Le fondement du système de la production de marchandise se révèle en condition d'instabilité, porté par la servitude à l'argent, à l'échange économique, à la concurrence généralisée, ancrée profondément dans la conscience humaine. Jamais la soumission à l'économie n'a autant intégré notre vie, qu'elle autoriserait l'existence d'une autre société sportive, dans laquelle les femmes et les hommes développeraient la production de richesse sportive directement, sans l'artifice financier et sans leur marchandisation.

Pour réponse, la proposition d'une telle politique sociale devient fondamentale.

Indexer la valeur des emplois créés sur l'utilité sociale qu'ils produisent démontrerait un profond changement économique.

Elle participerait à remettre la structure productive des organisations du sport au service de l'intérêt général, trop longtemps négligé. Cela passe par la prise en compte des attentes légitimes de reconnaissance, de la revalorisation matérielle et sociale et de l'amélioration des conditions d'exercice de ces métiers. À cela, s'ajoute l'assurance d'un meilleur équilibre entre la vie professionnelle et privée, fondé par une sécurisation et une stabilisation des parcours professionnels.

Cependant, promouvoir une économie du partage à travers une politique de l'emploi indexée sur l'utilité sociale des métiers semble bien irréaliste !

Si, comme l'affirment de nombreux experts et spécialistes en tout genre, l'activité physique se voit recommandée pour devancer les risques des affections et des maladies, comme des bénéfices sur la santé, il semble alors possible d'imaginer des formes d'organisation du sport ou des pratiques sportives innovantes.

De même, lors des expériences à caractère ludo-sportif, chaque corps humain contribue à la production de différentes hormones, qui participent à la réduction du stress, à l'amélioration du sommeil et à la diminution des douleurs, en agissant comme une source de plaisir.

Le sport devient une ressource comme producteur de lien social, de passion et de citoyenneté. Pour l'ensemble des pratiquantes et des pratiquants, actifs ou non, les regroupements ou organisations sportives se transforment en espace privilégié pour établir des relations entre les individus, dans le respect des autres.

Ainsi, la pratique d'activité ludo-sportive peut conduire à l'enseignement de valeurs telles que l'équité, le travail d'équipe, l'égalité, la discipline, l'inclusion, la persévérance et la civilité.

J'évoque des pratiques sportives ludiques, en dehors d'une vision purement compétitive, afin de justifier son accessibilité à chaque femme ou homme. Dans une perspective romantique, il devient possible de concevoir une mutation du concept de sport santé, non pas dans sa vocation, mais plutôt vers un nouveau système organisationnel qui rendrait sa destinée aux citoyens.

Dans une vision utopique, des formes de gouvernance sportive, autres que la privatisation ou l'étatisation deviendraient possibles, concrètement mises en œuvre par des communautés de pratiquants pour protéger et maintenir les ressources requises pour ces pratiques ludo-sportives partagées, qui leur seraient confiées.

L'approche d'Elinor Ostrom[74], prix Nobel d'économie en 2009, à la différence de nombreux économistes, ne considère pas les biens pour eux-mêmes, mais dans leur relation avec les groupes sociaux, qui participent à leur production. Dans sa conception, les communs sportifs ne représenteraient plus des « *biens* » particuliers, mais également des principes et des règles qui régiraient les actions collectives. Ce qui offrirait la perspective, au-delà du partage de ressources sportives, d'un agencement social particulier, qui contribuerait à la préservation de celles-ci, dont la prise de conscience collective des

---

[74] - *Elinor Ostrom - Pour une nouvelle approche des ressources naturelles, 2009.*

relations sociales, deviendrait la condition de ce partage.

Sa théorie institutionnelle des communs, exprime une leçon d'optimisme envers la confiance dans les capacités humaines, de valorisation et d'adaptabilité, mue par la reconnaissance, face aux agencements improbables que les individus contribuent à produire. Il s'agira alors de faire en sorte, que chacune et chacun se sente investi d'une responsabilité sur la protection de ce que l'humanité veut proposer en partage, par choix ou par nécessité. Au premier titre évidemment, la défense de notre santé comme une ressource à préserver et une apologie pour une planète commune

5
BIBLIOGRAPHIE

- *René Descartes - Première Méditation, Méditations métaphysiques, 1641.*

- *Jacques Ellul - L'illusion Politique, 1965.*

- *Roger Caillois - Jeux et sports, 1967.*

- *Ernst Lohoff, Norbert Trenkle - La grande dévalorisation : Pourquoi la spéculation et la dette de l'État ne sont pas les causes de la crise, Mai 2024.*

- *Karl Marx - Le Capital Chapitre 1 : La marchandise.*

- *Roman Rosdolsky - La Genèse du Capital chez Karl Marx, 1957.*

- *Karl Marx, Jean-Pierre Lefebvre - Manuscrits de 1857-1858 dits « Grundrisse », Mai 2011.*

- *Georg Lukács : Histoire et conscience de classe, 1960.*

- *Anselm Jappe - Les Aventures de la marchandise, pour une nouvelle critique de la valeur, 2022.*

- *Bourdieu Pierre - La distinction, Les Éditions de Minuit, Paris, 1979.*

- *Eco Umberto - Lector in fabula. Le rôle du lecteur ou la coopération interprétative dans les textes narratifs*, Grasset, Le Livre de Poche, biblio essais, Paris, 1985.

- BOUTAUD Jean-Jacques - « *L'esthésique et l'esthétique. La figuration de la saveur comme artification du culinaire* », Sociétés et Représentations, n° 34, L'artification du culinaire (Evelyne Cohen et Julia Csergo, dirs.), 2013.

- Jean Jacques Rousseau - *Les Rêveries du Promeneur solitaire.*

- David Harvey - *Les limites du capital*, 2020.

- Ben Wilson – *Métropolis*, 2024.

- Lewis Mumford, *La Cité à travers l'histoire*, 2011.

- Guy Debord - *La société du spectacle*, 1996.

- Cédric Durand - *Le capital fictif, Comment la finance s'approprie notre avenir*, 2014.

- Joseph Alois Schumpeter - *Théorie de l'évolution économique*, 1912.

- *https://fr.wikipedia.org/wiki/Syst%C3%A8me_de_Ponzi*

- *Bulit Guy - Mythes sur l'économie du football français : du mercantilisme au « hold-up » dans le football professionnel, Amazon, 2021.*

- *Baruch Lev et Feng Gu - The End of Accounting, Juin 2016, Éditeur Wiley.*

- *Oscar Wilde - Le portrait de Dorian Gray, 1891.*

- *Karl Marx - Principes ou les Manuscrits de 1844.*

- *Robert Solow - Théorie de la croissance économique : 1970, A. Colin.*

- *Paul Romer - Increasing Returns and Long-Run Growth, Journal of Political Economy, 1986.*

- *Robert Lucas - On the Mechanisms of Economic Growth, Journal of Monetary Economics, 1988.*

- *Michel Volle : Prédation et prédateurs, 2008.*

- *https://football-observatory.com/L-inflation-sur-le-marche-des-transferts-des-footballeurs*

- *https://www.transfermarkt.fr/ligue-1/fuenfjahresvergleich/wettbewerb/FR1*

- *https://www.transfermarkt.fr/transfers/einnahmenausgaben/statistik/plus/0?ids=a&sa=&saison_id=2023&saison_id_bis=2023&land_id=50&nat=&kontinent_id=&pos=&altersklasse=&w_s=&leihe=&intern=0&plus=0*

- *https://fr.statista.com/statistiques/491682/droits-diffusion-matchs-football-ligue-1-france/*

- *https://sportune.20minutes.fr/sport-business/football/psg-10e-les-10-clubs-les-plus-endettes-aupres-des-banques-300652*

- *https://fr.wikipedia.org/wiki/Football_Leaks*

- *https://www.insee.fr/fr/statistiques/2122401*

- *Karl Polanyi - La Grande Transformation : Aux origines politiques et économiques de notre temps (Poche), 24 avril 2009.*

- *Sandra Enlart et Olivier Charbonnier - La société digitale : Comment rester humain ?, Dunod, 2018.*

- Luc Boltanski et Laurent Thévenot - De la justification. Les économies de la grandeur, 1991.

- Étude socio-statistique sur les métiers du sport – Mars 2024 – Sportagogie et Sciences Po Toulouse.

- Michel Feher - Le temps des investis. Essai sur la nouvelle question sociale, 2017.

- Pierre Crétois - Le Renversement de l'individualisme possessif - de Hobbes à l'État social, 2014.

- Norbert Alter - Théorie du don et sociologie du monde du travail, La Découverte / revue du MAUSS, 2002-n° 20.

- https://www.un.org/fr/universal-declaration-human-rights/#:~:text=Article%2023,%C3%A9gal%20pour%20un%20travail%20%C3%A9gal

- Elinor Ostrom - Pour une nouvelle approche des ressources naturelles, 2009.